JONATHAN HUNT

POLITIAN
AND
SCHOLASTIC LOGIC
AN UNKNOWN DIALOGUE BY A DOMINICAN FRIAR

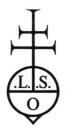

LEO S. OLSCHKI EDITORE

ISBN 88 222 4346 3

To Alessandro Perosa

PREFACE

I should like to thank Gian Carlo Garfagnini for suggesting that this edition be published in the series *Quaderni di Rinascimento*, and for supervising its preparation for the press. I am also grateful to Eugenio Garin and Cesare Vasoli, past and present Presidents of the Istituto Nazionale di Studi sul Rinascimento, for approving its inclusion in the series.

My thanks are also due, for assistance of various kinds, to Peter Edwards, Clara Furlan, Oliver Leaman, Giovanni Parenti, Alessandro Vitale-Brovarone, and in particular Alessandro Perosa, who has contributed valuable help and advice at various different stages in the work.

INTRODUCTION

1. *The discovery of the manuscript*

On p. 283 of the eleventh volume of Mazzatinti's *Inventari*, published in 1901, the contents of MS II, IX, 109 of the Biblioteca Nazionale Centrale in Florence are described thus:

«Fratris *Francisci Thomae* De negocio logico ad Angelum Policianum priorem dignissimum Dyalogus». Precede una lettera dedicatoria al Poliziano «ex templo divae Mariae Novellae XV kal. Novembris anno MCCCCVIII°».

These words are followed by a summary description of the manuscript and then by its date of acquisition (1810).[1]

In the more than ninety years that have elapsed since the publication of this description, not a single scholar seems to have thought it worth while investigating the claim that the dialogue mentioned here was dedicated to Politian. Indeed, the manuscript itself has passed almost completely unnoticed. The only more recent work in which I have seen a citation of the dialogue contained in it is Risse's catalogue of logical manuscripts, where the author, an expert on logic rather than on Politian, did not even consider the dedicatee's name worth recording, but cited just the short title *De negotio logico*.[2] In the now extensive secondary literature on Politian there is not, to my knowledge, a single reference even to the fact that Politian knew a friar called Franciscus Thomae, let alone that his name is mentioned in the title of one of this writer's works.

The reason for the general lack of interest is plain to see: according to the editors – Mazzatinti himself and Pintor – the dedicatory letter is dated 18 October 1408, forty-six years before Politian was born. Scholars who saw the entry when it first appeared presumably noted the

---

[1] *Inventari dei manoscritti delle biblioteche d'Italia*, XI, *Firenze* (R. *Biblioteca Nazionale Centrale*), ed. G. MAZZATINTI and F. PINTOR, Forlì 1901, p. 283.

[2] W. RISSE, *Bibliographica logica*, 4 vols, Hildesheim and New York, 1965-1979, IV, *Verzeichnis der Handschriften zur Logik*, p. 39, n. 229.

discrepancy and simply assumed that the editors were mistaken in identifying «Angelus Politianus» as Angelo Ambrogini. The Latin *cognomen* Politianus was, after all, used by other writers from Montepulciano during the Renaissance; even the very name Angelus Politianus had had earlier bearers, such as Angelo Bellarmino, a correspondent of Ambrogio Traversari in the mid fifteenth century.[3] The conviction that such an error had occurred was probably strengthened by other considerations: not only was the author of the *De negocio logico* unknown in connection with Politian, but the title of the work and the honorific epithets applied to the dedicatee strongly suggest a scholastic, ecclesiastical ambience very different from the courtly, humanist circles with which we normally associate Politian. As for scholars of later generations who happened on the catalogue description, they would not only have shared these doubts, but would have assumed (with some justification) that the manuscript, being recorded in such a well-known catalogue, had already been examined and the matter settled.

When I first came across the entry in Mazzatinti's catalogue, I naturally felt the same misgivings, but thought the question at least worth further investigation. I was struck in the first place by the contrast between the categorical certainty of the editors' identification of Politian and the obvious inappropriateness of the date; it occurred to me that it might be the date, and not the identification, that was wrong. The title of «prior dignissimus» also aroused my curiosity. Although it is not one that we are accustomed to seeing attached to Politian's name in his own writings or in those of the humanists who were his usual correspondents, it would in fact be applicable to him in an ecclesiastical context, for from 1477 onwards he was the incumbent of the priorate of S. Paolo in Florence.[4] Finally, the dedication to Politian of a work on logic was not as unlikely as it might seem at first sight, for, as is well known, Aristotelian logic became one of the central interests of his later years. The *De negocio logico*, it seemed to me, might just turn out to be connected with this phase of his career.

I therefore decided to inspect the manuscript, and my curiosity was rewarded. A mere turning of the first page revealed that the date of the

---

[3] On Angelo Bellarmino from Montepulciano, see A. Traversari, *Latinae epistolae*, ed. L. Mehus, 2 vols, Florence 1759 (repr. Bologna 1968), II, p. 1059, note 1; for further references see the indices to both volumes.

[4] On Politian's appointment to the priorate of S. Paolo, see G. B. Picotti, *Tra il poeta ed il lauro (Pagine della vita del Poliziano)*, in his *Ricerche umanistiche*, Florence 1955, pp. 3-86: 32-37; the article is reprinted from «Giornale storico della letteratura italiana», 65, 1915, pp. 52-104.

dedicatory letter was not, as Mazzatinti and Pintor had stated, 1408, but 1480: «anno a natali Cristi crucifixi millesimo quadringentesimo ottoagesimo». The date in the catalogue was a simple case of misreading, or miscopying.

Given the corrected date, which fell squarely within the period of Politian's literary activity, it now became not only plausible but highly likely that he was the recipient of the dedication. A glance at the dedicatory letter provided immediate confirmation that this was the case, for on the very first leaf there is a reference to Politian's priory of S. Paolo. Further examination of the whole manuscript put the matter beyond doubt. Indeed, the connection of the *De negocio logico* with Politian proved even closer and more interesting than the cursory description in Mazzatinti's *Inventari* suggested. The treatise was not merely presented to Politian, but written specially for his own private instruction, and cast in the form of a dialogue between two interlocutors, Franciscus and Angelus, who represent the author and his dedicatee.

The *De negocio logico* thus has the curiosity value of being the first dialogue by a contemporary of Politian's yet to be discovered in which he is portrayed as a character. More significantly, it brings to light an entirely unknown episode of his intellectual development, and a fascinating case of friendly co-operation between a Florentine humanist and an exponent of the rival scholastic tradition.

2. *The author*

The author of the *De negocio logico* can be identified as Francesco di Tommaso, a conventual Dominican who belonged to the friary of S. Maria Novella in Florence. This writer is mentioned in various dictionaries of literary biography published between the sixteenth and the eighteenth centuries, but has not, as far as I know, been the subject of a modern study.[5] Relatively few facts are known about his life, most

---

[5] For the early accounts of Francesco di Tommaso, see M. POCCIANTI, *Catalogus scriptorum florentinorum... cum additionibus fere 200 scriptorum Fratris Lucae Ferrinii*, Florence 1589, p. 67; A. POSSEVINO, *Apparatus sacer*, 2 vols, Coloniae Agrippinae 1608, I, p. 593; G. M. PIO, *Delle vite de gli huomini illustri di S. Domenico*, 2 parts, Bologna 1607 and Pavia 1613, part 2, book 3, col. 120; A. FERNANDEZ, *Concertatio praedicatoria pro Ecclesia Catholica*, Salamanca 1618, p. 359; G. GHILINI, *Teatro d'huomini letterati*, Venice 1647, p. 65; V. M. FONTANA, *De romana provincia ordinis Praedicatorum*, Rome 1670, p. 358; A. ALTAMURA, *Bibliotheca Dominicana*, Rome 1677, p. 236; *Constitutiones et decreta sacrae Florentinae Universitatis Theologorum, una cum... illustrium virorum qui ex ea frequenter prodierunt enarratione*, second edition, ed. R. BADIUS, Florence 1683, pp. 96-97; J.

of them deriving from the brief obituary notice in the necrology of S. Maria Novella,[6] though a few other details can be gleaned from recent research in related fields. In the following account all statements of fact are based on the necrology unless otherwise indicated.

Born in Florence c. 1445-1446,[7] Francesco di Tommaso entered the Dominican Order and joined S. Maria Novella in adolescence or early manhood. About his school education we know nothing, but we do know that he went on to study at the theological faculty of Florence University, one of whose *studia generalia* was located in his monastery; the record of his graduation, at the age of about thirty, on 5 November 1476, still survives in the faculty registers.[8] In S. Maria Novella during the 1470s he is likely to have studied under such teachers as Giovanni Caroli, the future critic of Savonarola, and Dominic of Flanders.[9] Indeed, as far as Dominic at least is concerned, we have specific evidence of a connection. The library registers of S. Maria Novella mention the fact that Francesco di Tommaso copied one of Dominic's works, a commentary on the *Posterior Analytics*, for the monastery

---

QUÉTIF and J. ECHARD, *Scriptores Ordinis Praedicatorum*, 2 vols, Paris 1719-1721, II, p. 29; G. NEGRI, *Istoria degli scrittori fiorentini*, Ferrara 1722, pp. 223-224. There is no mention of Francesco di Tommaso in T. KAEPPELI, *Scriptores Ordinis Praedicatorum Medii Aevi*, 3 vols, Rome 1970-1980.

[6] See *Necrologio di S. Maria Novella (1505-1665)*, ed. P. RICOZZI, in *Santa Maria Novella: un convento nella città. Studi e fonti* = «Memorie Domenicane», n.s., 11, 1980, p. 227, no. (757) 768, s.v. *Frater Franciscus Thomae, Magister*.

[7] His date of birth can be deduced from the statement in the necrology that he died on 18 April 1514 and that he lived «annis circiter LXVIII».

[8] The entry in the *Liber Baccalariorum* reads: «Frater Franciscus Thomae de Florentia sacri ord. Praedicatorum fuit incorporatus ad legendum Bibliam et Sententias in nostra alma Universitate die 5 novembris 1476, tempore decanatus mag. Andreae de Fivicano fr. Eremitarum S. Augustini»; and for the following day the *Registrum seu memoriale facultatis* records: «Die 6 novembris, congregatis omnibus magistris in loco suprascripto, de consensu omnium dictorum magistrorum incorporatus fuit in nostra alma Universitate fr. Franciscus Thomae de Florentia ord. Praedicatorum, baccalarius ad lecturam Sententiarum, et eadem die petiit licentiam faciendi principium super Bibliam». The texts are printed in C. PIANA, *La facoltà teologica dell'università di Firenze nel Quattro e Cinquecento*, Grottaferrata 1977, pp. 431 and 344-345 respectively. On the Florentine *studia generalia*, see Piana's discussion on pp. 60-131 of the same work; pp. 109-115 deal with S. Maria Novella in particular.

[9] On Giovanni Caroli, see S. ORLANDI, *La biblioteca di S. Maria Novella in Firenze dal sec. XIV al sec. XIX*, Florence 1952, pp. 17-18 and note; ID., *Necrologio di S. Maria Novella*, 2 vols, Florence 1955, II, pp. 353-380; D. WEINSTEIN, *Savonarola e Firenze. Profezia e patriottismo nel Rinascimento*, Bologna 1976, pp. 254-258 and 266, note 22; PIANA, *La facoltà teologica*, cit., pp. 172-173. On Dominic of Flanders, see A. F. VERDE, O. P., *Lo Studio Fiorentino. 1473-1503. Ricerche e documenti*, 4 vols in 7 to date, Florence 1973-1985, II, pp. 190-191; KAEPPELI, *Scriptores Ordinis Praedicatorum*, cit., III, pp. 315-318, with bibliography.

library.[10] As it happens, the manuscript is extant; it is now in the Biblioteca Nazionale Centrale in Florence (MS Conv. Soppr. A. 8. 493).[11]

After taking his degree, Francesco di Tommaso himself began teaching in the *studium generale*, and continued to do so at least until the academic year 1481-1482.[12] His name is not recorded in surviving lists of teaching staff after this date, although, as we shall see, he certainly continued his academic studies into old age.

In addition to his contribution to the intellectual life of S. Maria Novella, he also came to play a leading part in the administration of the monastery. He first appears as a senior figure during the period of Savonarola's dominance in Florence, which was not only a time of crisis for the city as a whole but one of great tension between the various Dominican monasteries there. Severe criticism was directed at the friars of S. Marco by the conventual Dominicans of S. Maria Novella and S. Spirito, and S. Maria Novella in particular was both a centre of doctrinal opposition and a point of liaison with the higher authorities in the Order who were trying to bring pressure to bear on Savonarola.[13]

---

[10] See G. POMARO, *Censimento dei manoscritti della Biblioteca di S. Maria Novella, Parte II, sec. XV-XVI*, in *Libro e Immagine* = «Memorie Domenicane», n.s., 13, 1982, pp. 203-353: *Appendice: Inventario del 1489* (pp. 315-353), p. 342, where the following note by the monastery librarian, Domenico Ricci, is recorded: «scriptum super libros posteriorum magistri Dominici de Flandria in pergameno manu magistri Francisci Thomae, cui ego dedi rigatas chartas». As well as being a possible teacher of Francesco, Dominic of Flanders was definitely his superior and colleague in the *studium generale* of S. Maria Novella in 1478-79; see below, note 12.

[11] For a description of the manuscript, see *Catalogo di manoscritti filosofici nelle biblioteche italiane*, III, *Firenze, Pisa, Pistoia*, ed. G. C. GARFAGNINI, M. R. PAGNONI STURLESE, G. POMARO, and S. ZAMPONI, with a preface by C. LEONARDI, Florence 1982, pp. 13-14, no. 6.

[12] That Francesco di Tommaso taught in the *studium generale* in the year 1476-77 is indicated by the phraseology of the faculty records quoted above in note 8: «fuit incorporatus ad legendum Bibliam et Sententias», «incorporatus fuit... baccalarius ad lecturam Sententiarum», and «eadem die petiit licentiam faciendi principium super Bibliam». For evidence of his teaching during the following years, see *Monumenta Ordinis Fratrum Praedicatorum Historica*, VIII, *Acta Capitulorum Generalium*, III, ed. B. M. REICHERT, p. 345 (records of the General Chapter at Perugia in 1478): «Conventui Florentino provincie Romane damus in regentem pro primo anno et secundo fr. Dominicum de Flandria magistrum; pro tercio magistrum Petrum de Hypolito. In baccalarium pro primo et secundo anno fr. Franciscum Thome de Florencia, cui substuimus (*sic*) fr. Sebastianum Rubini...»; p. 363 (records of the General Chapter in Rome in 1481): «Conventui Florentino provincie Romane damus in regentem pro primo et secundo annis magistrum Matheum de Cumis. pro tercio magistrum Franciscum de Florencia...»; and p. 370 (further records from the same General Chapter): «Confirmamus magisteria fr. Thome de Florentia. fr. Mathei Panichi. fr. Francisci et fr. Sebastiani Rubini de Florencia».

[13] The friars of S. Maria Novella figure in several important episodes during these years of crisis. They played a prominent role in a dispute which took place in front of the *Signoria* on 18 January 1495; Tommaso di Rieti, who represented S. Maria Novella to-

Francesco di Tommaso was at the very centre of these conflicts. In 1494-1495, the crucial year which saw the expulsion of Piero de' Medici and the rise to prominence of Savonarola, he was prior of S. Maria Novella.[14] In 1496 his name occurs again in an important context. In May of that year Lodovico of Ferrara, the Procurator General of the Dominican Order, paid an extraordinary visit to the monastery, apparently in order to discuss the internal affairs of S. Maria Novella, but possibly also in connection with the wider crisis among the Dominicans in Florence. Francesco di Tommaso, together with Giovanni Caroli, was delegated to select a suitable gift for the visitor – a purely ceremonial duty perhaps, but one that bespeaks an influential position among the elders of the monastery.[15] That he was indeed held in high regard is indicated by the fact that in 1498-1499, the year after

---

gether with another friar, reportedly Domenico da Ponzo, censured Savonarola for interfering in secular affairs; see J. Schnitzer, *Savonarola: ein Kulturbild aus der Zeit der Renaissance*, 2 vols, Munich 1924, I, p. 221; II, p. 1035, note 23; R. Ridolfi, *Vita di Girolamo Savonarola*, 2 vols, Rome 1952, I, pp. 164-165; II, p. 137, notes 13-14. One of the sternest critics of Savonarola, or at least of his followers, during the period of his ascendancy was the S. Maria Novella friar Giovanni Caroli; see Orlandi, *Necrologio*, cit., p. 374; Weinstein, *op. cit.*, pp. 254-258 and 266, note 22. On the day of Savonarola's execution, the two friars sent by the General of the Order to strip him of his habit were members of S. Maria Novella; see Schnitzer, *Savonarola*, cit., I, p. 580; Ridolfi, *op. cit.*, I, p. 402; II, pp. 223-224.

[14] See Orlandi, *Necrologio*, cit., II, *Appendice IV: Serie dei priori del convento di S. Maria Novella dall'inizio (1219) fino al 1500*, pp. 600-609: p. 608; Francesco di Tommaso was elected in November 1494. The historians of Savonarola mistakenly report, in connection with the public dispute of 18 January 1495 (see previous note), that Tommaso da Rieti was prior of the monastery at this time (see, for example, Schnitzer, *Savonarola*, cit., I, p. 221; Ridolfi, *op. cit.*, I, pp. 164-165). The error derives from a misunderstanding of their main source for the episode, the chronicle of Piero di Marco Parenti. The word used there to describe Tommaso da Rieti is «reggente» (see J. Schnitzer, *Quellen und Forschungen zur Geschichte Savonarolas*, 4 vols, Munich and Leipzig 1902-1910, IV, p. 37). This means that he was principal of the *studium generale* of S. Maria Novella, not prior of the monastery.

[15] V. Borghigiani, *Cronaca annalistica del convento di S. Maria Novella*, MS in S. Maria Novella, quoted by Orlandi, *Necrologio*, cit., II, pp. 588-589: «furono deputati da' padri M.ro Giov. di Carlo e M.ro Francesco di Tommaso a provvedere robe da fargli un regalo conveniente. Il regalo fu un taglio di renza da fazzoletti, ed un paio di stivali. Il P. M.ro Alessandro Luchini ebbe l'incumbenza di servirlo per tutto il tempo, che stava qua, quanto al civile ed onorevole». See also Orlandi's own account of the visit on p. 358 (where, however, he slightly misrepresents the role played by the friars). The visit took place in the first fortnight of May. That Lodovico da Ferrara visited Florence at this time is not recorded by the historians of Savonarola, but they do report that he came to the city around 15 August, sent by the Pope to try to buy Savonarola off with the offer of a cardinalate. Either, therefore, he made two separate visits, or this is a further addition to the confusion suspected by Ridolfi among the varying versions of the summer's events (see Ridolfi, *op. cit.*, I, p. 257; and II, p. 173, note 19).

Savonarola's downfall, he was again elected prior; during this second period of office he made a journey to Rome on conventual business.[16]

Needless to say, it is impossible to deduce from these bare facts what his attitude to the crisis was, and it would certainly be wrong to assume automatically that he was hostile to Savonarola. Indeed, there is one small indication to the contrary; an entry in his name in the borrowing-book of the monastery library (of which more will be said shortly) shows that over a decade later he had in his possession a copy of a book entitled *Triumphus Crucis*, which almost certainly means Savonarola's work of that name.[17]

For the next eleven years after his second priorship we have no further news of Francesco di Tommaso, until he reappears as prior for the third and last time in 1510-1511.[18]

According to a note added in a later hand at the end of the obituary in the necrology, and repeated by some later sources, he also became Vicar General of the Dominican Order («Et fuit vicarius ordinis»), a high distinction which, if it was indeed accorded him, must have fallen within this last period of his life. But the report is almost certainly a mistake, probably arising from confusion with another Franciscus de Florentia, Francesco di Andrea Mei, who was appointed Vicar General in 1500 and died after only three months in office in December of that year. There is no mention of Francesco di Tommaso in the surviving lists of Vicars General of the Dominicans.[19]

---

[16] He was elected prior *secunda vice* in July 1498; see ORLANDI, *Necrologio*, cit., II, p. 608. His journey to Rome is recorded by BORGHIGIANI's *Cronaca annalistica*, cit., pp. 170-171: «Il nuovo eletto Priore fino di luglio andò a Roma per affari del Convento»; quoted by ORLANDI, *Necrologio*, cit., II, p. 589.

[17] See G. SAVONAROLA, *Triumphus Crucis*, ed. M. FERRARA, Rome 1961. The work was first published in Florence by Bartolomeo de' Libri, c. 1497 (IGI 8801); two further editions, one in Latin (IGI 8802) and one in Italian (IGI 8803), were published shortly afterwards.

[18] The election which decided his third term of office took place in August 1510. See RICOZZI, *Necrologio*, cit., *Appendice: Elenco dei Priori di S. Maria Novella dal 1502 al 1666*, pp. 315-320: p. 316, no. 157; the appointment is also mentioned in the extant register of the prior of the Roman province of the Dominican Order: «Mag. Franciscus prior conventus S. Mariae Novellae de Florentia viva voce confirmatur die Iulii 3» (see T. KAEPPELI, *Il registro di Sebastiano Bontempi O.P., Priore provinciale romano*, «Archivum fratrum praedicatorum», 31, 1961, p. 310, note 7).

[19] See PIETRO ANTONIO DE PRETIS, *Series Vicariorum Generalium Ordinis Praedicatorum*, Rome, Archivum Generale Ordinis Praedicatorum, MS XIV, 18 (another copy in XIV, 15); and V. M. FONTANA, *Sacrum Theatrum Dominicanum*, Rome 1616, p. 465. Both authors mention the appointment of Francesco Mei in 1500 but neither includes Francesco di Tommaso among those who held the office of Vicar General. The fact that the words «Et fuit vicarius ordinis» in the necrology were added in a different hand is recorded by Ricozzi in a footnote. He also quotes (though he confusingly places it in the pre-

---

— 9 —

Francesco di Tommaso died on 18 April 1514, and was buried, according to Poccianti, and as one would expect, in the monastery of S. Maria Novella itself.

His literary work seems to have been concentrated in three main areas: the writing of sermons, translation from the Greek, and the study of Aristotelian philosophy, especially logic.

The main evidence for the first of these activities is the fact that, according to our secondary sources, he composed a set of Lenten sermons, which later passed into the library of S. Maria Novella. The sermons were presumably a product of his pastoral duties. Some later sources report that he was widely renowned as a preacher, but there is no contemporary evidence to support this statement, and they may simply be embroidering on the known existence of this *sermonarium quadragesimale*.[20] The book itself seems not to have survived; if it has, its current whereabouts are unknown to me.

As far as Francesco di Tommaso's knowledge of Greek is concerned, an intriguing item in his biography is that at some time in his life he travelled to Greece to improve his knowledge of the language. The necrology is quite clear on this point: «Fuit vir eruditus presertim in latinitate et in greco, ob quod in Greciam perrexit». Most later sources, however, say nothing of this journey.[21] Poccianti, who in other respects follows the necrology so closely that it was obviously his main source, and who was himself the main source for the majority of later biographers, departs from it at this point, reporting merely that Francesco Tommaso's command of Greek was so remarkable that he was known as «il Greco» (a detail not mentioned by the necrology): «Graecam linguam ita calluit, ut ab omnibus Graecus appellari dignus esset». Since it is difficult to see how Poccianti could have misconstrued the words of the necrology, it would appear that he omitted the report of the journey to Greece as the result of an oversight, and that he had independent information about Francesco di Tommaso's nickname: conceivably he had examined his manuscripts in S. Maria Novella and found it there; or, since he was writing in Florence in the late sixteenth century, not so very long after Politian's death, perhaps he was able to

ceding instead of the following footnote) an annotation in yet another, still later hand pointing out the error in the earlier addition, and referring to Fontana as well as to «Razzius carta 281», (i.e. S. RAZZI, *Istorie degli huomini illustri del sacro ordine de gli Predicatori*, Lucca 1596, p. 281).

[20] The earliest source for this story is POCCIANTI, *op. cit.*, p. 67, who says that Francesco di Tommaso was «in declamandis ad populum sermonibus evangelicis singularis».

[21] Of the later sources only Badius mentions this detail, reporting of Francesco di Tommaso that he was «latina non minus quam graeca peritus lingua, quam ut magis calleret, etiam Graeciam lustravit»; see *Constitutiones et decreta*, cit., pp. 96-97.

draw on an oral tradition. At any rate, the two accounts are perfectly compatible. Indeed, if Francesco di Tommaso was known as «il Greco» it may well have been his journey to Greece, and not merely, as Poccianti assumed, his knowledge of the language, that gave him his nickname. As to the question of when he made the journey, even the necrology is silent here. One would imagine that he would have been freest to do so in his youth, perhaps even before he joined the Order; but it is impossible to be certain.

The expertise in Greek that Francesco di Tommaso acquired was put to literary use in making translations into Latin. We are told that he was the author of versions of St. Cyril's *Homilies on Isaiah* (*sic*) and of «certain other treatises by various authors» («Traduxit omilias Cyrilli super Esaia, et quosdam alios tractatus auctorum diversorum»). Once again the present location of the manuscript or manuscripts containing these works is unknown to me, if indeed they are still extant.[22]

The third of Francesco di Tommaso's literary interests was probably the dominant one. Indeed, two sources – though they are not among the earliest or the closest to his Dominican origins – assert that in addition to his nickname «il Greco» he had a second one, «il Filosofo».[23] Whether this is true or not, the study of Aristotelian logic must have been the core of his education in the faculty of theology, and it evidently remained a central interest throughout his life. Mention has already been made of an entry in the register of the library of S. Maria Novella listing books he had borrowed. The entry, which is in his own hand, is not dated, but it has a later amendment made on his behalf by another friar, recording the return of one book and the borrowing of another in exchange, and this amendment is dated 1510; we may therefore conclude that the original list was probably entered in the first decade of the sixteenth century. The books mentioned include some of general devotional interest: a Latin bible; a printed *Rationale officiorum* (probably Guillaume Durand's *Rationale divinorum officiorum*); some *Collationes patrum* (perhaps Johannes Cassianus's *Collationes Sanctorum Patrum*); and the above-mentioned *Triumphus Crucis*, presumably by Savonarola. But the others all bear on the field of philosophy, and particularly of logic: an abridgement of the *Prima Pars* of the *Summa*

---

[22] Francesco di Tommaso's version may never have been read outside Florence, or even outside his monastery. In the Catholic University of Louvain there is a manuscript of part of a sixteenth-century translation of Cyril's commentaries on Isaiah, the work of «Antonius Lodovicus medicus Olisponensis». Significantly, the author describes the *commentationes* as being «nunc primum... traducte». See P. O. KRISTELLER, *Iter italicum*, 6 vols, London, Leiden, New York, Copenhagen and Cologne, 1963-1992, III, p. 133b.

[23] GHILINI, *op. cit.*, p. 65; NEGRI, *op. cit.*, p. 223.

2

theologiae, by Thomas Aquinas; Johannes Versor's *Quaestiones* on Aristotle's logic; Robert Holcot's *Quaestiones super libros Sententiarum Petri Lombardi*, which was the book Francesco di Tommaso returned in 1510; Herveus Natalis's *Quattuor quodlibeta*, the book he borrowed in its stead; and finally, a «Capreolus», which is almost certainly the *Quaestiones in IV libros Sententiarum*, by Johannes Capreolus.[24]

Francesco di Tommaso himself is said to have composed two, or, according to some sources, three original works on logic, all of them in the form of commentaries. The necrology mentions just two works: commentaries on Porphyry's *Isagoge* (*Praedicabilia*, *Universalia*) and Aristotle's *Posterior Analytics*. To these some later sources add another commentary, dedicated to Aristotle's *Categories* (*Praedicamenta*).[25]

The commentary on Porphyry can now be identified as the *De negocio logico*, dedicated to Politian, for this dialogue, as the author explains in the dedicatory letter, is indeed a commentary on the book «qui de universalibus est et prędicabilibus», written by «Porphyrius philosophus».[26] The other one or two commentaries, however, appear, like the rest of Francesco di Tommaso's works, to be lost. This is particularly unfortunate in the case of the commentary on the *Categories*, because if Francesco di Tommaso did indeed compose such a work, there is reason to believe that it may also have been dedicated to Politian. For in the course of the *De negocio logico* the author declares his intention to write a commentary on the *Categories*, which is the next work in the

---

[24] Florence, Biblioteca Nazionale Centrale, MS Conv. Soppr. F. 6, 294, f. 37r: «Ego magister Franciscus senior teneo infrascriptos libros mihi concessos secundum consuetudinem, videlicet: bibliam parvam ligatam et in forma; Capreolum integrum in quatuor partes distributum; collationes patrum ligatas parvo volumine; rationale officiorum in forma magnum; primam partem abreviatam; versorium in totam logicam; triunphum crucis ligatum; olchot in sententias». Thus far the entry is autograph; after the reference to Holcot, there is the following addition in another hand: «Restituit. Loco huius habuit quodlibeta Harvei a fratre Dominico Riccio librarista conventus. Hoc scriptum est de consensu dicti magistri Francisci prioris dicti conventus, qui non poterat scribere. 1510». The entry is recorded, though without distinction between the two hands, in POMARO, *Censimento*, cit., *Appendice: Inventario del 1489*, pp. 315-353: p. 349. On f. 23r-v of the same manuscript there is also a reference to a book owned by Francesco di Tommaso; Domenico Ricci writes: «item habui ex libris magistri Francisci faciem tuam lava in penna» (cf. POMARO, *Censimento*, cit., p. 343). Some of the books borrowed by Francesco di Tommaso from the library can be identified in the 1489 inventory; the Capreolus is probably no. 222, the *Rationale officiorum* no. 275 or no. 295, and the Holcot no. 205 (Pomaro's numeration).

[25] This important variant was first introduced by BADIUS in *Constitutiones et decreta*, cit., pp. 96-97, and is repeated by QUÉTIF and ECHARD, *op. cit.*, p. 29, and by NEGRI, *op. cit.*, p. 223. It is worth noting that Badius, though one of the latest, is one of the least fanciful of all the biographers, and probably had access to the original documents in Florence.

[26] See p. 49.

traditional order of the *Organon* after the *Isagoge*. And a strong hint that such a sequel would be dedicated to Politian is given in the conclusion, where Francesco di Tommaso promises to write other works to follow the *De negocio logico* if this one meets with Politian's approval.[27]

3. *The* De negocio logico: *genesis, date and aims*

An explanation of the circumstances which led to the composition of the *De negocio logico* is given in the dedicatory letter, addressed to Politian. According to the author, the idea of writing the work had come to him after a conversation with Politian in the oratory of the latter's priory, S. Paolo. In the course of this conversation, it seems, Politian had expressed a strong interest in logic and a burning desire to master the subject himself. The friar, delighted to hear such sentiments from a humanist, had decided to encourage and assist him by composing an introduction to logic specially for him; and after casting around for a suitable way of presenting such an introduction, he had hit on the plan of writing a commentary on Porphyry's *Isagoge*, the traditional starting-point for students of the *Organon*.[28]

There seems no reason to disbelieve this account, at least as far as the motivation behind the writing of the dialogue is concerned. We cannot of course rule out the possibility that, in addition to assisting Politian, the author also intended to put the *De negocio logico* to other uses: that he subsequently adopted it as a text-book for his own students in S. Maria Novella, for example, or that he hoped to reach a wider readership in Florentine literary circles, and even perhaps attract the attention of Lorenzo de' Medici, through Politian; indeed, he does at one point hint at a desire that his book will serve to instruct others apart from his immediate addressee.[29] But there is no doubt that it was composed from the very outset with Politian in mind; this aim is implicit in the very structure of the work, the treatise being framed by two pieces of prose, a dedicatory letter and conclusion, both addressed

---

[27] *De negocio logico*, p. 143: «ut paulo ante diximus et dicemus, si indulgentia nobis celitus venerit, in Predicamentorum libro»; p. 208: «Quam ob rem, mi suavissime Angele, si hęc quę scripsimus, quanquam ne magna sint, diligenter tenueris, ex multis huius facultatis quedam alia non minus utilia, sed quę sequi ad hęc neccessario videntur, litteris mandare curabo».

[28] See pp. 49-50.

[29] See p. 196 (in a speech by Franciscus): «ut et huius operis fructus ab omnibus pernoscatur, et maxime a te suscipiatur». But at a later point the author, again through Franciscus, refers to his task in writing the treatise as «Facinus quod solum tui gratia susceptum est» (p. 200).

to Politian, and the exposition of the subject being set out in the form of a dialogue between the author and him. The markedly personal tone of many passages also emphasizes the essentially private nature of the friar's gift.

The only detail in Francesco di Tommaso's account that is not credible is the span of time within which he claims to have written the *De negocio logico*. He states, in this dedication dated 18 October 1480, that the conversation in S. Paolo had taken place only a few days earlier,[30] which, if true, would mean that the dialogue had been written extraordinarily quickly. This, however, is clearly a piece of rhetorical exaggeration. Though not of exceptional length, the *De negocio logico* is a highly technical and carefully written work, and, even allowing for the fact that the subject-matter would have been fairly elementary to the author, it must have taken several weeks at the very least to write and copy. More credible than the absurd claim in the dedicatory letter is a sentence in the conclusion where the author ruefully recalls how – as he puts it – his face had turned pale with the constant toil of drafting and redrafting.[31]

The latest possible starting-time would therefore be the spring or early summer of 1480, and even then one would have to assume that the friar had had the leisure and the will to work intensively on the project. Otherwise, since the initation of the enterprise presupposes Politian's presence in Florence, he must have begun writing the dialogue a long time before that, for we know that Politian was absent from the city from December 1479 to late April or early May 1480, during his temporary rift with Lorenzo de' Medici and his travels in north-eastern Italy.[32] Therefore, if the *De negocio logico* was not written in the relatively short space of time between his return and the middle of October, the author cannot have started work later than autumn 1479, and the entire task must have taken him not days or weeks, but several months at least. Such a time-scale is by no means implausible, though of course it is impossible to estimate the writer's speed of composition. As far as the friar's reference to the recent conversation in S. Paolo is concerned, a possible explanation is that he is conflating a real recent event with an earlier conversation or conversations which had been the

---

[30] See p. 49: «a superioribus paucis diebus».

[31] See p. 207: «quanquam facies in scribendum rescribendumque subpalluerit».

[32] On Politian's absence from Florence between early December 1479 and the spring of 1480, see Picotti, *Tra il poeta e il lauro*, cit., pp. 54-69. On the date of his return, see Verde, *Lo Studio Fiorentino*, cit., IV, 1, pp. 381-382; and A. Tissoni Benvenuti, *L'Orfeo del Poliziano, con il testo critico dell'originale e delle successive forme teatrali*, Padua 1986, pp. 58-63, especially p. 62 and note 9.

true stimulus to composition. But there is no need to take the dedicatory epistle too literally on this point; extravagant claims to creative speed are a not uncommon topos of Renaissance prefaces.

Two further observations should be made in relation to the time of composition and the aims of the dialogue. The first is that its dedication coincided with a crucial juncture in Politian's career. On 29 May, after his return from Mantua, the final stop on his northern itinerary, he had been appointed for the first time to the chair of poetry and rhetoric at the Florentine Studio. Restored to favour with Lorenzo de' Medici, though not to the place in the Medici household which he had lost through a quarrel with Lorenzo's wife Clarice in the spring of 1479, he threw himself energetically into his new role, making the provocative choice for his first year's lectures of the Silver Latin authors Statius and Quintilian instead of the standard classical models, Vergil and Cicero. In mid October he was no doubt hard at work writing the text of those lectures, a sizeable part of which has come down to us.[33] Francesco di Tommaso, for his part, was already an established teacher in the faculty of theology, where he was about to begin what was probably his fifth year of lecturing. Consequently, even though there is no mention in the dedicatory letter of the significance which this period held for Politian, the dialogue, presented just before the beginning of the new academic year, must have had something of the flavour of a welcoming gift to a new colleague.

The second observation is that the friar did not intend his encouragement of Politian's logical studies to cease with the dedication of the *De negocio logico*. We learn from an interesting passage in the dialogue that he also meant to give Politian personal instruction in logic during the humanist's moments of leisure in town or country. Indeed, he speaks as if this *viva voce* tuition will be the central focus of his informal course in logic, the dialogue itself being a sort of text-book for private study, designed to accompany and supplement his lessons. It will, he says, take his place when he cannot be present in person; this, no doubt, was one justification for the dialogic form of presentation.[34]

---

[33] The prolusion to the courses on Statius's *Silvae* and Quintilian's *Institutio oratoriae* was published in A. POLITIANUS, *Omnia opera et alia quaedam lectu digna*, Venice 1498, ff. aa.i.*r* - aa.v.*v*; it is reprinted with an Italian translation in E. GARIN, *Prosatori latini del Quattrocento*, Milan and Naples 1952, pp. 870-885. For the text of the course on Statius, see A. POLIZIANO, *Commento inedito alle Selve di Stazio*, ed. L. CESARINI MARTINELLI, Florence 1978; L. CESARINI MARTINELLI, *Un ritrovamento polizianesco: il fascicolo perduto del commento alle Selve di Stazio*, «Rinascimento», II s., 22, 1982, pp. 183-212. See also EAD., *In margine al commento di Angelo Poliziano alle Selve di Stazio*, «Interpres», 1, 1978, pp. 96-145.

[34] See p. 58: (Franciscus is speaking) «Huic rei do operam, ut me absente tecum vi-

Such at least were the friar's intentions, and there are grounds, as will be explained later, for believing that Politian did indeed follow some kind of course of study with him. This makes the possibility that there was a sequel to the *De negocio logico* in the form of a commentary on the *Categories* all the more intriguing.

4. *The scholasticism of Francesco di Tommaso and his friendship with Politian*

There is a curious inconsistency in the way in which Francesco di Tommaso's acquaintanceship with Politian is represented in the *De negocio logico*. In some places, notably in the salutation of the dedicatory letter and in the title of the dialogue itself, Politian is referred to by his ecclesiastical title, a recognition of the fact that he occupied a distinctly higher level in the church hierarchy than the simple friar; and from such expressions one would assume that the two men were on rather remote and formal terms. The prevailing tone, however, both in the outer frame of the work – the dedicatory letter and the conclusion – and in the dialogue itself, is much more informal and direct, such as one fairly close friend might use to another. The author's discomfort concerning this conflict between contrasting social roles is so strong that he finds it necessary to apologize in the conclusion for the familiarity with which he has addressed Politian hitherto; but oddly, having made this apology, he then proceeds to address him throughout the rest of the conclusion with exactly the sort of familiarity for which he has just asked his pardon.[35] Whether this clash of different registers reflects a real social ambiguity felt in real life or merely a certain literary naivety on the part of the author, the result is that it is difficult to be sure how well acquainted the friar and the humanist actually were. However, as far as it is possible to judge, the overall impression given by the *De negocio logico* is that the tone which comes most naturally to the author is the less formal one; in other words, that the two men knew each other not as distant acquaintances within monastic circles but as friends and fellow-scholars.

Even from the brief sketch of Francesco di Tommaso's scholarship given by his earlier biographers, it would be easy to identify one reason

---

dear vivere... Te aliquando recipis ruri solum corporalis exercitationis causa; te sequar. Plerunque etiam, tuo studio fatigatus, tum extra urbem tum intra, ut lubet, solitaria loca petis; tecum veniam...».

[35] See p. 207. In the course of his apology the author recalls Politian's «loyalty and devotion» to him; subsequently he goes on to address him first as «amice» and then as «mi suavissime Angele» (pp. 207-208).

why Politian should have been drawn to him in particular among the many scholastic philosophers in Florence: the friar was a specialist in Greek. Ignorance of that language in scholastic circles was not as all-pervasive as the humanists' cultural propaganda commonly suggested,[36] but Francesco di Tommaso was obviously regarded by his fellow-Dominicans as exceptional in this respect. Certainly a schoolman who was an able enough Greek scholar to translate patristic texts into Latin would have commanded more respect than most of his fellows from a humanist, particularly from Politian, in whose writings the knowledge of Greek language and culture play such a vital part. Indeed, Francesco di Tommaso's translation work – whether it had already begun in the 1470s or belonged to a later phase of his career – took him into territory already explored by the humanists: St. Cyril, whose homilies or commentaries he rendered into Latin, had previously attracted the attention of humanist translators such as George Trapezuntius.[37] Moreover, his journey to Greece – if he had already made it by this time – would undoubtedly have aroused Politian's curiosity, not to say his envy; such an opportunity to study the language *in situ* was a rare privilege even for a humanist, let alone a scholastic. Significantly, Francesco di Tommaso's particular interest in Greek is confirmed by a passage in the conclusion to the *De negocio logico*, where he emphasizes the importance of that language for the study of logic.[38]

But the dialogue also tells us of other aspects of Francesco di Tommaso's scholasticism, which were not known to the friar's biographers, and which further help to explain his friendship with Politian.

It is probably no coincidence, in the first place, that Francesco di Tommaso proves to be an adherent of the conservative Thomist – or, to be more precise, Alberto-Thomist – strand of the scholastic tradition.[39]

---

[36] See P. O. KRISTELLER, *Studies in Renaissance Thought and Letters*, 2 vols, Rome 1956-1985, I, p. 577.

[37] George Trapezuntius translated St Cyril's *Thesaurus*, as well as his commentary on the Gospel according to St John.

[38] See p. 207.

[39] Francesco di Tommaso's allegiance to Thomas and, secondarily, to Albertus, is expressed at various points in the *De negocio logico*. In the opening passage of the dialogue (pp. 51-52), he announces through Franciscus that the entire philosophical content of his commentary is based on three philosophers, Aristotle, Albertus and Thomas; when pressed as to the value of Duns Scotus, Egidius Romanus, and all the other later scholastics, Franciscus states that he will omit them from consideration on the principle that it is preferable to follow only the oldest and the greatest authorities. On p. 169, faced with an apparent contradiction between his two chief models, the author declares, through Franciscus, that he has been a follower of Thomas since boyhood, but that he regards Albertus's opinions, too, as unassailable; and the seeming disagreement is revolved without detriment to either

The humanists' attacks on scholastic philosophy tended to be directed primarily at the more abstruse currents of later scholasticism – especially the nominalism of fourteenth-century Oxford and Paris and its later, fifteenth-century ramifications; where the classic thirteenth-century statements of medieval Aristotelianism were concerned, they were generally more respectful.[40] Interestingly enough, Politian himself, in the opening chapter of the first volume of the *Miscellanea*, published in 1489, singles out Francesco di Tommaso's masters, Albertus Magnus and Thomas Aquinas, for generous praise.[41] On purely philosophical grounds, therefore, he would have found the approach adopted by the friar of S. Maria Novella more acceptable than that of many other logicians in the *studia generalia* of Florence.

A second point of contact must have lain in the fact that Francesco di Tommaso was unusually well-disposed towards the *studia humanitatis*, and impatient with those exponents of the scholastic tradition who scorned them. Evidence of this attitude can be seen in the friar's treatment of two particular themes in the *De negocio logico*. The first is the question of the relationship between logic and rhetoric, where he assigns the latter a distinctly higher status than it was usually accorded by the scholastics. Whereas the standard scholastic view was that logic was the key to all knowledge and superior to all other disciplines, Francesco di Tommaso views the two disciplines of logic and rhetoric as two complementary branches of knowledge, each indispensable to the other. Although, like other schoolmen, he attacks the bigotry of

---

authority. Later still, on p. 194, Franciscus advises the budding logician Angelus to be satisfied with the doctrine of Aristotle and Aquinas, and to disregard all other philosophers. On the main currents in late fifteenth-century scholastic logic, see C. PRANTL, *Geschichte der Logik im Abendlande*, 4 vols in 3, Leipzig 1855-1870 (repr. Graz 1955), IV, pp. 173-298, especially p. 174.

[40] See E. GARIN, *La cultura fiorentina nella seconda metà del '300 e i «barbari britanni»*, «La rassegna della letteratura italiana», 64, 1960, pp. 181-195; C. VASOLI, *La dialettica e la retorica dell'Umanesimo*, Milan 1968, *passim*, especially pp. 11-15, 26-27, and 43.

[41] The eulogy arises from a reference to Boethius. Politian takes it as a proof of his greatness that he was an author «quem tanti iuniores etiam philosophi longe, arbitror, omnium perspicacissimi fecerunt, ut Aquinatem Thomam, divum hominem, magnumque illum Thomae praeceptorem – Deus bone, quos viros! – habere meruerit enarratores, et ab ipsius sententia ne sit ulla quidem pene iam provocatio». See POLITIANUS, *Omnia opera*, cit., f. B.iii.*r*. Later Politian's enthusiasm for the two thirteenth-century philosophers seems to have cooled, perhaps as a result of a more extended acquaintance with Aristotelian philosophy. In the unfinished second volume of the *Miscellanea*, written some five years after the first, he is less complimentary about Thomas, lumping him together with Averroes and other scholastic philosophers whose discussions are merely idle and tedious pedantry: «Piget autem referre hoc loco quid Averrois, quid Thommas, quid alii dicant et quantopere in ea re digladientur, quoniam morositates istiusmodi procul Miscellaneorum proposito sunt»; see A. POLIZIANO, *Miscellaneorum centuria secunda*, ed. V. BRANCA and M. PASTORE STOCCHI, *Editio minor*, Florence 1978, p. 100, lines 41-43.

humanists who belittle the study of logic, on the grounds that their rhetorical skills are powerless without it, he is equally severe in his criticism of those schoolmen who neglect the study of *eloquentia*, which he declares to be an essential prerequisite to the mastery of logic. Indeed, he places the interrelationship between the two disciplines at the forefront of the reader's attention by discussing it explicitly in the two counterpoised passages which begin and end the dialogue: the dedicatory letter asserts the vital importance of logic, while the conclusion defends that of rhetoric. At the same time the theme is cleverly linked to the dedication to Politian: in the earlier passage he is complimented for being unique among humanists in his appreciation of the value of logic; in the later one he is singled out as uniquely qualified to approach the study of that subject, by virtue of his pre-eminence in the rhetorical sphere, and in particular his knowledge of Greek. Thus the central dialogue between the scholastic teacher Franciscus and the humanist pupil Angelus is, in effect, an illustration of the friar's ideal of interdisciplinary harmony in action; and it is an ideal which is more similar to that of humanist logicians such as Lorenzo Valla[42] than to that of many scholastic experts in the subject.

The second theme which reveals Francesco di Tommaso's receptiveness to humanism, and his sense of isolation from the more narrowly orthodox elements in the scholastic tradition, is his insistence on a particular concept of philosophical discourse. He is highly critical of his fellow-schoolmen on this point, accusing them – in terms remarkably similar to those used in humanist invectives on the subject[43] – of purely eristic reasoning, of being more interested in using subtle arguments to confound and defeat their opponents than in providing a lucid exposition of the principles of their subject.[44] His own preference, by contrast, is for a *genus* of discourse which is «introductorium ac pene familiare», which keeps its explanations as simple as possible, in the belief that no subject is so difficult that it cannot be made easy by elucidation, nor so obscure that it cannot be rendered «human» through a clear and simple mode of discussion.[45] Here too his words are strikingly reminiscent of views often expressed by the humanists, among whom the literary dialogue was, for very similar reasons, a favourite genre.

---

[42] See VASOLI, *La dialettica e la retorica*, pp. 62-63.

[43] Compare, for example, the criticisms of scholastic logic by Petrarch and Salutati, as described by VASOLI, *La dialettica e la retorica*, cit., pp. 10 and 17.

[44] See pp. 141-142.

[45] See pp. 79, 80 and 143.

Nor was the friar's enthusiasm for the skills taught by the humanists purely a matter of theory. When we turn to examine the philosophical and literary fabric of the *De negocio logico*, we find a fascinating expression of the same mixture of traditions as that which is evident in his theoretical pronouncements.

On the one hand, there are aspects of the *De negocio logico* which are wholly scholastic. This is true, in particular, of its philosophical content, which, as will be explained more fully below, is drawn exclusively from medieval sources.[46] Curiously enough, the author's expertise in Greek and his belief in its value for the study of logic have left no significant traces in the dialogue: there is no evidence that he has used his linguistic knowledge to read Porphyry, Aristotle and the other ancient philosophers in the original, or to explore ancient logical texts outside the traditional scholastic canon.

Also unmistakably scholastic is the style of the work; from its argumentative methods to its vocabulary and syntax, it is clearly a means of expression formed on the model of the medieval philosophers, from Boethius to Aquinas. Here, however, the dominance of scholasticism is not so exclusive as in the case of the philosophical sources, for Francesco di Tommaso's Latin does show some interesting influences extraneous to the specialized language of medieval commentary. The speeches of the two interlocutors in the dialogue are, for example, occasionally enlivened by idiomatic expressions and proverbs and images, of which some are traceable to classical or biblical Latin, but others may derive from the vernacular, or from other genres of medieval literature.[47]

The most interesting feature of the friar's style, however, is his periodical use of classical quotations and allusions. His sources fall, it is true, within a relatively limited range of texts, all of which had been well-known throughout the Middle Ages: Terence's *Adelphi* and *Andria*, Cicero's *De Officiis* and *Paradoxa Stoica*, Vergil's eclogues, Ovid's *Metamorphoses*, the satires of Persius, the letters of Seneca, and the *Institutiones* of Lactantius. This is clearly the classical learning of a writer

---

[46] See section 7, pp. 36-40.

[47] Of the idiomatic phrases, «quicquid in buccam», which occurs twice (pp. 61 and 126), is of definitely classical origin, «lucernam sub luco locare» (p. 79) seems to be an adaptation of the well-known biblical expression; and «volatile tempus» (p. 89), in phraseology perhaps an Ovidian echo, hints at the common proverb «tempus fugit»; there is also a proverbial ring to the phrase «Quo sunt res breviores, degustantibus eo sapidiores videri solent» (p. 143), though I have not traced any source. The expression «bos mutus videri» (p. 163) sounds as if it may derive from the vernacular. A cluster of animal images, partly expressed in proverbial form, occurs on pp. 119-120: «latet in cauda virus»; «ferrum a cigno digeritur»; «usu [or perhaps «risu»] silvestri mansuescunt leones». Elsewhere images are taken from the art of the goldsmith (p. 144) and the jeweller (p. 143).

who was chiefly dependent on the resources of a monastery library, with its predominantly medieval orientation, and who had not been exposed to anything like the variety of sources available to a humanist of his generation. Nevertheless, the selection of such texts, and the allusive use of them, in a work of this type and by an author from such a background, is highly significant, for it indicates definite humanistic leanings.

But it is in his adoption of the dialogue form that the author most radically departs from the mainstream of scholastic writing. Not that this form of presentation was unknown in medieval logic; indeed, in the specific tradition of exegetical works on the *Isagoge*, Boethius himself had set an early and authoritative precedent, by composing a commentary in dialogue form as well as one in straightforward expository prose.[48] But the expository method, whether in tractate or *quaestio*, was far more common, especially in late scholasticism, as was only natural given the complexity of the subject-matter under discussion. Where the dialogue form was used, it tended to be – as indeed it is in Boethius – little more than a monologue in disguise, occasionally punctuated by the interlocutor's questions, with no attempt to create even a minimum of conversational verisimilitude. What Francesco di Tommaso was aiming at in writing a commentary «dyalogi notulis confectum»[49] was clearly something more, a literary form which would meet his demand for a clearer, simpler, more «human» mode of expounding Aristotelian logic.

It must be admitted that the *De negocio logico* is a fairly crude specimen of the genre of the philosophical dialogue. Any possibility that the reader might be drawn into the dramatic illusion of a conversation is reduced from the outset by the author's decision to divide the dialogue into chapters, each with a treatise-style title indicating the subject to be discussed. Furthermore, the awkwardness of this device is compounded by his clumsiness in handling the distinction between reality and fiction: on several occasions within the dialogue he makes the characters refer to points which will be explained «in proximo capitulo», or which have already been mentioned «in principio huius opusculi»;[50] while in the

---

[48] See BOETHIUS, *In Porphyrium Dialogi a Victorino translati*, in two books, and *Commentarii in Porphyrium a se translatum*, in five books, both in J.-P. MIGNE, *Patrologiae Cursus Completus, Series Prima*, LXIV, cols 9-70 and 1-158 respectively. There is also a more recent edition of the dialogue: BOETHIUS, *In Isagogen Porphyrii commenta*, ed. G. SCHEPSS and S. BRANDT, Leipzig 1906.

[49] See p. 50.

[50] There are examples of this anomaly in speeches by Franciscus on pp. 51, 68, 84, 85, 127, 150 and 189, and in a speech by Angelus on p. 188.

conclusion he apologizes *in propria persona* for the familiar tone with which «he» has been addressing Politian throughout the dialogue, as if he were really Franciscus, and Politian really Angelus.[51]

Moreover, for all the author's efforts to produce a «human» if not a humanistic dialogue, the interlocutors in the dialogue are for much of the time not characters but simply mouthpieces for technical exposition, doing little more than replace the objections and solutions of an Albertan tractate, or the «videtur quod non» and «videtur quod sic» of a Thomistic *quaestio*. This sometimes leads to gross implausibilities of characterization, particularly in the case of Angelus, who, though supposedly a novice in scholastic logic, proves capable not only of reeling off long lists of subtle objections to Franciscus's arguments, but of quoting chapter and verse in the medieval authorities on the subject. On one occasion, in chapter thirteen, the author does try to attenuate the improbability of such expertise by making Angelus hand over the formulation of the questions to Franciscus, on the grounds that he himself feels too inexpert in the subject to be able to cope with it.[52] But for long stretches of the dialogue any pretence of realism is simply abandoned.

Nevertheless, despite these shortcomings, the exchanges between the characters are for the most part smooth and natural, and the technical discussions are interspersed with brief interludes which introduce a little life and even humour into the fictional conversation. In such passages the two collocutors sporadically emerge as characters in their own right: Franciscus as a selfless, rather paternal tutor, whose only desire is for Angelus to progress in the field of logic, and who delights in his fruitful doubts and objections; and Angelus as a willing and particularly talented pupil, warmly appreciative of his teacher's efforts on his behalf. To this extent Francesco di Tommaso has succeeded in imparting to his scholastic treatise something of the qualities of a philosophical dialogue in the Ciceronian and humanist tradition.

Both in theory and in practice, then, Francesco di Tommaso emerges as a remarkably flexible and conciliatory figure, a man whose background is thoroughly scholastic but who has a deep respect for humanism and is genuinely interested in exploring, albeit in a slightly amateurish way, the contribution which it has to make to the explication, if not to the substance, of his own discipline. The *De*

---

[51] See p. 207. Similarly, at an earlier point the author, through Franciscus, expresses his own plans to write a sequel to the *De negocio logico*, as if speaking directly to Politian (p. 143).

[52] See p. 148.

negocio logico itself may be described as an interesting attempt to graft a humanistic literary form on to scholastic subject-matter; and if it is only partly successful, this was to some extent inevitable, as the author himself acknowledges in the conclusion.[53]

Judging from the friar's opinions and literary performance it seems likely that, despite his scholastic training in logic, he had also received some rudiments at least of a humanistic education; this may well, indeed, have been how he was introduced to the study of Greek. At any rate, in the light of his philosophical and literary opinions it is not difficult to understand why Politian should have found him, of all the lecturers in the faculty of theology, a particularly congenial companion, and why he should have chosen him as his guide over the difficult terrain of logic.

5. *Politian's debt to scholasticism*

The evidence brought to light by *De negocio logico* throws an important phase of Politian's career into an entirely new perspective.

Virtually all the information that has been available hitherto on his interest in Aristotelian logic has suggested that it was exclusively a phenomenon of his later years: of that phase of his life that runs from 1490 to his death in September 1494.[54] Before this period, throughout the 1480s, all his lecture-courses at the Studio, as far as is known, had been dedicated to literary rather than philosophical texts – to the poets, dramatists, rhetoricians and historians of antiquity.[55] Then, in the

---

[53] See p. 208. All disciplines, he points out, have their own proper terminology, which cannot be simply changed at will, and a commentary on logic, even if expressed in dialogue form, is bound to be dry and technical. He consoles himself with the thought that the primary aim of his work is to teach methods of argument, not eloquence.

[54] On Politian as a logician, there is a short and dismissive account in PRANTL, *Geschichte der Logik*, cit., IV, pp. 171-172. For a more recent and more sympathetic treatment, see C. VASOLI, *Il Poliziano maestro di dialettica*, in *Il Poliziano e il suo tempo*. Atti del IV Congresso Internazionale di studi sul Rinascimento, Florence 1957, pp. 161-172; VASOLI, *La dialettica e la retorica*, cit., pp. 116-131 (a substantially revised version of his earlier essay).

[55] The first attempt to compile a list of Politian's lecture-courses was made by I. DEL LUNGO, *Florentia. Uomini e cose del Quattrocento*, Florence 1897, pp. 176-183. For a more up-to-date account, see V. BRANCA, *Poliziano e l'umanesimo della parola*, Torino 1983, p. 86, note 22; but this should be corrected and supplemented by the conclusions of L. CESARINI MARTINELLI, *Il Poliziano e Svetonio: osservazioni su un recente contributo alla storia della filologia umanistica*, «Rinascimento», II s., 16, 1976, pp. 111-131: p. 119, note 1; V. FERA, *Una ignota «Expositio Suetoni» del Poliziano*, Messina 1983, pp. 23-24, note 3; A. POLIZIANO, *Commento inedito alle Satire di Persio*, ed. L. CESARINI MARTINELLI and R. RICCARDI, Florence 1985, *Introduzione*, pp. XII-XVI.

1490s, there is an apparently abrupt shift of focus – heralded in the concluding *coronis* of the first volume of the *Miscellanea*, published in 1489 – towards Aristotelian philosophy in general and logic in particular. Over the course of three academic years, from 1491-1492 to 1493-1494, Politian delivered a complete cycle of lectures on the *Organon* (of which we still have some prolusions, though not the lecture-notes themselves), following approximately the order in which the individual works were traditionally studied;[56] Porphyry's *Isagoge*, the work to which the *De negocio logico* is devoted, must have been covered in the early part of the academic year 1491-1492. Logic would also have figured prominently in the second volume of the *Miscellanea*, on which he was working at the time of his death; of the fifty-nine extant chapters from the unfinished draft, two are devoted to logical questions arising from his teaching in the Studio: chapter 53 discusses the term «universal», and chapter 55 is concerned with the enthymeme.[57] Several more essays on aspects of the same branch of knowledge would almost certainly have been added in the completed volume.

The idea that this late preoccupation with philosophy was a completely new development in his career was promoted by Politian himself. In the above-mentioned passage of the first *Miscellanea* he states that, although he had as a young student attended the philosophical lectures of such teachers as John Argyropoulus and Marsilio Ficino, his youthful encounters with philosophy had been desultory and insignificant; and he claims never to have had much interest in the subject until his enthusiasm had been kindled by Giovanni Pico della Mirandola in the late 1480s.[58]

That this view of things is something of an over-simplification was already known. In recent years it has been convincingly argued that Politian's new-found passion for philosophy was not merely the result of Pico's encouragement but at least in part a natural development of

---

[56] In both of the passages where he speaks of this cycle of lectures, in the *Lamia* and the *Dialectica*, Politian emphasizes that he had departed from the traditional order in the case of the *Sophistical Refutations*; this work he had dealt with after the *Prior Analytics*, rather than in its usual position as last in the series, after the *Topics*. See A. POLIZIANO, *Lamia*, ed. A. Wesseling, Leiden 1986, p. 18, 11; POLITIANUS, *Omnia opera*, cit., f. aa. *bis*.viii.*v*. The surviving prolusions from the lecture-cycle on the *Organon* are the two that have just been mentioned – the *Lamia* began the academic year 1492-1493, the *Dialectica* the following one – plus the *Praelectio de dialectica*, which is discussed below.

[57] POLIZIANO, *Miscellaneorum centuria secunda*, cit., pp. 99-102 and 104-106.

[58] See POLITIANUS, *Omnia opera*, cit., ff. K.ii.*v* - K.iii.*r*. See also the account by E. GARIN, *L'ambiente del Poliziano*, in *Il Poliziano e il suo tempo*, cit., pp. 17-39: p. 25 (the essay was previously published in «La Rassegna della Letteratura italiana», 3, 1954, and is reprinted in the same author's book *Ritratti di umanisti*, Florence 1967).

Politian's own philological preoccupations and methods; it has been shown that as early as 1488 he made a thorough investigation of the sceptical philosopher Sextus Empiricus; and that even earlier he had read widely in the ancient philosophers.[59]

Nevertheless, evidence of specifically logical preoccupations in Politian's writings before the 1490s is practically non-existent. There is, admittedly, an isolated reference in a letter of 1486 to a rare logical sophism, Ψευδόμενος; but the technical term is merely exploited as an opportunity for a play on words, and it would have been impossible to infer from this passage that Politian had carried out any systematic study of logical theory at this stage.[60] The proof provided by the *De negocio logico* that he had done so at least as early as 1480 is therefore a significant addition to our knowledge.

Particularly surprising is the discovery that there seems to have been, for a time at least, such a strong and direct scholastic influence on the development of Politian's logical studies. Friendly contacts between schoolmen and humanists were by no means as rare as their ostentatious public quarrels and invectives might suggest;[61] but one would have thought that Politian's philological method, founded on the interpretation of ancient authors in their historical context, with the aid of textual criticism, linguistic expertise and a wide-ranging knowledge of all facets of classical culture, would have had little to learn from the

---

[59] Even in the lecture-courses of the early 1480s Politian shows a fairly extensive familiarity with various ancient and medieval philosophical texts, though he seems primarily interested in them not for their philosophical content but for their value as sources of information for the elucidation of literary texts. See the *indices* to A. POLIZIANO, *Commento inedito all'epistola Ovidiana di Saffo a Faone*, ed. E. LAZZARI, Florence 1971; A. POLIZIANO, *La commedia antica e l'Andria di Terenzio*, ed. R. LATTANZI ROSELLI, Florence 1973; POLIZIANO, *Commento inedito alle Selve di Stazio*, cit.; POLIZIANO, *Commento inedito alle satire di Persio*, cit.; A. POLIZIANO, *Commento inedito alle Georgiche di Virgilio*, ed. L. CASTANO MUSICÒ, Florence 1990; A. POLIZIANO, *Commento inedito ai Fasti di Ovidio*, ed. F. LO MONACO, Florence 1991. On the conclusions to be drawn from such evidence, see CESARINI MARTINELLI, *In margine al commento*, cit., pp. 127-129. For Politian's researches into Sextus Empiricus in 1488, see CESARINI MARTINELLI, *Sesto Empirico e una dispersa enciclopedia*, cit., pp. 327-358; the case for the autonomous origin of his philosophical studies is made on pp. 355-356. Also relevant here are two translations: the version of Plato's *Charmides* (undated, but clearly a remnant of his youthful philosophical studies), a fragment of which is published with a long preface at the end of his letter-collection in the Aldine edition (*Omnia opera*, cit., ff. t.v.*v* - t.viii.*v*); and the rendering of Epictetus's *Enchiridion* composed in 1478, and followed soon afterwards by a defence of Epictetus's Stoicism (see below, pp. 35-36 and n. 79).

[60] See POLITIANUS, *Omnia opera*, cit., f. i.ii.*v* (epist. 7, 8). According to PRANTL, *Geschichte der Logik*, cit., IV, pp. 170-171, Politian was the first scholar in modern times to attribute this sophism to the Cretan Epimenides.

[61] See the comments of KRISTELLER, *Studies in Renaissance Thought and Letters*, cit., I, 577.

scholastic approach to logic, with its use of medieval translations and its reliance on the authority of medieval commentators.

Indeed, Politian's advance into the territory of logic in the 1490s was preceded by a barrage of invective against the scholastics which singled out precisely these aspects of their learning for savage criticism. In his prolusion on Suetonius, delivered in 1490 – evidently when he had already begun preparatory work for his lectures on logic – he digresses from a discussion of the relation between philosophy and history to launch a scathing attack on the schoolmen for perversely ignoring the achievements of modern scholarship, and obstinately clinging to «that utterly corrupt discipline of theirs». He has examined their commentaries and found them full of monstrous distortions of Aristotle's meaning; he has compared their «Teutonic» translations with the original Greek and found them twisted beyond all recognition.[62]

---

[62] Since there is no modern edition of this crucial passage, it is worth quoting in full: «Ad haec philosophia quoque ipsa neque de moribus agere neque de domesticarum publicarumque administratione rerum sine exemplorum multiplici copia varietateque satis possit. Id si cuiquam incredibilius videatur, maximorum clarissimorumque de ea re philosophorum libros, atque in primis Aristotelis, in manus sumant; in quibus nullum fere aut praeceptum aut documentum invenie⟨n⟩t, quod non ex ipsa historia tanquam e capite venaque perenni et fonte aliquo uberrimo emanaverit. Rerum vero naturam quo pacto tractabit is, qui ipsam naturae historiam non calleat? Negent fortasse id arguatuli quidam nostrae aetatis philosophi, ut qui nec Plinii singulare opus de eo negocio comprobent, iccirco videlicet, quia est elegantissime scriptum, nec Aristotelis Historiam de Animalibus evolvant, quia latine iam et ipsa Theodoro Gaza interprete coepit loqui. Ii mihi similes esse videntur servis, qui dominorum haereditate facti repente divites, neque quo pacto induenda sit herilis vestis neque omnino ipsius tenere ordinem norunt, sed saepe, apro aut lepore turdoque forte aut ficedula in mensa positis, ipsi tamen ius aliquid fatuum aut pulmentum et sordidissima quaeque cibaria magna ingluvie devorant. Atque ut praegnantes mulierculae, cum circa tertium fere a conceptu mensem morbo eo laborant, quem Graeci medicinae auctores κίτταν (id latine pica est) appellaverunt, utiles quidem consuetosque cibos aspernantur, cretam vero et extinctos carbones aut rudera aliqua avidius comedunt, quod multa videlicet in stomacho excrementa male concocta habeant. Ita ii nostri bene quidem palliati philosophi, cum sint et ipsi corruptissima illa sua disciplina imbuti, elegantis quidem beneque sentientis scriptores utpote sui dissimillimos iure fastidiunt, inquinatissimum autem quenque auctorum maxime quasi blandum filiolum amplectuntur. Libuit mihi aliquando excutere scrupolosius commentaria in Aristotelem non nulla, quae isti inter prima adamant, ipsis etiam Getis barbariora. Deus bone, quae monstra in illis, quae portenta deprehendi! Quam aut omnino nihil sentiunt aut contra eum ipsum quem interpretantur ridicule sentiunt! Contuli et graecum Aristotelem cum Teutonico, hoc est eloquentissimum cum infantissimo et elingui. Hei mihi, qualis erat! Quantum mutatus ab illo! [VERG. *Aen.* 2, 274] Vidi eum, vidi, et vidisse poenituit, non conversum e graeco, sed plane perversum, sic ut ne minimum quidem alterius vestigium in altero appareret. Nihilo tamen secius, quae est hominibus duritia oris, arrogare sibi venerandum philosophi nomen haud erubescunt. Sed quorsum ego haec, cum sint vel isti in primis quibus insana in gymnasiis sint posita praemia, ut tanta mercede latini homines nihil sapere discant etiam a barbaris, cum iaceant – proh decus! – et neglectui habeantur bonae, hoc est romanae literae, et quae exerere caput atque attollere paululum oculos superiore saeculo cepissent, neminem iam reli-

Four years later, in both of the chapters on logic in the unfinished second *Miscellanea*, Politian again crossed swords with the «modern self-styled Peripatetics» («qui se peripateticos hodie profitentur»), dismissing them as illiterates («opici»), whose arguments he refuses to consider in detail because their dry pedantry would ill become the concise elegance of his own philological essays («quoniam morositates istiusmodi procul Miscellaneorum proposito sunt»).[63]

These hardly seem the characteristic attitudes of one who has reason to be grateful to scholasticism.

However, such expressions of indignation and contempt for the schoolmen and their methods tell only part of the story. There is another passage in Politian's later prose works where he openly acknowledges a debt to scholasticism and, I believe, alludes darkly to the very episode in his education which is revealed by the *De negocio logico*. The significance of his words has, however, never been recognized until now, because the passage in question has never, to my mind, been correctly interpreted.

The passage occurs in one of Politian's surviving academic prolusions, a short speech occupying less than two and a half pages of the Aldine edition of his works, where it is given the simple title *Praelectio de dialectica*.[64] This speech appears to have been delivered in

---

quum aut sane quam paucos habent, qui sublevare eas, qui erigere prostratas conetur?» (POLITIANUS, *Omnia opera*, cit., ff. aa.vii.*v* - viii.*r*).

[63] For the phrase «qui se peripateticos hodie profitentur», see POLIZIANO, *Miscellaneorum centuria secunda*, cit., Chapter 55, line 1. For the use of the term «opici», see Chapter 53, lines 86-87: «Sed ego cum in disceptationem super hac re venissem cum philosopho quodam inter opicos istos non indocto...» (it is worth noting that Politian, as he states in a letter to Giorgio Merula written in early 1494, i.e. in the very period in which he was working on the second volume of the *Miscellanea*, took the word «opici» to indicate scholars «qui Graece nesciunt, etiam si Latine non indocti sint»; see epist. 11, 10, in *Omnia opera*, cit., f. p.i.*r*). For the other phrase, see lines 41-43 of the same chapter, quoted above, note 41. It is usually assumed (see VASOLI, *La retorica e la dialettica*, cit., p. 121; WESSELING, in POLIZIANO, *Lamia*, cit., Introduction, pp. XIV-XVI) that the schoolmen were also the primary targets of Politian's satire in the *Lamia* of November 1492 on the malicious critics who were mocking his new-found enthusiasm for philosophy. This theory is, however, open to question, for two main reasons. First, there is no specific reference to them in the speech, and one would have expected a more open attack, in front of a humanist audience, against this common enemy. Secondly, one doubts whether an attack from that quarter would have carried enough weight to elicit such a sustained and vehement response. Certainly some scholastics may have joined in the surreptitious baiting of Politian that seems to have been going on; but the force and vivacity of Politian's reply suggest that he had been stung chiefly by criticism from much closer to home.

[64] POLITIANUS, *Omnia opera*, cit., f. bb.*bis*.i.*r* - bb.*bis*.ii.*r*. The passage is discussed by DEL LUNGO, *Florentia*, cit., pp. 128-129. The ideas contained in this and Politian's other prolusions on logic are examined by VASOLI, *La dialettica e la retorica*, cit., pp. 118-128.

3

the academic year 1491-1492, and may, despite its brevity, have been the one which initiated the whole three-year cycle of lectures on the *Organon*.[65]

Politian devotes the first page of the prolusion to explaining that his logical lectures will not be concerned with the refined and abstract logical theory of Plato and Ficino, but with the more practical logic of Aristotle. At this point he announces that, since this is the first time he has lectured on logic, he wishes to dispel any doubts that his listeners may have about his credentials to teach on the subject by informing them of the training he had received as a logician.[66]

He proceeds to describe a logical education in which three main strands are discernible. The first, and most important, had been his own private study of the ancient Greek philosophers in the library placed at his disposal by Lorenzo de' Medici; if asked to indicate his true teachers, he declares, he would simply point to the piles of manuscripts in the Medici library. Secondly, however, he had also studied with certain distinguished doctors of philosophy and logic («doctoribus quibusdam, nec is quidem obscuris, philosophiae dialecticaeque operam dabam»). Finally, the third element in his logical training had been his education in the liberal arts, which, rather like Francesco di Tommaso in the *De negocio logico*, he sees an essential adjunct to the study of philosophy, both in providing a solid general education and in facilitating the interpretation of the philosophical texts themselves.

Though all three of these points would merit careful examination, the one on which we must focus our attention here is the second, Politian's reference to his studies under living teachers of logic. He divides these «doctors of philosophy and dialectic» into two groups, of which the first had not known Greek, but the second had. For the

---

[65] Since the speech contains a reference to Lorenzo de' Medici as being still alive, it must have been written before 8 April 1492; and since Politian mentions that he has already given other lectures on philosophical subjects, it was presumably delivered after his first lectures on Aristotle in the academic year 1490-91. It clearly introduces the first course that Politian has given on logic, and we know of none given before the cycle that began in 1491-1492. The beginning of that academic year would therefore seem the most likely date. The brevity of the prolusion seems, however, more appropriate to a minor course than to the opening of an academic year and of such an ambitious series of lectures, and it is possible that the speech was actually written for an unknown course given in the latter part of the previous academic year.

[66] See POLITIANUS, *Omnia opera*, cit., f. bb*bis*.i.r: «Prius tamen quam longius progrediar, respondendum mihi tacitis quorundam cogitationibus video, qui, quoniam ante hoc tempus partem hanc philosophiae nunquam attigerim, quaerent ex me fortassis quo tandem magistro usus dialecticae me doctorem profiteri audeam». There seems to be an allusion here to the same sort of backbiting which led him, not long afterwards, to compose the more vigorous apologia of the *Lamia*. See above, note 63.

former he professes utter contempt; not only had they been ignorant of Greek, but their Latin had been just as lamentable; they had befouled the clear waters of Aristotle with the mud of their pedantry, and their teaching had evoked in him only a mixture of derision and indignation. For the second group, however, he manifests a certain respect, though hedged about with supercilious reservations: admittedly, they had had nothing to teach him that he had not previously discovered for himself in his reading of the ancient philosophers; and admittedly their learning, like that of the other group, had been entirely derived from commentators; but nevertheless he had willingly followed them along the path which they had beaten towards the House of Philosophy.[67]

It has generally been assumed by modern scholars who have considered this account that the distinction Politian is making here is one between the friars of the faculty of theology on the one hand, and native Greek humanists, such as Andronicus Callistus and Demetrius Chalcondyles, on the other.[68] According to this interpretation, Politian is saying that he had sampled the lectures on logic of some scholastic teachers but rejected them as useless, turning instead to the instruction of philosophers from Greece who adopted a more humanistic approach to the subject.

To judge from Politian's description, however, it seems unlikely that any of the teachers indicated was in fact Greek. The phrase he uses to indicate the Hellenism of the second group is «Graeca tenebant», which must mean either that they «understood Greek», or perhaps that they «had a knowledge of Greek literature», either of which would be a

---

[67] POLITIANUS, *Omnia opera*, cit., f. bb*bis*.1.*v*: «Et ego igitur, si ex me quaeratis qui mihi praeceptores in peripateticorum fuerint scholis, strues vobis monstrare librarias potero, ubi Theophrastos, Alexandros, Themistios, Hammonios, Simplicios, Philoponos, aliosque praeterea ex Aristotelis familia numerabitis, quorum nunc in locum - si diis placet - Burleus, Erveus, Occan, Tisberus, Antisberus, Strodusque succedunt. Et quidem ego adulescens doctoribus quibusdam, nec is quidem obscuris, philosophiae dialecticaeque operam dabam, quorum alii, graecarum nostrarumque iuxta ignari literarum, ita omnem Aristotelis librorum puritatem dira quadam morositatis illuvie foedabant, ut risum mihi aliquando, interdum etiam stomachum moverent; pauci rursus, qui graeca tenebant, quanquam nova quaedam nonnullis inaudita admirabiliaque proferre videbantur, nihil tamen omnino afferebant, quod non ego aliquanto antea deprehendissem in iis ipsis commentariis, quorum mihi iam tum copia fuit, huius beneficio Laurenti Medicis, cuius totum muneris hoc est, quod scio, quod profiteor. Quo circa, cum ne ipsi quidem quicquam nisi, quod dicitur, ex commentario saperent, libenter ego quoque ad illos adiunxi me duces, quorum trita vestigiis ad usque lares philosophiae semita patebat».

[68] This distinction was first made by DEL LUNGO, *Florentia*, cit., pp. 128-129. The possibility that Chalcondyles is one of the teachers alluded to is accepted by VASOLI, *La dialettica e la retorica*, p. 121.

singularly inappropriate way of referring to native speakers of that language.

Moreover, a careful reading of the prolusion shows that Politian is actually talking of two groups of schoolmen. The most cogent proof that this is the case is Politian's allusion to their common dependence on knowledge acquired from commentaries, a clear reference to the scholastic method. Also significant, however, is his reference to his own education in the liberal arts, i.e. in the *studia humanitatis*: the obvious insinuation in the context is that such an education was not supplied by, and was lacking in, all the doctors of logic who had taught him; in other words, that their scholarship did not have a humanistic basis.

Furthermore, it is noteworthy that at the beginning of the passage, when he recalls his reading of the ancient texts, he juxtaposes a list of the elegant Greek names of ancient philosophers whom he had read («ubi Theophrastos, Alexandros, Themistios, Hammonios, Simplicios, Philoponos aliosque... numerabitis») with a deliberately outlandish list of the medieval authorities who have supposedly usurped their rightful place («quorum nunc in locum – si diis placet – Burleus, Herveus, Occam, Tisberus, Antisberus[69] Strodusque succedunt»); by implication the teachers of logic whom he then goes on to mention are all identified as followers in this barbarous tradition. Lastly, there is no mistaking the ironically condescending tone in which he speaks even of the second, favoured group for the amusement of his humanist audience, distancing himself from these teachers even as he acknowledges their assistance.

All these details point towards one conclusion: in the *Praelectio de dialectica* Politian is not denying that he had any debt to scholasticism; on the contrary, he is expressing his contempt for some exponents of that tradition, while openly, if somewhat grudgingly, acknowledging a small debt to certain other practitioners of it.

As far as the *De negocio logico* is concerned, this conclusion is of the greatest interest, for it is immediately clear that Politian's recollection of his studies with scholastic logicians almost certainly contains an allusion

---

[69] Politian makes humorous play here on the two Latin versions of William of Heytesbury's name current in the Renaissance, Tisberus and Hentisberus. PRANTL, *Geschichte der Logik*, cit., IV, p. 171, note 115, who seems oblivious to the irony of the prolusion, and who can see nothing good in Politian's logical studies (he did not know the second volume of the *Miscellanea*, which might have won him over to some extent), attributes Politian's repetition and distortion of the name to ignorance and to the use of second-hand sources. In reality, the bizarre invention of «Antisberus» is conclusive proof, if it were needed, that Politian's intent in this second list is burlesque. Moreover, far from being proof of ignorance, the mention of the two different forms of Heytesbury's name is itself a subtle allusion to the confusion which, to a humanist mind, reigned in scholastic scholarship.

to Francesco di Tommaso. The schoolmen whose lessons Politian admits to having followed are distinguished primarily by their knowledge of Greek, a description which fits very well with the figure of Francesco di Tommaso, who was renowned among his fellow-Dominicans as a Hellenist, and who at some time – perhaps before the dedication of the *De negocio logico* – made a trip to Greece in pursuit of his interest. The fit is, indeed, remarkable; and one cannot help suspecting, in the light of the *De negocio logico*, that when Politian speaks in the *Praelectio de dialectica* of a favoured group of Hellenizing schoolmen, he is actually thinking of one man in particular.

Once the prolusion has been reinterpreted in this way, the newly-discovered dialogue can help us to fill out Politian's account, which is notably lacking in names and dates. In the first place, it tells us, in all probability, the identity of one of the «doctores philosophiae dialecticaeque» to whom he refers, and perhaps the most influential of them.

Secondly, it gives us at least a partial insight into what form of teacher-student relationship Politian has in mind when he says that he «studied under» these teachers («doctoribus... operam dabam»).[70] It is possible – indeed one would imagine quite likely – that he actually attended some lectures in the faculty of theology. But as far as Francesco di Tommaso was concerned, at least, the instruction seems to have been mainly of a more personal nature. In part it was carried out through the writing of the *De negocio logico* (and perhaps of a sequel, too), as a sort of private textbook that Politian could study at his leisure. In addition, the friar intended to give him some sort of informal private tuition; and Politian's account suggests that this did in fact take place.

Thirdly, the *De negocio logico* makes it possible to determine which period of his life Politian has in mind when he talks of his links with scholastic teachers. In the prolusion he refers to himself as having been, at the time, an *adulescens*, a term which to his fifteenth-century audience would probably have most readily suggested – as it does to the modern reader – a youth in his late teens, and therefore in Politian's case the early to mid 1470s; and which would thus have created the impression that he was referring to a remote and relatively insignificant experience. Francesco di Tommaso's dialogue proves, however, that Politian was in

---

[70] Note that Politian uses the same expression, though in a slightly different way, in the above-mentioned passage in the *coronis* of the first *Miscellanea* where he recalls his youthful philosophical studies under Marsilio Ficino and John Argyropoulos: «Et enim ego tenera adhuc aetate sub duobus excellentissimis hominibus, Marsilio Ficino Florentino... et Argyropylo Byzantio,... dabam... philosophiae utrique operam» (POLITIANUS, *Opera omnia*, f. K.ii.*v* - K.iii.*r*).

fact still very closely connected, indeed had perhaps only recently become connected, with scholastic circles at the age of twenty-six, when he was on the very threshold of his career as a lecturer in poetry and rhetoric at the Studio, and barely eleven years before the probable date of his reminiscences in the prolusion on dialectic. It would appear, therefore, that Politian is using *adulescens* in the wider sense allowed by classical Latin, meaning a young man roughly between the ages of fifteen and thirty; and it is difficult to avoid the conclusion that he is deliberately exploiting the ambiguity of the word to distance himself from his debt to scholasticism, even as he avows it.

But what was the state of Politian's knowledge of logic when he received the dedication of the *De negocio logico*? This question is more difficult to answer. The prefatory letter and the conclusion of the dialogue address him as if he had not yet begun the study of logic, as if he were little more than a talented novice in the field; which is also how Angelus is presented in the dialogue (if we discount the incongruities in characterization allowed by the author for the sake of convenience). On the other hand, «introductory» though it may be, in the sense that it starts from first principles, the *De negocio logico* is not really a manual for beginners. The reader is plunged immediately into highly technical vocabulary, and a familiarity with basic concepts and the major authorities in the field of Aristotelian logic is taken for granted. This may be to some extent the result of a misjudgement on the teacher's part, or a reflection of the fact that he was intending to expound the subject himself *viva voce*; but the dialogue appears to have been written for someone who already had a reasonably good grasp of the subject.

Politian's autobiographical reminiscences in the *Praelectio de dialectica* lend support to this supposition. Judging from his account, by 1480 he had probably already attended the lectures of some schoolmen, whom he had rejected as turgid and ignorant; and he had almost certainly done some reading of his own in the classical Aristotelians. It seems to have been at this point that he first turned to Francesco di Tommaso for help. Perhaps he felt his own studies had not been systematic enough and wanted to work through the field methodically with a trained logician. Or he may simply have wished to examine a scholastic analysis of the elements of logic to see whether such major figures as Albertus Magnus and Thomas Aquinas had anything to teach him that the ancient Greek philosophers could not.

Presumably Politian's investigations of scholastic logic with Francesco di Tommaso were limited to the early 1480s. They may partly explain the familiarity with scholastic commentaries and translations which he demonstrates in the prolusion on Suetonius, though we cannot rule out the possibility that he also made his own independent studies of these at a later date.

How much attention he gave to scholastic views in his own later expositions of Aristotle during the 1490s is a matter of conjecture, in the absence of surviving manuscripts of his lecture notes on the *Organon*. What is fairly certain, however, is that if he did cite those views it will have been largely to refute and ridicule them. The methods of scholastic logic clearly had little lasting influence on his own approach to the subject. Indeed, it is probable that even in 1480, despite the cordiality of his relations with Francesco di Tommaso, he had strong reservations about the methodology exemplified in the *De negocio logico*. The circumstances surrounding the composition of the dialogue testify, as the author himself is at pains to emphasize, to an admirable open-mindedness on the part of both humanist and schoolman. But the gap between their respective backgrounds was wide, and must have seemed to grow wider still as Politian subjected the Aristotelian corpus to even closer scrutiny later in his career.

6. *The portrait of Angelus in the* De negocio logico

In addition to the importance which the *De negocio logico* as a whole has for the understanding of Politian's career, there is also a certain historical interest in the figure of Angelus which represents him within the fictional dialogue. Francesco di Tommaso's portrait of his humanist friend, as was mentioned above, is not without its inconsistencies and implausibilities; and, like other details of the dialogue, it is not always easy to interpret, because of the author's uncertain control over his literary medium: one is frequently unsure to what extent he is trying to be true to Politian's personality and to what extent he is merely using Angelus as an instrument in the marshalling of his arguments. Nevertheless, there are some details of the character which definitely seem to reflect an attempt at drawing from the life.

Some of these details are recognizable from what we know of Politian from his own writings and from other sources. At various points in the dialogue the character Franciscus describes his friend as a divinely gifted poet who has a wealth of images and *exempla* at his fingertips, and as a man of keen intelligence and wide-ranging knowledge in all branches of learning; all these are appropriate enough, though generic, attributes.[71]

---

[71] See pp. 80 and 126.

More significantly, at the beginning of the dialogue Angelus himself is made to deny any pretensions to being a philosopher, rather than a mere *orator*. Whether the words are supposed to be taken as actually characteristic of Politian is doubtful, though they are certainly very reminiscent of statements which he himself was to make later in his career when he turned the full focus of his attention to philosophy.[72] What is noteworthy, however, is that right from the opening scene Angelus is clearly delineated as a humanist, and distinguished from his scholastic teacher. In the same passage Angelus counters an Aristotelian quotation by Franciscus with a Vergilian one of his own; the difference in the two characters' choice of source neatly underlines the difference in their respective backgrounds.[73]

Even Angelus's habits, in so far as they are described, are authentic. Near the beginning of the dialogue there is, as was mentioned above, a reference to the fact that he frequently retreats to quiet spots in town or country to carry on his own studies; the allusion is entirely consistent with what we know of Politian's habit of carrying on private research in S. Paolo and in the villa at Fiesole placed at his disposal by Lorenzo de' Medici.[74]

If these features of Angelus are familiar, others are more surprising. The most striking of these appears when Franciscus, asked to explain a particular logical fallacy, produces an example based on the premise that Angelus could potentially become pope: «Ut si dicam 'Angelus est potentia papa, ergo est papa' – utinam valeret ista consequentia!».[75] That this hypothesis would ever have been realized is of course extremely

---

[72] See p. 51. For a similar disclaimer on the part of Politian, see POLIZIANO, *Lamia*, cit., pp. 16-18. The distinction he draws is between the *philosophus* and the *grammaticus*.

[73] See p. 51. In some other cases where significance seems to be attached to the language used by Angelus, the author's intentions are less clear. At one point (p. 55) Franciscus appears to be teasing Angelus for his use of a rare word; if that is how the author intends the passage to be read, it would be an interesting allusion to a known stylistic predilection of Politian's. But the purpose of Franciscus's insistence on the phrase used by Angelus – «Caput fortassis tibi obtundo» – may be simply to show that he, Franciscus, is not dismayed by any amount of intellectual effort that may be of benefit to his friend and pupil. On another occasion (p. 89) Angelus seems to show a little classical pedantry: having first used the scholastic word «Perypatheticus», he corrects it to «Aristotelicus», which he describes as his own word. However, since Franciscus himself subsequently uses the latter term more than once (pp. 183 and 194) without any suggestion of irony or of reference back to this remark, it is hard to be sure what is really meant.

[74] For the reference to these retreats see above, note 34. For a *subscriptio* of Politian's written in the priory of S. Paolo shortly before the publication of the *De negocio logico* (it is dated 15 August 1480), see I. MAÏER, *Les manuscrits d'Ange Politien*, Geneva 1965, p. 352. On Politian's *rusculum Faesulanum*, see WESSELING, in POLIZIANO, *Lamia*, cit., p. 24.

[75] See p. 132.

unlikely, though it is worth remembering that before his premature death Politian at least came close to gaining a cardinalate.[76] But the passage is an interesting, not to say startling, reminder of the peculiarly ecclesiastical light in which the friar of S. Maria Novella viewed him.

Perhaps the most intriguing allusions to the reality of Politian's life, however, are three passages in which Angelus seems to be associated with particular philosophical positions. In chapter eight, he good-humouredly takes up the defence of Plato against the objections of the Aristotelians, declaring that it seems impossible to him that Plato should have erred, and that «it is not permissible for us» to find fault with him.[77] Is this opinion being presented as one which Politian had actually expressed to the author, or which the author believed him really to hold? It is tempting to suspect that this may be the case, or at least that Angelus is being given the role of defender of Platonism at this point in the dialogue because he belonged to a humanist circle dominated, particularly during the period when the *De negocio logico* was written, by the ideas of Marsilio Ficino. However, it is not certain that this is how the author intends us to read the passage. Franciscus, too, is highly respectful towards Plato throughout the chapter, introducing him – as Angelus later reminds him – as «Plato ille divinus»; and there is a short discussion of Plato's reputation, in which Franciscus states that, although he rarely reads Plato, he has the greatest admiration for him. This is clearly an expression of the author's own views, and it is possible that, as elsewhere in the dialogue, Angelus is in this chapter simply an extension of them. Whatever the significance of his role here, however, it does seem likely that the passage constitutes a discreet homage on the part of the author to the current influence of Ficinian philosophy.

In chapter thirteen Angelus is associated with another ancient philosophical tradition. Having defended the Stoic concept of the *daemon*, he is teased by Franciscus for fighting so fiercely against the Aristotelians because he himself is a Stoic.[78] The remark is a fleeting one and is developed no further, so that the author's purpose is again obscure; we cannot entirely rule out the possibility that Franciscus's words are intended purely as a meaningless piece of banter. But it is probably not entirely coincidental that in the summer of 1479, little more than a year before the completion of the *De negocio logico*, Politian had translated into Latin the *Enchiridion* of Epictetus, a translation

---

[76] See Picotti, *Ricerche umanistiche*, cit., pp. 128-140.

[77] See pp. 93-94.

[78] See p. 155: «Tu, Stoycus cum sis, contra Perypatheticos nunc potenter pugnas».

which had caused enough of a stir in Florentine literary circles for him to have followed it with a vigorous defence of Epictetus's philosophy against the criticisms of Bartolomeo Scala.[79] Francesco di Tommaso must have known of this controversy, and Franciscus's quip about Politian's Stoicism sounds very much like a deliberate allusion to it.

Finally, and most interestingly of all in the present context, Angelus is described in the opening chapter as a self-confessed admirer, indeed «imitator», of Thomas Aquinas.[80] Once again we must be cautious about drawing conclusions about the historical Politian from the fictional dialogue, especially since the view attributed to Angelus here coincides exactly with that of the author himself. But it seems on the face of it improbable that the author would, in a book dedicated to Politian, have attributed to his *persona*, and so prominently, an opinion that was wholly abhorrent to him. Nor does it seem likely that Angelus's purported admiration for Aquinas would have been invented purely for the purposes of the dialogue, to make Angelus's obvious familiarity with scholastic logic more plausible; such subtlety of characterization is foreign to the author of the *De negocio logico*. Moreover, as was mentioned earlier, there is reason to believe that Politian really did have a certain admiration for Aquinas, at least in the earlier part of his career. Perhaps the most plausible interpretation of the passage is therefore that it is an allusion to some remark that Politian had made to the author in conversation, though it quite possibly exaggerates the extent of Politian's expressed enthusiasm for Thomas.

7. *The commentary on Porphyry and its sources*

The *De negocio logico* is not a commentary in the formal sense, but rather a treatise on the universals designed to introduce and explain, in the light of scholastic theory, the concepts briefly enunciated by Porphyry. It begins with some introductory considerations on the nature of logical argument (chapter 1) and on the definition of *terminus* (2-4). Then, after a discussion of the concept *universale* itself (5-9), the five

[79] For the texts, see POLITIANUS, *Omnia Opera*, cit., ff. S.i.*r* – viii.*v*, and T.i.*r* – iii.*v*; the defence of Epictetus was reprinted, with an Italian translation, in GARIN, *Prosatori latini del Quattrocento*, cit., pp. 912-925. On the translation, see R. P. OLIVER, *Era plagiario Poliziano nelle sue traduzioni di Epitteto e di Erodiano?*», in *Il Poliziano e il suo tempo*, cit., pp. 253-271; ID., *Politian's Translation of the Enchiridion*, «Transactions and Proceedings of the American Philological Association», 89, 1958, pp. 185-217.

[80] See pp. 51-52 (Franciscus is speaking): «Sed nec me fugit quanti sit apud te Thomas Aquinas, cuius et sapientiam et integram perfectamque doctrinam scio te ipsum non tam mirari quam etiam imitari».

universals are examined one after the other: *genus* (10-11), *species* (12), *differentia* (13), *proprium* (14), and *accidens* (15). Finally, chapter 16 briefly reviews the similarities and differences between the various universals.

At an early point in the *De negocio logico* the author states, through Franciscus, that there is not a single opinion in the work which does not derive from his three great models, Aristotle, Albertus Magnus, and Thomas Aquinas.[81] On the evidence of a study of his sources, this is a fairly accurate representation of the truth. The doctrines of Aristotle, however, are for the most part quoted not directly but through the filter of medieval interpretations; the principal direct sources are therefore Albertus and Thomas alone.[82]

Almost the entire philosophical, and much of the textual, substance of the dialogue comes, with minor additions, expansions and examples introduced by the author, from these two philosophers. Many of the quotations from other thinkers are demonstrably taken at second hand from them, and I suspect that most, if not all, of those that I have been unable to pinpoint in the same way come through the same intermediaries. Certainly, the range of sources cited falls mainly within the range of those known to Francesco di Tommaso's thirteenth-century masters: Aristotle, together with the medieval accretions of the *Liber sex principiorum* and the *Liber de causis*;[83] the Islamic philosophers Avicenna, Averroes, Alfarabi and Algazel;[84] Christian and Neo-Platonic

---

[81] See above, note 39.

[82] On the logic of Albertus Magnus, see PRANTL, *Geschichte der Logik*, cit., III, pp. 89-197; A. DE LIBERA, *Théorie des universaux et réalisme logique chez Albert le Grand*, «Revue des sciences philosophiques et théologiques», 65, 1981, pp. 55-73; R. McINERNY, *Albert on Universals*, «The Southwestern Journal of Philosophy», 10, 1979, pp. 3-18; A. STAGNITTA, *Teorie della logica in Alberto Magno*, «Angelicum», 59, 1982, pp. 162-190. On the logic of Thomas Aquinas, see the introductory accounts in PRANTL, *op. cit.*, III, pp. 107-118; L. LACHANCE, *Saint Thomas d'Aquin dans l'histoire de la logique*, Paris and Ottawa 1932; M. GRABMANN, *De fontibus historicis logicam S. Thomae de Aquino illustrantibus*, «Acta Pontificia Academicae Romanae S. Thomae Aquinatis et Religionis Catholicae», n.s., 4, 1936-1937, pp. 53-64. More recent studies on Thomas relevant to the present work include F. P. CLARKE, *St Thomas on «Universals»*, «The Journal of Philosophy», 59, 1962, pp. 720-725; S. DECLOUX, *La dialectique chez Saint Thomas d'Aquin*, «Studium generale», 21, 1968, pp. 258-273; B. MONDIN, *La logica di S. Tommaso d'Aquino*, «Rivista di filosofia neo-scolastica», 60, 1968, pp. 261-271; further bibliography is given by RISSE, *Bibliographia logica*, cit., III, 1979, *Verzeichnis der Zeitschriftenartikel zur Logik*, pp. 269-272.

[83] On Thomas Aquinas's use of the *Liber de causis*, see C. VANSTEENKISTE, *Il Liber de Causis negli scritti di San Tommaso*, «Angelicum», 35, 1958, pp. 325-374.

[84] The following is a select list of modern studies of the influence exerted on Thomas and Albertus by the Islamic philosophers cited by Francesco di Tommaso; further bibliography can be found in the works listed. On Alfarabi, see A. CORTABARRIA, *Las Obras*

Introduction

writers of late antiquity (Boethius, Augustine, Apuleius, Gregory the Great, John of Damascus); a sprinkling of ancient Greek philosophers (Plato, Ptolemy, Themistius, Empedocles); and one other logician of the Latin Middle Ages, Robert Grosseteste. Only one source later – and then only slightly later – than Aquinas is cited; this is one of the articles in the list of condemnations of heterodox propositions published in 1277 by Étienne Tempier, Bishop of Paris.

A large part of the *De negocio logico* is in fact heavily dependent on a single source, namely Albertus Magnus's commentary on Porphyry, which in the printed editions bears the title *Liber de praedicabilibus*.[85] The central section of Francesco di Tommaso's dialogue, roughly from the beginning of chapter 5 to the middle of chapter 13, is particularly closely based on this work, for the most part without acknowledgement. Whole chapters are simply selections from and abridgements of the

y la Filosofia de Alfarabi en los Escritos de San Alberto Magno, «La ciencia tomista», 39, 1950, pp. 362-387, and 43, 1951, pp. 81-104; ID., *Doctrinas Psicológicas de Alfarabi en los escritos de San Alberto Magno*, ibid., 44, 1952, pp. 633-656; ID., *De Alpharabii et Alkindi operibus et doctrina in scriptis S. Alberti Magni*, Caldas de Besaya 1953; M. GRIGNASCHI, *Les traductions latines des ouvrages de la logique arabe et l'abrégé d'Alfarabi*, «Archives d'histoire doctrinale et littéraire du moyen age», 39, 1972, pp. 41-89. On Algazel, see A. CORTABARRIA, *Literatura algazeliana de los escritos de San Alberto Magno*, «Estudios filosóficos», 11, 1962, pp. 255-276; R. E. A. SHANAB, *Ghazali and Aquinas on Causation*, «The Monist», 58, 1974, pp. 140-150; ID., *Points of Encounter between Al-Ghazālī and St. Thomas Aquinas*, in *Tommaso d'Aquino nella storia del pensiero*. Atti del Congresso Internazionale, Roma-Napoli, 17-24 aprile 1974, *Tommaso d'Aquino nel suo settimo centenario*, 2 vols, Naples 1975, I, pp. 261-267; T. HANLEY, *St. Thomas' Use of Al-Ghazālī's Maqāsid Al-Falāsifa'*, «Medieval Studies», 44, 1982, pp. 243-270. On Averroes, see R. MILLER, *An Aspect of Averroes' Influence on St. Albert*, ibid., 16, 1954, pp. 57-71; C. VANSTEENKISTE, *San Tommaso d'Aquino ed Averroè*, «Rivista di studi orientali», 32, 1957, pp. 621-623. On Avicenna, see C. VANSTEENKISTE, *Avicenna-Citaten bij S. Thomas*, «Tijdschrift voor Philosophie», 15, 1953, pp. 457-507; G. C. ANAWATI, *Saint Thomas d'Aquin et la Métaphysique d'Avicenne*, in *St. Thomas Aquinas 1274-1974: Commemorative Studies*, ed. A. MAURER, E. GILSON, J. OWENS, and others, 2 vols, Toronto 1974, I, pp. 449-465; A. JEUDY, *Avicenna's «Metaphysics» in the Summa contra Gentiles*, «Angelicum», 52, 1975, pp. 340-384 and 541-586; ibid., 53, 1976, pp. 184-226. For the influence of the Islamic philosophers on Albertus Magnus's logic in general, see DE LIBERA, *Théorie des universaux et réalisme logique*, cit.; and for their influence on Thomas Aquinas, see L. GARDET, *Saint Thomas et ses prédécesseurs arabes*, in MAURER, GILSON, OWEN and others, *St. Thomas Aquinas 1274-1974*, cit., pp. 419-448. References to the Islamic philosophers, and to the other sources named here, in the works of Thomas, can also be traced in R. BUSA, *Index Thomisticus*, 3 parts, 49 vols, Stuttgart-Bad Cannstatt 1975-1979.

[85] See ALBERTUS MAGNUS, *Liber I de praedicabilibus*, in ID., *Opera omnia*, 38 vols, Paris 1890-1899, I, pp. 1-148. The title given by the manuscripts varies, but usually includes the term «universalia» in preference to «praedicabilia». See W. FAUSER, *Die Werke des Albertus Magnus in ihrer handschriftlichen Überlieferung*, Teil I, *Die Echten Werke*, Münster 1982, pp. 1-4, especially p. 1. There is a more recent edition of the first *tractatus* of Albertus's commentary: ALBERTI MAGNI *De antecedentibus ad logicam*, ed. J. BLARER, «Teoresi», 9, 1954, pp. 177-242.

arguments expounded by Albertus, with minor additions and alterations by the author; whole paragraphs are copied from him virtually word for word. As a result, the dialogue between Franciscus and Angelus is frequently nothing more than a dramatization of the text of the *Liber de praedicabilibus*.

A short example will illustrate how close the imitation can become. In chapter nine of his fifth tractate, in discussing one of the definitions of the universal «differentia», which applies only to the «differentia magis propria», Albertus writes as follows:

> Si autem quaeritur, cum dicitur quod differentia est qua differunt a se singula, utrum differant per unam aut per plures differentias: Dicendum quod per unam differunt ab omnibus differentiam illam secum non communicantibus, sicut per rationale differt homo ab omnibus rationem secum non communicantibus, sed ab his quae secum communicant in una, differunt in alia.
>
> Si autem quis objiciat dicens, quod singularia numero sunt infinita ad minus quoad nos, et sic videntur differre ab infinitis: Dicendum quod nihil est inconveniens.
>
> Si ulterius arguet, quod qui novit diffinite unum contrariorum, diffinite novit et alterum. Novit autem homo suam qua a singulis differt differentiam [-arum *ed.*]: igitur videtur quod diffinite novit infinitas singularium differentias, quibus ab ipso differunt, et sic momento novit quasi omnia. Dicendum, quod sequitur quod noscat omnia illa in quantum cum ipso non conveniunt...[86]

Francesco di Tommaso hardly changes the passage at all, beyond distributing the queries and *dubitationes* on the one hand, and the replies on the other hand, between his two characters:

Angelus: Differunt ne ea que differentia sunt una an pluribus differenciis?
Franciscus: Una sola differentia ab omnibus differunt differentiam illam secum non comunicantibus, ut rationali differentia differt homo ab omnibus rationem cum homine haud comunicantibus, et mortali similiter. Ab hiis autem qui secum in una differentia comunicant, in aliis differunt.
Angelus: Est quod infert mihi dubitationem. Nam cum singularia sint infinita, videntur singula differre ab infinitis, quod non apparet conveniens.
Franciscus: Licet singularia sint numero infinita ad nos, nullum tamen ex hoc inconveniens sequitur.
Angelus: Quin, ut videtur, maximum.
Franciscus: Tu ipsum ostende.
Angelus: Quoniam qui novit unum contrariorum diffinite, novit et reliquum. Homo autem suam qua ab omnibus differt differentiam novit; ergo novit infinitas singulorum differentias. Et ita uno noto quasi omnia novit, quod asserere est absurdum.

---

[86] ALBERTUS MAGNUS, *Liber de praedicabilibus*, cit., tract. 5, cap. 8, pp. 106b-107a.

Franciscus: Dicimus id non esse inconveniens, ut cognoscat omnia, inquantum cum ipso non conveniunt...[87]

The reader will be able to trace many analogous examples, mainly from Albertus but also from Thomas, by referring to the source notes which accompany this edition of the *De negocio logico*.

Thomas Aquinas is occasionally summoned into the debate in the chapters dominated by Albertus's *Liber de praedicabilibus*. His influence is strongest, however, in the first four chapters and from the middle of chapter thirteen to the end of chapter fourteen, where Francesco di Tommaso, evidently dissatisfied with Albertus's rather summary treatment of the universals *differentia* and *proprium*, departs from his chief model to provide a much more thorough analysis. These two parts of the work in which Francesco di Tommaso relies more on Thomas are the most original in the book, in so far as it is legitimate to talk of originality in a work whose professed aim is essentially that of expounding the views of others. Here in particular he may also be drawing on more recent Thomist discussions of his subject, though he does not quote any specific authorities.

8. *The manuscript*

At this point it will be useful to examine the manuscript in which the *De negocio logico* is contained and discuss the circumstances in which it was copied and preserved. We may begin with a more detailed description than Mazzatinti and Pintor were able to provide in their brief notice.

Florence, Biblioteca Nazionale Centrale, II, IX, 109.
Paper (except ff. 4 and 133, which are of parchment); late fifteenth century; 216 × 142 mm.; ff. I + 134.
An old, defective numbering in ink at the top of the leaves runs as far as the present f. 21; this has been replaced by a complete modern pagination in pencil.
Blank leaves: I, 1*v*, 2*r*, 3*v*-4*v*, and 131-134.
Illumination on f. 6*v*: within the gold initial C, against a blue sky streaked with white clouds, is depicted a friar (presumably the author) in a brown hood and cloak, holding in the crook of his left arm a green-covered book, towards which he points with his right hand; there is rich floral decoration in the margin.
f. 5*r*: *Frater Franciscus Thomę salutem plurimam dicit Angelo Policiano priori*

---

[87] *De negocio logico*, pp. 170-171.

reverendo; f. *6v*: *Fratris Francisci Thome De negocio logico ad Angelum Policianum Priorem Dignissimum Dyalogus*; f. *129v*: *Operis conclusio, et de neccessitate eloquentię ad dyaleticam et dyaletice nostrę maxima ad omnes artes*; expl. f. *130v*.

The text runs from f. *5r* to f. *130v*. It is preceded and followed by single blank parchment leaves (ff. 4 and 133), which were evidently the original fly-leaves of the volume. The tooled binding, which is probably the original one, was repaired, probably in the nineteenth century, and the following additions also date from that time: a blank flyleaf at either end (ff. I and 134); a leaf of smaller dimensions (f. 1), bearing a note in a nineteenth-century hand concerning the contents of the volume (f. *1r*); and a larger leaf folded in two and bound in sideways (ff. 2-3), bearing an extract from the entry in Quétif-Echard concerning the author (ff. *2v-3r*). At the foot of f. *130v*, the last page of the text, is a note in a nineteenth-century hand giving the date when the manuscript was purchased for the Magliabechian library: «Emit hunc codicem pro publica Imp. Bibliotheca Magliabechiana Vincentius Follinius eiusdem Praefectus ab Aloysia Silvestria, Nicolai Filia et haerede XI Kal. Aug. 1810».

The scribe who copied the original text can be identified as Francesco di Tommaso himself.

We have two examples of his handwriting with which to compare this manuscript, both of them in the Biblioteca Nazionale Centrale in Florence: the copy of Dominic of Flanders's commentary on the *Posterior Analytics* (Conv. Soppr. A. 8. 493) and the entry in the borrowing-register of the library of S. Maria Novella (Conv. Soppr. F. 6. 294, f. *37r*).

There are some superficial differences between the manuscript containing the *De negocio logico* and that containing Dominic of Flanders's commentary. The latter is a more expensively produced volume, with parchment leaves. It is smaller in format, and the lines, unlike those in MS II, IX, 109, were pre-ruled (a detail mentioned in a note concerning the volume in the old library register),[88] indeed very closely ruled. These factors dictated straighter lines and notably smaller writing. But the hand is undoubtedly the same. Strong similarities can be seen not only in the general characteristics of the writing – regular, decidedly right-sloping and slightly spiky – but in the formation of certain typical letters. Identical abbreviations and spellings are used, and even the colour-scheme of the manuscript is the same (red and blue are used in initials and titles).

As for the entry in the library register in Conv. Soppr. F. 6. 294,

---

[88] See above, note 10.

there are again differences, due partly to the more casual nature of the writing, and partly no doubt to its having been written at a later period in Francesco di Tommaso's life. One notes, for example, a forward bend in the ascenders which is absent in the earlier manuscripts. But again the overall shape and slope of the hand, and particularly the distinctive form of certain individual letters, make the identification virtually certain.

It is, indeed, not surprising to find that the manuscript of the *De negocio logico* is autograph, for a simple friar, as Francesco di Tommaso was at the time when he wrote the *De negocio logico*, would have been unlikely to have a secretary at his command.

MS II, IX, 109 is probably a copy executed by Francesco di Tommaso for his own collection. The possibility that it was transcribed specially for the monastery library must, it seems, be discounted, since the work is not mentioned in the 1489 inventory of the library, though the manuscript had presumably been copied in late 1480 or soon thereafter.[89] And the other main possibility, that this volume is the dedication copy which must have been given to Politian, is not acceptable for two reasons. First, there is no sign of the ex-libris that Politian customarily inscribed in his books, or of any marginalia in his hand. Second, and more important, the later history of the volume strongly suggests that it came from S. Maria Novella. As the librarian's note on f. 130*v* states, the manuscript came on the market in 1810. This was only two years after the dispersal of the library of S. Maria Novella.[90] The majority of the monastery's books had been shared between the Magliabechian and Laurentian libraries, but many had gone astray. It looks very much as if MS II, IX, 109 was one of the latter, and that it had been bought by the Niccolò Silvestri mentioned in the note, whose daughter put it up for sale on his death in 1810.

This reconstruction is consistent with what we know from the early biographers of Francesco di Tommaso. From Poccianti onwards they report that a copy of his commentary on the *Isagoge* was preserved, together with copies of his other works, in the library of S. Maria Novella. We cannot of course be certain how many of them had actually seen the volume; most were probably just repeating Poccianti's assertion. But if there was a copy in the library for Poccianti (or his pupil Ferrini, who contributed a large number of entries to Poccianti's posthumously published catalogue) to see in the mid to late sixteenth century, it is likely to have remained there until 1806.

---

[89] For the inventory, see POMARO, *Censimento*, cit., *Appendice*, pp. 315-353.

[90] On the confiscation of the monastery library, see ORLANDI, *La biblioteca*, cit., pp. 92 and 96-99.

The manuscript was therefore probably in the monastery library in the sixteenth century. However, as we have seen, it was apparently not yet there by 1489. The most plausible explanation of this is that it was still in Francesco di Tommaso's possession at that time.

The obvious conclusion is that MS II, IX, 109 was the author's personal copy of the *De negocio logico*, that he kept it among his own books, and that he bequeathed it to the library of S. Maria Novella, into which it passed at his death in 1514.

If this was the case, Francesco di Tommaso must have made this copy from his draft after he had completed the one which he presented to Politian. The date of the dedication of the dialogue to Politian is, as we have already seen, 18 October 1480. The present manuscript was therefore probably written in the latter part of that year or in the early months of 1481.

9. *Editorial procedure*

It remains to give a brief account of the editorial procedure followed in this edition.

As far as the question of orthography is concerned, many scholastic texts, including those of Francesco di Tommaso's chief models Albertus Magnus and Thomas Aquinas, are now often read in partly or wholly modernized spelling, and there would be a case for adopting a similar procedure in this instance. However, since the manuscript is autograph, the proper course seemed that of reproducing its spelling conventions as closely as possible. In modern editions of humanist authors, great care is customarily devoted to following the writer's original orthography, on the grounds that his spelling is a distinctive feature of his style and should therefore be preserved as far as this is practicable. There seems no reason for dealing differently with a scholastic text: a schoolman's orthography is just as essential a part of his Latinity, and equally worth preserving, if it can be shown to be authentic.

The spelling adopted, therefore, is that of the manuscript, with some minor exceptions; the separation of a prepositional prefix from its verb or adverb, for example, has not been preserved, nor has the joining of a preposition with another word, as in *inse*, which is here rendered *in se*. In addition, some small degree of modernization has been introduced. The letters *u* and *v* are distinguished according to modern usage. Capitalization has been regularized, the initial letters of proper nouns being put in the upper case, and the adjectives deriving from them in the lower. Finally, abbreviations have in nearly all cases been expanded; the letter *e* with cedilla, however, has been left as it stands, because it is Francesco di Tommaso's almost invariable custom to avoid diphthongs.

The temptation to regularize oscillations between different spellings of the same word has been resisted. The manuscript does contain some very eccentric forms which appear side by side with classically more acceptable ones (for example, *sepę* as well as *sępę*). However, these occur with a frequency which indicates that they were not mere oversights or slips of the pen, but genuine alternatives in the mind of the author. Some, such as *heę*, and the inflected enclitic *-cę* in the genitive *huiuscę*, are of an interest that is not only orthographical but also grammatical. All such forms have therefore been preserved, despite their oddity. Only a few obviously unintentional errors in orthography have been corrected.[91] Very occasionally, too, I have made slight alterations in the interests of clarity, such as a conditional *si quidem* for what might otherwise be taken as a causal *siquidem*.

Where a word of which there are two conflicting spellings in the manuscript is represented in a specific instance by an abbreviation, it is of course necessary to choose between the two in expanding the abbreviation. In such cases the form which occurs most frequently in the manuscript has been adopted; thus *speties* rather than *species*, *phylosophya* rather than *phylosophia*, *silicet* rather than *scilicet* (a form which never appears in the manuscript), *pre-* rather than *prę-*, etc. On the rare occasions where a word occurs only in abbreviation, the spelling of the expanded form has been based on the general tendencies of the manuscript.[92]

In addition to the above-mentioned modifications to the spelling, some slight alterations have also been made to other aspects of the text in the interests of clarity. In the first place, modern punctuation and paragraphing has been used. Secondly, each new speech by one of the two interlocutors in the dialogue begins on a new line, whereas the manuscript presents an unbroken text. Thirdly, the names of the two interlocutors, which in the manuscript are usually represented by the initials *F* and *A*, are written out in full.

As regards the editing of the text, the chief difficulty lay in deciding on the extent to which the author-scribe's errors should be corrected. Francesco di Tommaso's Latinity is far from being classically orthodox,

---

[91] Thus *philosophorum* is read for *philosoforum*, *forsitan* for *forsitam*, *impossibile* for *imposibile*, and *accidente* for *acidente*. These are all single cases.

[92] For example, *Ephya* is expanded into *Epiphanya*, according to the author's preference for *y* over *i* in the termination *-ia* in words of Greek origin (as in *phylosophya*, and as is suggested by the abbreviation itself), and for *i* over *y* in the prefix *epi-* (as in *Epicurei, epistola*).

and although the text is quite carefully copied, it contains a number of obvious breaches of normal usage, and it is not always easy to determine whether they are due to carelessness or whether the author really intended them. In general I have been wary about altering the text, limiting my interventions to the more glaring slips in lexis and grammar. With sentence-structure I have usually not interfered, even where the deletion of a single word would remove an anacoluthon, because the construction of the author's periods is frequently idiosyncratic, and it is virtually impossible to draw a line between what is acceptable according to his usage and what is not.[93]

There are two sets of notes at the foot of the page. The first, indicated by small letters, is a textual apparatus. This records doubtful readings, mistakes in the manuscript which are not merely orthographical, other editorial departures from the manuscript, and those self-corrections by the scribe which show possible signs of earlier variant readings.[94] The manuscript also contains a certain number of crossings-out, interlinear or marginal additions, expunctions, and corrections of individual letters, which form part of the normal corrective processes of a copyist during transcription. These were not considered worth recording.[95]

The second set of footnotes, indicated by numbers, is intended as a guide to literary and philosophical sources, in so far as I have been able to trace them. I have done my best to trace all the first and second-hand

---

[93] An example of the kind of problem that arises is provided by the beginning of a speech by Angelus on f. 79*v* (pp. 147-148): «Superest nunc, Francisce, ut quoniam satis de hiis quę proxima sunt differentię dictum est, explicare aliqua circa differentiam in comuni...». There must be a suspicion here that the author is confusing two different constructions: «Superest ut explicem» and «Superest explicare». It is therefore tempting to delete «ut», as the easiest method of restoring the sentence to conventional syntax. But this would be to make a stylistic choice on behalf of the author. Besides, sense can be made of the sentence as it stands, if we assume that the author means the words «ut quoniam» to be taken together as a compound conjunction.

[94] One particular case deserves separate mention because its mechanics will not be clear from the apparatus: the first three words of f. 45*r*, «hac ergo ratione» (p. 97), survive only as catchwords written on the inner margin of the previous leaf, parallel to the binding; the author-scribe forgot to copy them on to the beginning of the first line of the leaf that follows.

[95] Nor have I recorded in the notes some obvious slips due to the loss or intrusion of a single letter or the omission of the horizontal stroke in abbreviations, e.g. *abstrata* (*-cta*), *argumentates* (*-tantes*), *reliquenda* (*relinq-*), *seper* (*semp-*), *Aberti* (*Alb-*), *disscursivi* (*disc-*), *contetus* (*-ntus*), *merennarium* (*mercenn-*), *ipisi* (*ipsi*), *terio* (*tertio*). Similarly ignored are some cases of dittography: *sentententia, determiminatum, eorrorum* (*eorum*). There is of course no absolutely clear line of demarcation between these cases and those listed in note 91 above as orthographical slips, any more than there is between these errors and the ones actually recorded in the notes.

sources cited, but in some cases have either had to content myself with one or the other, or have failed completely in the search. Sometimes the relationship between a citation and its alleged source proves remote; but in such cases, if it seemed possible at least to identify the passage in the source from which a given argument was probably developed, I judged that this information was worth recording, as a bibliographical aid, if nothing else, to scholars who might wish to explore the matter further.[96]

---

[96] As an addendum to the textual apparatus I record here four corrections to the text of the dialogue which were made too late to be included as footnotes: p. 60, line 14: noto: ignoto *cod.*; p. 134, line 4: rogatum: negatum *cod.*; p. 184, lines 2 and 3: distinguatur: distinguantur *cod.*

FRANCISCI THOMAE
DE NEGOCIO LOGICO
AD ANGELUM POLICIANUM PRIOREM
DIGNISSIMUM DYALOGUS

Frater Franciscus Thomę salutem plurimam dicit Angelo Policiano priori reverendo

Cogitavi sępe mecum, Angele prestantissime, quam sit multorum, ne dicam probatissimorum quidem hominum, vana illa et fallax opinio, qui omnium artium apicem sine ulla pęne dyaleticę facultatis peritia multo preclarius consequi posse existiment quam si alias omnis scientias ea duce et audirent et adiscerent. Quorum omnium diligentia et studium non intelligo qua aut ratione aut auctoritate et laudari et probari satis possit, cum, diu ac maxime in eo exercitati atque ad nervos prope consumpti, adhuc ullam veritatem substinere, probare, repugnare, vel si opus sit, nesciant. Quin plerosque vidi homines sine dyaletica, ad horum opinionem ingenio splendidissimos, a simplici dyaletico ita plerunque et vinci

et superari, ut ab eo tandem coacti sint dicere studium omne / sine dyaletica inane esse et, se contra convincti, inutile fateri. Miror non parum certe quam ob rem eam artem tantopere lacerent, quamque hoc faciant preter ullam rationem, ut tu etiam nosti; quam cum viciant, certe Platonem, Aristotelem, Albertum Magnum aliosque philosophos preclarissimos etiam et incusant et vituperant.

Qua propter plurimum tibi gratulor, amice suavissime, te non esse ex grege illorum qui ita sapiunt; quem a superioribus paucis diebus ob id studium, quo nihil prestantius, vehementi desiderio iam diu exarsisse cognovi. In eo itaque tuo optimo proposito tum confirmari facile poteris, si neminem existimes aliquid integre ac perfecte unquam didicisse dyaletica sine. Ego vero, quo magis ea te oblectes, quam mihi in Divi Pauli oratorio nobis deambulantibus probare multum visus es, eius artis aliquid vigiliis nostris elucubratum ad te scribere statui, quo ad eam artem capescendam sis

fortassis paratior / et promptior. Itaque ex multis eius libris is mihi ad hanc rem melior visus est, qui de universalibus est et predicabilibus, tum earum rerum neccessitate, quę in ipso edocentur, tum gratia servandi discendi procedendique ordinem. Cuius nempe cognitio, ut in principio libri Porphirius philosophus attestatur,[1] ad doctrinam, quę est apud Aristotelem, predicamentorum, tum aliorum librorum, permultum ac maxime confert. Quo super hęc tibi pauca, quamquam dyaletico neccessaria, documenta tam diligentissime annotavi quam ingenioli mei mediocritas tulit. Tu igitur hoc munusculum, dyalogi notulis confectum, ea suscipias humanitate, qua dignitati tuę prestantissimę liberali anima donatur.

Vale, o et gray et latini eloquii sidus!

Florentię, ex templo Divę Marię Novellę, xv kalendas novembres, anno a natali Cristi crucifixi millesimo quadringentesimo ottoagesimo. /

---

[1] Cf. PORPH. *Isag.* p. 5, 1-7.

Fratris Francisci Thome De negocio logico ad Angelum Policianum Priorem Dignissimum Dyalogus

Franciscus: Credo te iam dudum, ornatissime Angele, in eo libro sepę legisse, quem Physicorum vocant, cum[a] circa omnes scientias, quarum sunt principia aut causę aut ęlementa, scire nos et intelligere ex horum cognitione contingat.[1]

Angelus: Quicquid scientię mihi tribuis, Francisce, pręter facultates nostras, id tua humanitate facis, quoniam ego, meo studio delectatus, oratorię flores adhuc sequor, haud phylosophorum sententias. Nescio an id ex tuo an ex alieno dicas. «Non omnia possumus omnes», inquit Maro.[2] Tu etiam, tua dyaletica contentus, videre mihi iam videor, cętera contempsisti.

Franciscus: Nihil me in hoc opusculo aliquid dicturum putes, quod
non sit ex mente pręstantissimorum phylosophorum / Aristotelis, Alberti Magni et Bęati Thomę.

Angelus: Quid Scotus aut Egidius Romanus, aut etiam cęteri, quorum fama iam studia universa incaluerunt? Num ex his aliquid aut modicum saltem te ais dicturum?

Franciscus: Nisi abs te forsitan invidię accusarer, tibi satis pro viribus facerem; ego enim is sum qui neminem contemno, omnibus cedo. Verum id mihi in omni arte videtur esse accurate diligentissimeque observandum, ut in discendo eruditorum atque priscorum vestigia sequamur. Affare, te nunc precor, in orbe quis alius Aristoteles? Aut Alberto quem parem dabis? Sed nec me fugit quanti sit apud te Thomas Aquinas, cuius et sapientiam et integram per-

---

[a] cum *conieci*: tum *cod.*

---

[1] Cf. ARIST. *Phys.* 1, 1 (184a. 10-12).
[2] VERG. *Ecl.* 8, 63.

fectamque doctrinam scio te ipsum non tam mirari quam etiam imitari. Igitur qui in eorum lectionibus diutius versatus fuerit non esse in disputando et legendo probatissimus haud poterit. Arridio-
f. 7v ra vero crebrius consectati / ipsi etiam arridi, ieiuni ac tardiores fiant neccesse est. Istuc te credo credere, quando nihil dixi quod ab homine sensato inficiatur.

Angelus: Optima sunt hęc, Francisce, quę ais. Sed has contentiones nunc mitte – nobis enim hic locus haud est ad litem, sed ad doctrinam – et quo cepisti iam perge.

Franciscus: Quo. vis, eo divertam.

Angelus: In principio, unde tibi illa sententia?

Franciscus: Sapienter mones. Ego etiam, ne quis contendat, nimis id laudo; redeo igitur libenter. Ea est sententia Aristotelis, in capite sui libri Physicorum et in primi Posteriorum principio.

Angelus: Da ex suo utranque, ut eas mandem memorię.

Franciscus: Facio: «Quoniam quidem scire et intelligere contingit circa omnes scientias, quarum sunt principia aut causę aut ęlementa, ex horum cognitione».[3] Do aliam: «Scire autem opinamur unumquodque simpliciter, sed non sophystico modo, cum causam cognoscimus propter quam res est, est quoniam illius est causa».[4]

Angelus: Narras, ni fallor, ex noticia principiorum et causarum in
f. 8r notitiam prin/cipiatorum et causatorum nos venire oportet. Sed istud viciatur Divi Pauli auctoritate, qui ita ad Romanos primo ait: «Invisibilia Dei per ea quę facta sunt intellecta conspiciuntur».[5] Non igitur ex causis in effectus, sed ex effectibus ad causas pocius venire oportet.

Franciscus: Respondeo quoniam in aliqua scientia processus est duplex: unus vocatur «quia est», quo in cognoscendo imus ab effectu in causam; secundus processus est «propter quid» aut «a priori», quo itur ad principiata ex principiis. Qua propter cognoscimus interdum alicuius effectus quia est, illius tamen causa ignorata; ut

---

[3] ARIST. *Phys.* 1, 1 (184a. 10-12).
[4] Cf. ARIST. *APo.* 1, 2 (71b. 9-16).
[5] *Rom.* 1, 20.

propter quid eclipsis solis et lunę veniat non habentes scientiam eclipsim esse dumtaxat cognoscunt, eo quod circa proprium sensibile sensus haudquaquam fallitur, sicut circa proprium intelligibile nec intellectus, ut De Anima tertio scribitur;[6] propter quid tamen eclipsis ignorant. Primo modo invisibilia Dei cognoscuntur, ut Paulus intelligit, at non secundo. /

f. 8v *Angelus*: Tua responsio non videtur ex mente dubitationem abducere. Ut enim suę Primę Partis articulo quarto Beatus Thomas ait, ab essentia Dei esse non est aliud.[7] Nam si aliud aliquid esset pręter essentiam, aut ex principiis essentię esset causatum, ut in ceteris causantur accidentia propria – quod sane confirmari non potest, cum in natura nihil sit causa essendi satis sibi –, aut ex aliquo exteriori causatum esset, ut causantur comunia accidentia; quod neque dici potest, cum Deus ipse sit prima rerum omnium causa efficiens. Videntur igitur in unum convenire tuę distinctionis membra, quoniam de re invisibili si scitur quia, cum quia et propter quid, in Deo presertim, unum sint, possibilis utraque cognitio homini in hac vita erit.

Franciscus: Adeo hac tua ratione plerique confirmantur, ut id quod sentis et probent et defendant. Sed facilis est eius solutio. «Esse» enim dupliciter summi potest: primo ut dicit actum essendi ali-
f. 9r cuius / entis inquantum est ens, hoc est, quo aliquid ens denominatur, ut quinto Methaphysice Aristoteles ait;[8] et hoc modo non cognoscitur esse Dei cognitione quia, sicut neque essentia. Secundo potest summi ut est copula verbalis cuiuslibet propositionis compositionem significans, quam intellectus facit; hoc autem esse in rerum natura est nihil, sed est in actu animę componentis et dividentis solum, et sic esse omni eo de quo potest propositio affirmari attribuitur; nam sic dicimus cecitatem esse et Deum esse, idest, quoniam hęc propositio, «Deus est», est vera. Et hac cognitione cognoscimus de Deo quia, silicet est omnia potens, summum bonum, et cętera quę de Deo dici et affirmari possunt.

Angelus: Cuius est hęc, Francisce, tam regalis sententia?[9]

---

[6] Arist. *De An.* 3, 3 (428b. 18-19).
[7] Thom. Aq. *ST.* 1, q. 3, a. 4, resp.
[8] Cf. Arist. *Metaph.* 5, 7 (1017a. 7 - b. 9).
[9] Cf. Cic. *Off.* 1, 38.

Franciscus: Rogas? Beati Thomę in Questionibus de Veritate Disputatis, Prima Parte, et Methaphysice secundo.[10]

Angelus: Respondisti egregie. Sed adversa adhuc mihi tuis dictis[b]
f. 9v exoritur / dubitatio. Quoniam Deum esse est nobis natura insertum; nemo enim sane mentis istuc negaret; siquid vero a stulto negatur, ut David in psalterio commemorat – «Dixit» inquit «insipiens in corde suo: 'non est Deus'»[11] –, eo non commovemur. Itaque cum suum esse sit sua essentia, ut iam diximus, videtur quod cognoscamus etiam illius essentiam.

Franciscus: Sapis ad ęlementa usque! Ideo te scire volo quoniam dupliciter a nobis Deus ipse cognosci potest: in comuni et confusa cognitione primo, qua ratione Deus est naturaliter a nobis cognitus, ut silicet est hominis beatitudo quam naturaliter desiderat, id autem quod naturaliter desideratur naturaliter etiam cognoscitur; sed hoc non est simpliciter cognoscere Deum esse, ut cognoscere venientem non est cognoscere Petrum, quanquam Petrus sit veniens; multi enim perfectum hominis bonum, quod est beatitudo, estimant divitias, quidam voluptates, aliquid aliud quidam.

f. 10r *Angelus*: / Omnia plane intelligam, si explices nunc quid sit rei cognitio confusa et quid determinata et simplex. Nam in De Locis Sophysticis Thomas inquit: «Ingnorantes significata terminorum facile paralogizantur».[12] Ciceronianum etiam illud in mentem venit, qui in suo Officiorum primo ita ait: «In omni disputatione quę a ratione suscipitur de aliqua re, debet a diffinitione proficisci, ut intelligatur quid sit id de quo disputatur».[13] Itaque nullus terminus in disputatione prius suscipiendus est, quam sit per diffinitionem explicatus.

Caput fortassis tibi obtundo. Amicitia nostra hoc agit, ut nihil disputationis nostrę pretereat, quod non sit tuo officio diligenter elucubratum. Credo etiam te Platonis illam honoratam sententiam

---

[b] dictis *lect. dub.*

---

[10] Cf. Thom. Aq. *QDV.* 8, a. 2, ob. 4 *et* ad 4; *ST.* 1; q. 3, a. 4, ad 2; *Metaph.* 2, 11-14; cf. 1 *Sent.* d. 33, q. 1, a. 1, ad 1.
[11] *Psalm.* 13, 1.
[12] Cf. Thom. Aq. *Post An.* 1, 22, 1-12; *De Fallac.* 1-6.
[13] Cic. *Off.* 1, 7.

scire, quoniam «Non solum» inquit «nobis nati sumus, ortusque nostri partem amici, partem patria vendicet opere precium est».[14]

Franciscus: Turbarer plurimum, nisi verbum apud me insuetum scirem te simplici cor/de illud dixisse. Novi ego quoque homines hominum causa, quod ait orator,[15] esse generatos ut ipsi inter se aliis alii prodesse possent. Tam cito ais «obtundo»! Volo persuadeas tibi me esse eum hominem, cum quo omnia audeas loqui ut tecum, nec mihi fieri posse gratius quidquam, quam tuę ut morem geram voluntati.

Accipe ergo eorum terminorum expositionem.

Angelus: Attendo diligenter.

Franciscus: Thomas Aquinas in Posteriorum primo ita ait: «Scire simpliciter est ipsum perfecte cognoscere»,[16] cum videlicet cognoscitur illius causa que est principium cognoscendi rem. Eadem enim sunt principia essendi et cognoscendi rem, ut secundo Methaphysice Aristoteles ait;[17] exigitur deinde quod illius propria causa cognoscatur; ex quo quicquid ita cognoscimus, id simpliciter a nobis, distincte et in propria forma vel determinata et certa cognitione scitur. Est vero cognitio rei confusa, dum ea cognoscitur aliquid secundum quid, hoc est secundum aliquid sui et non dum quidem perfecte, ut quando in sua causa co/gnoscitur effectus, aut in toto pars eius, aut inferius in superiori suo, aut alia ratione simili. Unde cognitio quę de re habetur primo modo vocant «cognoscentiam quia est», idest «a posteriori»; quę vero modo secundo habetur vocatur «a priori». Ideo nihil inconveniens est quod aliquid cognoscatur uno modo, a posteriori silicet, et ignoretur alio modo, silicet a priori.

Angelus: Nunc rem peraperte intelligo. Tu huiuscemodi cognitiones refers ad diversa, eo quod nihil idem a nobis confuse simul et distincte cognoscitur, quanquam idem confuse prius cognoscatur, deinde distincte, ut secundo Priorum Phylosophus ostendit.[18] Hac

---

[14] Cic. *Off.* 1, 22; cf. Pl. *Epist.* 9, 358a; Cic. *Fin.* 2, 45.
[15] Cic. *Off.* 1, 22.
[16] Thom. Aq. *Post. An.* 1, 4, 5.
[17] Cf. Arist. *Metaph.* 3, 2 (996b. 9-25).
[18] Cf. Arist. *APo.* 2, 19 (99b. 20 - 100b. 17).

ratione in Physicis Aristoteles ait pueros omnis viros patres et omnes feminas matres compellare, post hęc discernere.[19] Volo modo mihi dicas quid scias per illos terminos, «quid» et «propter quid», quorum mentionem fecisti superius, cum de duplici processu in scientia sermonem faceres.

Franciscus: Miror tui ingenii bonitatem. Quid nam tecum illi termini?

Angelus: Quia tu hiis usus es, existimo sient apud dyaleticos neccessarii.

Franciscus: Nedum apud dyaleticos, sed apud cęteros. Ad te igitur
f. 11v ut veniam, hoc sit tibi quam diligentissime / annotandum, quoniam de re qualibet quatuor scire possumus, silicet quid sit, an sit, quia sit et propter quid sit. Cum de ente igitur solum scientia sit, eo quod non entis non est scientia, ut quarto Methaphysice habetur,[20] ens autem cum vero convertitur – sic enim omnia entia vera sunt; nam falsum aurum hac ratione est verum aurum –, at in rebus duplex invenitur esse, unum essentię, actualis existentię alterum. Et quia esse essentię dicitur «quiditas», ut ait Beatus Thomas in De Ente et Essentia opusculo,[21] ideo quando de re scimus esse essentię, scire dicimur de re quid est, ut cum scimus quid homo est, aut substantia, aut quantitas, aut quid unum quodlibet. Esse autem actualis existentię in subiecto et accidente non una aut sola ratione se habet. Quippe cum accidentis esse sit in esse, ut in Predicabilibus Porphirius ait,[22] scire esse actualis existentię est scire accidens alicui inesse, ut albedinem Socrati. Sed scire esse actualis existentię subiecti est solum scire quod actu sit, et hoc est scire an sit, ut dum queritur, nulla existente individua rosa, an rosa sit. /
f. 12r Scire vero esse actualis existentię accidentis est de eo scire quia est; unde de aliquo scire quia est nihil aliud est quam scire hoc inesse huic. Quia vero alicui aliquid inest ob aliquam causam, scire illam causam est de re scire propter quid.

Neque id te lateat quod ait Aristoteles secundo Posteriorum,[23]

---

[19] ARIST. *Phys.* 1, 1 (184b. 12-14).
[20] Cf. ARIST. *Metaph.* 4, 1-4 (1003a. 21 - 1009a. 5).
[21] THOM. AQ. *DEE.*, c. 1, 27-67 (ed. Leonin.).
[22] Cf. PORPH. *Isag.* p. 20, 7-15.
[23] Cf. ARIST. *APo.* 2, 1-2 (89b. 23 - 90a. 34).

quatuor silicet esse questiones, quarum duę sunt simplices, idest non ponentes in numerum, videlicet an est et quid est; duę alię sunt compositę sue ponentes in numerum, ut questio quia est et propter quid est. Dicitur autem questio «simplex» aut «sine numero» eo quod de essentia rei querit solum, nihil sibi aliud tribuendo, exempli causa cum queritur primo an homo sit, quo concesso queritur amplius quid sit. «Composita» vero questio seu «in numerum veniens» dicitur, quia de inherentia aliquius alteri querit, ut dum queritur homo an sit albus, quo dato queritur etiam propter quid sit albus.

Angelus: Nunc video, quia non es circuitione usus. Detexisti plane quod volebam, unde a me non modica cognitio percepta est. /

f. 12*v* *Franciscus*: Gaudeo si quid dixi aut dicam quod placeat, Angele. Sed haud ingnorare debes quoniam alia est questio quę dictas omnes antecellit, silicet questio quid nominis, idest quid significatur per nomen. Hac utitur Aristoteles contra prima principia negantes atque presidio extremo, ut octava Methaphysicę habetur;[24] quę quidem est tam entis quam non entis.

Nam de omni re potest sciri quid nominis quid rei ignorato, ut de hymera aut de hyocervo, de quibus minus, videtur, potest sciri quid nominis, sic respondendo ad questionem factam per quid est: «chymera, aut simile aliud, quod est ens compositum ex partibus naturarum pene diversarum».

Angelus: Hęc omnia, ut reor, disputavimus preter propositum; huc nos appetitus scientię traxit. Nunc tandem redeamus unde digressi sumus. Quorsum illa sententia in principio, unde scribendi exordium tibi fecisti?

Franciscus: Temere tecum loquor nihil. Ea enim ratione adducta
f. 13*r* est, ut cuiusque studium proficere aut modicum aut nihil / scias, quod non ea lege observatum fuerit, ut ab ęlementis ad cętera omnia pernoscenda proficiscatur.

Angelus: Non imus inficias; satis iam mihi hoc persuasum est. Quid tum?

---

24 Cf. ARIST. *Metaph.* 8, 3 (1043a. 29 - b. 32).

Franciscus: Silicet ut discas quę sint negocii logici ęlementa et principia, ex quibus tibi comparanda erit dyaletices scientia.

Angelus: Num cęteri dyaletici id faciunt?

Franciscus: Scripserunt multa quamplures quę ad te parum; tu enim, aliis facultatibus occupatus, ea fortassis tuapte industria interpretari haud bene posses. Sunt certe adeo perplexa, quę, nisi audiantur a pręceptore, non multum facile intelligi possunt.

Angelus: Tu ergo facies ut dyaleticam nanciscar te sine?

Franciscus: Huic rei do operam, ut me absente tecum videar vivere.

Angelus: Si id facias, Francisce, habeo gratias agamque maximas dum vitam vixero. Sed id quo pacto possit congrue fieri me latet.

Franciscus: Meum est hoc studium in presentia, hęc quoque cura, ut te in hac arte probatissumum in brevi reddam.

Angelus: Modum scire percupio.

f. 13v *Franciscus*: Te / aliquando recipis ruri solum corporalis exercitationis causa; te sequar. Plerunque etiam, tuo studio fatigatus, tum extra urbem tum intra, ut lubet, solitaria loca petis; tecum veniam, si, ut ais, hoc opere delectatus fueris.

Angelus: Novisti sępe quam maximo desiderio complexus[c] sim hoc studium. Itaque id ut cito perficias – si facies – expecto periocunde.

Franciscus: Incipio id.

Angelus: Apposui diligentiam omnem.

Franciscus: Hominum genus arte et rationibus vivit, ut primo Methaphysice Aristoteles inquit.[25] Quoniam vero ratio aliquid circum ratiocinari potest recte et non recte interdum, ea propter est neccessaria aliqua ars, qua duce homo in suis actibus dirigatur eosque ad finem optimum disponat – ea autem est logica –, ne homines aberrent in operando.

---

[c] complexus: complexum *cod.*

---

[25] ARIST. *Metaph.* 1, 1 (980b. 25-28).

Angelus: Quid est logica?

Franciscus: Rationalis scientia inventa ad raciocinandum.

Angelus: Quius est hęc logice diffinitio?

Franciscus: Thomę Angelici in Posteriorum primo et in Locorum Sophysticorum principio.[26]

Angelus: Quomodo aut de quibus logica ratiocinatur?

f. 14r *Franciscus*: Hac silicet ratione. / Cum enim rationis proprium sit a notitia noti ad ignoti notitiam percurrere, ex uno in aliud cursitando ratiocinatur.

Angelus: Da exemplum.

Franciscus: Ut a premissis ad conclusionem, ad causata ex causis, e principiis ad principiata, a confuso ad determinatum, a comune in proprium, ab inferiori in superius, a parte in totum, a specie ad genus, ab uno exemplo in aliud, a relativo ad corelativum.

Angelus: An unus modus disputationis inest omnibus, an varius?

Franciscus: Varius, quanquam haud multum.

Angelus: Da illos, si occurrunt.

Franciscus: Omnes modi et discurrendi et argumentandi in quatuor conveniunt, ut in De Natura Sillogismorum Beatus Thomas ait;[27] qui silicet sunt sillogismus, emptimema, inductio et exemplum.

Angelus: Da horum exemplum.

Franciscus: Sillogismus ita componitur: omne animal est substantia; omnis homo est animal; ergo omnis homo est substantia. Empti-
f. 14v mema vero est si sic arguatur: omne animal / currit, ergo omnis homo currit. At inductionem sic argumentantes facimus: Socrates currit, Plato currit, Cicero currit, et ita de ceteris; ergo omnis homo currit. Exemplum est ita arguendo: Senenses contra Florentenos pugnare malum est; prohibet enim utrunque pugnare vicinitas.

Ex quibus consequens est ut dicamus quatuor esse disputatio-

---

[26] THOM. AQ. *Post. An.* 1, 1, 2; *Periherm.* 1, 1, 2; *De Fallac.* 3, prol., *ad init.*
[27] Cf. Ps.-THOM. AQ. *De Nat. Syllog., ad init.*

5

nes que ac instrumenta sunt rationis, silicet sillogistica, quę per sillogismum completum fit; emptimematica, quę constat ex sillogismo non integro sed truncato; inductiva, quę particularium induc-
tione habetur; et exemplaris, quę ab uno particulari in aliud currit.

Angelus: Quibus modis logica ratiocinatur intelligo. Nunc utrum
de re una an de omni ratiocinetur sequitur dicere.

Franciscus: Est apud Aristotelem hęc sententia quarto suę Methaphysicę: «Dyaletica et prima phylosophya eandem formam subin-
duunt»,[28] eo quod ad omnia ad quę extenditur prima phylosophya,
quę circum omnia entia versatur, ad ea se extendit / logica, tum ad
alia de quibus potest ratiocinari. Igitur ens ratiocinabile est subiectum seu materia quam circa eius.

Angelus: Quod dicis teneo; perge ulterius.

Franciscus: Negocii igitur logici finis est ut ad nos ignoti ex noto
notitia veniat aut apud sensum, ut particularium, aut apud intellectum, ut principiorum primorum; quę quidem principia extemplo
sciuntur notis terminis. Hoc autem per nullam[d] discursus aut argu-
mentationis spetiem melius fieri potest quam sillogismo demostrativo, qui vocatur «sillogismus faciens scire». Scire vero natura omnes homines desiderant. Dyaletica igitur exercitatio est ut cupientes scire ea in cognitionem sillogismi demostrativi perveniant, ex
quo in nobis vera adgeneratur scientia, cum ex veris et neccessariis
discurrat, ut primo Posteriorum ostenditur.[29] At sillogismus cuius-
dam totius habet modum; quoniam, ut domus, quę totum aliquod
dicitur, constat ex tecto et fundamento atque ex partibus, et ex
anima similiter et corpore homo, sic sillogismus in se continet /
propositiones, quę sunt maior, minor et conclusio; hęc vero conti-
nent terminos, qui sunt propositionis aut subiectum aut predicatum. Ergo ad scientiam per sillogismum aspirantes, quam ac bonum egregium animi omnes appettunt, arte et ratione, ut diximus,
uti neccesse est.

f. 15r

f. 15v

---

d nullam: ullam *cod.*

---

28 ARIST. *Metaph.* 4, 2 (1004b. 17-20).
29 Cf. ARIST. *APo.* 1, 2 (71b. 19-22).

Angelus: Quid opus est mecum aut arte aut ratione uti? Norint pueri artem et rationem! Tu dice quicquid in buccam venit,[30] neque id, cum a tua ratione exeat, sine ratione constabit.

Franciscus: Sapientem haud decet sic loqui; fantur stulti cuncta utcunque contingit. Si preterea omnia que ad labia veniunt dicenda sint, parum esset mihi super, tibi ve prodesset minus.

Angelus: Vera narras. Tua igitur arte utere ut lubet.

Franciscus: Ars observanda imitandaque a nobis ea est, ut a terminis ex quibus ad propositiones, et ex hiis ad sillogismum, summamus adiscendi principium. Termini enim et propositiones sunt sillogismi elementa et principia et cause, a quibus est procedendum ad elemen/tata, causata et principiata, cuiusmodi sunt propositiones respective ad terminos, et sillogismus ad propositiones comparatus. Ratio vero in diffiniendo hec et dividendo et in horum rationibus consistit.

Angelus: Totum negocium logicum in tres partes, ut ais, secatur, ut in terminos, propositiones et sillogismos. Sed quod non sint plures qua potest ratione ostendi?

Franciscus: Profecto perfacili. Logica enim, ut supra diximus, cum sit rationalis, circa actum rationis versatur. Quot igitur sunt actus rationis, tot logice partes oportet esse, quoniam, ut ait tertio De Anima Phylosophus,[31] sciente quemadmodum et res de quibus sunt secantur.

Angelus: Actus rationis quot sunt?

Franciscus: Tres, ut ait Aristoteles De Anima tertio.[32]

Angelus: Da eos.

Franciscus: Primus actus aut prior rationis operatio «intelligentia indivisibilium» vocatur, interdum «simplicium apprehensio», qua uniuscuiusque rei intellectus apprehendit essentiam. Alia est intellectus componentis et dividentis. Tertiam appellant «discursum»,

f. 16r

---

[30] Cf. Otto, *Sprichwörter*, p. 59.
[31] Arist. *De An.* 3, 8 (431b. 24-25).
[32] Arist. *De An.* 3, 4-7 (429b. 22 - 431b. 19).

f. 16v quę est intellectus ut ratio est quedam, / cum proprium rationis sit ex notis venire in cognitionem innotorum. Priores autem operationes racioni conveniunt ut intellectus quidam est.

Angelus: Quę nam sunt in Aristotele illę partes actibus rationis correspondentes?

Franciscus:[33] Primus liber, actui primo rationis inserviens, vocatur Liber Predicabilium et Predicamentorum; secundus, secundę serviens operationi, est Peryerminiarum; tertius est Novę Logicę.

Angelus: Quid ex uno quoque librorum addiscimus?

Franciscus: Ex primo notitiam terminorum, ut ex Predicabilibus quid genus, quid species sit, ex Predicamentis quid aut substantia aut quantitas, aut quid terminorum omnium. Ex secundo vero libro cognoscimus propositiones et passiones earum. Traditur in tertio sillogismorum noticia, ut quid sit, quot eius modi et figurę.

Angelus: Ergo cum logicę partes in comuni tres sint, quarum a terminis, ut supra dicis, inchoandum est, quid non a sillogismo aut a propositione pocius?

Franciscus: Eo quod libri annumerati superius iuxta ordinem trium operationum ordinantur. Prima enim ad secundam ordinatur, eo f. 17r quod non potest esse com/positio et divisio nisi simplicium apprehensorum; simplicia enim sunt ex quibus complexio consurgit, ut ex quatuor ęlementis mixtum. Ad tertiam vero secunda ordinatur, quia ex aliquo vero cognito, cui intellectus inheret, ad certitudinem accipiendam de aliquibus ignotis procedere est opus.

Angelus: Quis hęc narrat?

Franciscus: In principio primi Peryerminiarum cum Aristotele Beatus Thomas.[34]

Angelus: Permittis ne hoc quod ait Thomas circum dubitare?

Franciscus: Quid ni? De singulis dubitare utile esse Aristoteles in libro Predicamentorum ostendit.[35]

---

[33] Primus liber... modi et figurę: cf. Thom. Aq. *Post An.* 1, 1, 4; *Periherm.* 1, 1, 2-3.
[34] Thom. Aq. *Periherm.* 1, 1, 1; cf. Arist. *Int.* 1, (16a. 10-13).
[35] Arist. *Cat.* 7 (8b. 24).

Angelus: Ob reverentiam Thomę verebar, cuius maiestatem offendere haud decet.

Franciscus: Floccipendendi causa dicturum te credo nihil.

Angelus: Mali hoc genus, quin potius temeritatis, a me absit! Quippe desiderio addiscendi omnia dico.

Franciscus: Affer dubitationem ergo; permitto libens.

Angelus: Ea aristotelica sententia comoveor, qua Physicorum primo ipse Phylosophus ait: «Innata autem est ex notioribus nobis via et certioribus in certiora naturę et nociora».[36] Videtur vero
f. 17v hanc sententiam, quę pulcher/rima conclusio est, a signo confirmare, tria inducens signa, quibus ostendit plane suis partibus totum nobis nocius esse.[37]

Franciscus: Vera dicis.

Angelus: Ergo non a terminis ex quibus ad propositiones et deinde ad sillogismos est procedendum, cum tocius rationem habeant tam propositio quam sillogismus.

Franciscus: Huic non est difficile respondere rationi. Nanque doctrinę ordo duplex est: unus est ordo doctrinę aut determinatę cognitionis, secundus est ordo cognitionis confusę. Quod ergo totum cognoscatur prius quam pars, id verum est confusa cognitione; pars vero toto prius, cognitione distincta et certiori. A potentia enim quanto res distat, cognoscitur melius tanto, cum in actu magis sit, qua ratione Deus, quem in fine simplicitatis esse constat, ut Methaphysicę duodecimo Aristoteles probat,[38] sua natura maxime atque optime omnium cognoscibilis est.

Angelus: Arguendi te contra latus est mihi campus, si licet.

Franciscus: Quid ni licet? «Placeat sibi quisque licebit», inquit Ovidius.[39]

f. 18r *Angelus*: Ergo argumentum / primum sequar, quod insolutum vide-

---

[36] Arist. *Phys.* 1, 1, (184a. 16-18).
[37] Arist. *Phys.* 1, 1, (184a. 22 - 184b. 13).
[38] Arist. *Metaph.* 12, 7 (1073a. 5-13).
[39] Ov. *Met.* 2, 58.

tur esse relictum. Quoniam similis est ordo doctrine in scientię generatione ut est in generatione rerum naturalium ordo naturę. At natura in generando ab inperfecto ad id quod perfectius est progreditur semper, vel a confuso ad determinatum, ut in libro De Generatione Animalium Aristoteles ait.[40] «Embrio» inquit «prius est animal quam homo». Ergo in adiscendo cognitio confusa prior est determinata, et sic consequens videtur esse a sillogismo et propositione inchoandum, cum hęc rationem confusi habeant et complexi.

Quod vero[e] pro tuę rationis defensione arguis, potentiam esse ingnorantię causam, actum vero scientię, non videtur verisimile multum, cum tam potentia quam actus ex equo moveant intellectum. Nam omnia intellecta ut in uno comuni intelligibili conveniunt; non offendit intellectum unum altero prius, sed de pari ambo. Asinus enim homine nec prius nec post intelligitur, ut ambo in eo superiori in/telligibili conveniunt, quod est animal; quod etiam posset fortassis confirmari sententia Aristotelis, qui in Predicamentorum libro inquit: «Relativa sunt simul naturali intelligentia»,[41] nono vero Methaphysice dicit: «Potentia et actus correlativa sunt».[42]

Neque ab hiis apparet id esse minus verum quod tandem ais, tua etiam data opinione, quod Deus sit maxime intelligibilis, eo quod est actus purus, qui cęteris rebus intelligitur valde minus. Oculus preterea noster intellectualis ita se habet ad entia inmaterialia cognoscenda, ut oculus noctuę ad lumen solis. Dixi.

Franciscus: Miror, Angele, ingenii tui solertem industriam, qui in tam preciosam disputationem me ex meis verbulis iniecisti. Dicam ergo ad tuas rationes egregias ordine ęquo.

Cum primo ais cognitionem confusam distinctam preire, hoc dupliciter intelligere oportet: in eodem primo et respectu eiusdem, et ita concedimus quod probas; / una enim et eadem numero res prius in confuso cognoscitur, et eius cognitio in nobis confusa pręcedit. Secundo potest intelligi in diversis, et hoc modo negamus,

f. 18v

f. 19r

---

[e] vero: vera *cod.*

---

[40] Arist. *GA.* 2, 4 (739b. 34 - 740a. 24).
[41] Arist. *Cat.* 7 (7b. 15).
[42] Cf. Arist. *Metaph.* 9, 6 (1048a. 31 - b. 9), *et passim.*

eo quod cognitio determinata alicuius rei in Socrate precedit cognitionem eiusdem rei confusam in Platone, ut inperfectum prece-
ditur a perfecto.

Angelus: Contra hoc venit dubitatio. Nam a qualitate Socratis non
denominatur qualis Plato, eo quod accidentia ex subiectorum numero distinguntur, ut a gramatica Prisciani non vocatur gramaticus
Seneca aut Cicero, sicut neque a Ciceronis eloquentia dicitur Pri-
scianus facundus. Ergo cognitio confusa in presentia in eodem su-
menda est, respectu etiam diversorum. Itaque responsio tua, Francisce, videtur non ad mentem scrupuli.

Franciscus: Respondeo. Confusa enim[f] cognitio et determinata tripliciter considerari possunt: primo secundum se et absolute, et hoc
modo cognitionem confusam precedit determinata; secundo ut /
f. 19*v* sunt alicuius de aliquo in eodem etiam tempore, et hoc dupliciter
intelligitur, uno modo loquendo ordine perfectionis, et sic etiam
distincta precedit confusam, alio modo ordine generationis, et sic
cognitio confusa precedit distinctam, ut in sententia ait nono Methaphysicę Beatus Thomas:[43] «Natura» inquit «procedit ex inperfecto ad perfectum», ut tu etiam arguebas. Potest tertio considerari ut notitia rei confuse oritur ex notitia rei determinatę, sicut ex
notitia partium cognoscitur totum, tum maxime quando totius cognitio ex partium cognitione dependet, et hoc pacto cognitio determinata precedit confusam, quo modo procedimus in hac scientia; terminus enim est magis distinctus quam propositio, et hec
quam sillogismus magis. Ex horum quidem notitia sillogismus no-
scitur, quibus ignoratis ignorare sillogismum neccesse est. Itaque
speculatio terminorum cum valeat ad habendam cognitionem sillogismorum a priori, primo considerari debent, ut in Antepredica-
f. 20*r* mentis / Aristoteles probat.[44]

Angelus: Satis liberaliter fecisti meę primę petitioni; nunc quid ad
alias duas?

---

[f] confusa enim: confusan. *cod.*

---

[43] Cf. Thom. Aq. *Metaph.* 9, 8, 1.
[44] Cf. Arist. *Cat.* 1-4 (1a. 1-15), etc.

Francisci Thomae

Franciscus: Respondebo ut pollicitus sum. Tu nihilhominus attende diligenter; res enim agitur nervosa.

Nam hoc modo ignorantię causam potentiam esse dicimus et actum scientię, quoniam, ut in principio suę Methaphysicę Avicenna ait,[45] intellectus nostri obiectum primum est ens. Omnia autem ita se habent ad esse, quod ait secundo Methaphysice Aristoteles,[46] ut ad veritatem; igitur omnia entia cognoscibilia sunt ut in actu existunt et sunt, ut ex Methaphysicę nono scitur;[47] et quod maxime est ens, maxime etiam cognoscibile est. Ea vero quorum esse est deficiens et gracile, modicum sua natura cognoscibilia sunt, ut sunt motus, materia, tempus et relatio, et generaliter universa quę constant parva entitate, ut Boecius ait in De Duabus Naturis opere;[48] unde quidam ex antiquis phylosophis fortassis inducebantur credere nullius rei esse scientiam, sed omnia esse in continuo et motu et fluxu. Pro ut igitur aliquid est in potentia, distat et / a cognoscibilitate et a veritate, et ignorantię aut confusionis est causa; inde sequens est quod materia prima sit cognoscibilis minime, et actus contra cognoscibilis. Quodlibet enim tantum intelligitur, quantum in actu est; quo vero longius ab actu distat, minus id cogniscimus. Ex quo non ens, quod ab actu distat penitus, eius non est cognitio neque scientia, ut primo Posteriorum Aristoteles ait.[49] Tuo autem exemplo non inficimur, eo quod tam homo quam asinus sunt potentia in animali. Genus enim materię locum occupat, ut septimo et octavo Methaphysicę Aristoteles ostendit,[50] quia quomodo in materia sunt potentia formę plures, eo modo speties multę in genere. Genus at non movet intellectum nisi per aliquid sui quod est ens actu, silicet per aliquam formam. Neque contra nos venit Aristotelis dictum, cum inquit relativa simul esse naturali intelligentia. Verum enim est, si sub relationis forma considerentur, quanquam potentia et actus nisi secundum dici non sint relativa; non autem ut unum / ad alterum dependet; ideo cognitio illius quod est multa in potentia dependet ex cognitione illius quod

f. 20v

f. 21r

---

[45] Cf. Avic. *Philos.* tr. 1, c. 1 (p. 8, 51-52); c. 2 (p. 12, 30-32).
[46] Arist. *Metaph.* 2, 2 (993b. 30-31).
[47] Arist. *Metaph.* 9, 9 (1051a. 22-33).
[48] Boeth. *De Duab. Nat.* 3 (PL 64, 1344B).
[49] Arist. *APo.* 1, 2 (71b. 25-33).
[50] Arist. *Metaph.* 7, 3 (1028b. 33-35); 7, 13 (1038b. 1 - 1039 a. 23); 8, 1 (1042a. 13-14).

est unum in actu. Ens ergo, quod est actus purus, natura sua maxime cognoscibile est. Quod vero, ut ais, minus intelligatur a nobis, est ex defectu nostri intellectus, cuius cognitio ex sensu oritur, ut probatur primo Posteriorum;[51] ut quod lumen solis talpa videre nequeat non accidit ex solis defectu, cum sit sua natura maxime visibile, sed ex talpę condictione.

His paucis, quibus acquiescere debes, tuę obiectiones solvuntur.

Angelus: Acquiesco libens, quando nil dixi quod non sit prope omnia digestum.

Franciscus: Ergo ex cognitione terminorum iam nostri instituti noscetur exordium.

Angelus: Quot sint negocii logici partes, earum inter se quis ordo, a quo etiam adiscenti inchoandum sit, satis ac super disputatum est, Francisce. Ad reliqua nunc, ut libet, iam – semper ego te audio – fęliciter perge.

---

[51] ARIST. *APo.* 1, 31 (88a. 11-17).

Quid sit terminus aut quotupliciter dividatur, capitulum secundum

f. 21v *Franciscus:* / Cuiusque rei, ut Magnus Albertus in libro Divisionum ait,[1] aut diffinitione aut vero divisione accipimus noticiam. Diffinitione quidem simplicia omnia cognoscuntur principium primum preter, ut quid ignis sit aut aer aut aqua et terra, quid homo aut unum quodlibet; complexorum vero compositorumque cognitionem et scientiam consequimur divisione. Utrunque enim, tam diffinitio quam divisio, innotum notum apud intellectum faciunt, hęc quidem, si fuerit quiditativa, a priori, a posteriori illa, quamquam membra dividentia quo ad nos priora sint comoda cognitione, ut disputavimus in superiori capitulo. Cupientes ergo nos in terminorum notitiam venire, primum quid sit terminus, deinde quotuplex sit, eius assignantes neccessarias tum diffinitiones tum divisiones, dicere oportet. Cur vero divisioni anteponamus diffinitionem hęc poterit assignari ratio, eo quia esse rei diffinitione dicitur et expli-

f. 22r catur, eius divisione potentia; esse vero, cum sit actus, poten/tiam precedit, ut perfectio suum perfectibile.

Diffiniunt ergo Perypatetici hoc modo terminum: terminus est in quem propositio resolvitur, ut primo Priorum Aristoteles ait.[2] Resolvitur autem propositio in subiectum, predicatum et copulam, ac in partes principales sui. Ergo subiectum aut predicatum, quę sunt aut nomen aut verbum in propositione, «terminos» Perypatetici vocant, ut primo Thopicorum suorum Boecius ait: «Terminos autem» inquit «voco nomina et verba, ex quibus propositio nectitur; hęc enim sunt propositionis partes meliores».[3]

Dividimus vero terminum multifarie. Sic enim dicimus primo: terminorum quidam mentalis, vocalis quidam; quidam nomina, quidam verba; subicibilis quidam, alius predicabilis, ut homo, ani-

[1] ALB. *Div.* p. 14, 20-27.
[2] ARIST. *APo.* 1, 31 (88a. 11-17).
[3] Cf. BOETH. *in Top. Cic.* 1 (PL 64, 1050 A).

mal, non subicibilis nec predicabilis quidam, ut omnis, nullus. Amplius quidam absolutus, ut homo; connotativus alter, ut adiectivum; unus transcendens, alius non. Sunt transcendentes sex, ut ens, unum, verum, bonum, res et aliquid; cęteri non transcendentes. Unus mediatus, ut terminus comunis, / inmediatus alius, ut terminus discretus. Quidam positivus, negativus quidam, ut adverbia negandi; quidam differentes, aliqui diversi: diversi, ut homo et lapis, et omnes qui sub eodem genere non continentur; differentes, ut homo et asinus, et ceteri qui unius generis predicationem capiunt. Sunt tandem quidam secundę intentionis, primę alii; Socrates enim aut homo aut animal primę intentionis sunt termini, at genus, universale, speties, individuum, nomen, verbum, casus, modus, secundę intentionis.

Atque quid terminus sit vel quotupliciter dividatur – quanvis alię sint inutiles divisiones – secundum Perypatheticos et consuetudinem modernam explicavimus.

f. 22v

Quomodo hęc quę de termini diffinitione et divisione dicta sunt impugnari possint, capitulum tertium

Angelus: Quemadmodum in tertio Methaphysicę Phylosophus inquit,[1] inquirentem veritatis scientiam pre opere dubitare neccesse est. Ea propter, mi Francisce, veniunt mihi non paucę dubitationes tum contra diffinitio/nem termini tum contra ipsius divisionem.

f. 23r

Franciscus: Magnifica certe sententia hęc est et magno viro digna. Dubitare enim exauditis scientię imago est; qui vero aut totum aut nihil de re novit, hic intelligens nequaquam videri potest.

Angelus: Sequor igitur, quod tu etiam confirmas. Princeps perypateticę sectę in suo Thopicorum primo terminum diffiniens inquit: «Terminus est oratio indicans quid est esse rei».[2] Aut ergo hęc termini diffinitio suę spontis est, aut eam ad opinionem aliorum explicavit. Sive vero ex suo sive ex alieno assignaverit, hoc neccesse est eveniat, ut aut dicamus eam veram esse aut falsam. Si quidem dixerit quis eam falsam esse, dicet etiam Aristotilem esse mendacem, qui, opiniones non veras sequtus, falsum pro vero nobis exposuit. At si concedamus eandem veram esse eamque ex fonte sapientię suę discipulos edocuisse, non modica tum opus est persuasione quod hoc esse possit qualiter ostendatur. Quoniam, ut id dictu difficile esse ostendam, aut hęc quę nunc data est diffinitio / cum superiori convenit, aut discrepat. Sive discrepent sive conveniant, oportet omnino dicere aut hanc veram esse, illam falsam, aut contrarium, aut saltem ambas veras aut falsas. Igitur si hęc vera sit, erit alia falsa. At si utraque falsa, oportebit nos redire in superiorem sermonem, ut dicamus Aristotelem minus esse sapientem, quin potius fallacem, invidum, deceptorem; quę omnia adver-

f. 23v

---

[1] Cf. ARIST. *Metaph* 3, 1 (995a. 24-25).
[2] ARIST. *Top.* 1, 5 (101b. 39).

sus omnis phylosophyę parentem opinari aut credere ridiculum esse videtur. Si vero vera utraque sit, non parum etiam timemus, quoniam aut una sufficiens est, non sufficiens altera, aut ambę sufficientes. Si quidem earum altera insufficiens erit, erit et ignorantię causa, contra diffinitionis votum; diffinitiones enim scientię causa dari solent atque inotescendi. Si sufficientes ambę, neccesse erit dicere alteram superesse omnino, quod est tum contra naturę usum, quam ars pro ingenio imitatur, tum contra Aristotelem, qui prę ceteris brevitati dare operam conprobatur.

f. 24r   Amplius, aliam assignat termini dif/finitionem Aristoteles Methaphysice quinto:[3] «Terminus» ait «dicitur quod est quiuslibet ultimum, cuius extra nihil est accipere, et cuius infra omnia premi». Quam plures etiam terminum sic diffiniunt, quod est omnis rei finis, ex oraculo Iob id accipientes, qui ait: «Constituisti terminos quos preterire haud poterunt»;[4] nonnulli quod est cuiuslibet rei lex, quam non licet viciare, ut «Terminum posuisti eis quem non transgredientur»;[5] alii quod est signum constitutivum orationis.

Quid igitur aut unde tanta rei diversitas? Vel certe dicemus Aristotelem bene terminum diffinivisse, male cęteros, vel quod aut omnes recte sentiant aut minus. Si quidem dicamus de termino bene sentire omnes, quorsum de re una tot dentur diffinitiones non satis intelligo; sunt enim diffinitiones, ut nono Methaphysice habetur,[6] tanquam numeri, in quibus contingit semper quod ablata aut addita unitate sola, numerorum speties mutatur. Igitur consequens esse videtur quod, si variata fuerit diffinitio rei, speties iam

f. 24v   non sit quę prius erat, sed mutata, / quoniam diffinitio, cuiuscunque siet, aut substantię aut accidentis, esse rei explicat, cuius et alterius omnis unum est esse quod diffinitione explicatur; rei ergo quę una est, una conveniens est diffinitio.

Adhuc, diffiniri potest nihil quod non est ens reale, ut septimo Methaphysicę et Posteriorum secundo Aristoteles probat;[7] terminus vero ens est rationis, cum sit signum rei existentis extra animam, ut sunt cęteri termini mentales, ut universale, genus et indi-

---

[3] ARIST. *Metaph.* 5, 17 (1022a. 4-5).
[4] *Iob* 14, 5.
[5] *Psalm.* 103, 9.
[6] ARIST. *Metaph.* 8, 3 (1043b. 34).
[7] Cf. ARIST. *Metaph.* 7, 5 (1031a. 1-2); *APo.* 2, 13 (97b. 28).

viduum. Item sola speties diffinitur, ut Boecio et Aristoteli Methaphysice septimo placuit,[8] non autem dicimus terminum spetiem esse; alias oporteret nos dicere quod vel predicabilia non essent numero quinque, vel quod eius esset alia diffinitio a superioribus enumeratis; quę omnia sunt risu digna. Sed actenus contra diffinitionem.

Ad divisionem vero eius sic arguo. Nihil quod non est quantitas contingit dividi; divisio nanque, ut primo Physicorum et tertio Methaphysicę Aristoteles probat,[9] quantitati congruit. Terminus autem quantitas non est; est enim omnis quantitas aut continua f. 25r aut discreta, secun/dum Aristotelem in libro Predicamentorum;[10] terminus autem horum est nihil. Quod sequitur igitur accipe, Francisce. Preterea simplex forma, ut Gilbertus ait,[11] dividi non potest; «est enim forma» inquit «simplici et invariabili essentia consistens, cum sit mentis qualitas»; omnia enim entia rationis sunt animi qualitates.[a] Terminum itaque dividi haudquaquam congruum esse videtur.

Accepisti itaque, Francisce, quantę tum contra termini diffinitionem tum etiam eius divisionem venerint in mentem dubitationes. Nisi enim velis – scio utique haud velles – me, Angelum tuum, hiis telis succumbere, presidio tuo opus est, idque expecto.

---

[a] qualitates: qualitas *cod.*

---

[8] Cf. Boeth. *in An. Post.* 2, 15 (PL 64, 757 B-C); Arist. *APo.* 7, 12 (1037b. 8 - 1038a. 35).
[9] Cf. Arist. *Phys.* 1, 2 (185a. 27 - 185b. 19); *Metaph.* 3, 3 (998b. 15 - 999a. 14); 5, 13 (1020a. 7-32).
[10] Arist. *Cat.* 6 (4b. 20).
[11] Cf. *Lib. Sex Princ.* 1-4.

Solutiones premissarum rationum, capitulum quartum

Franciscus ad Angelum: Nichil tam conveniens tanque neccessarium exercitationi nostrę esse potest, Angele prestantissime, quam si in omni genere disputationis convenienti aptaque utamur distinctione. Qui vero distinguere ut virum scien/tem decet haud novit, hunc etiam ingnorare neccesse est.

f. 25v

Angelus: Ubi habetur cautionis hoc genus?

Franciscus: Totum logicum negocium est distinctionibus refertum; sed in eo codice qui De Locis Sophysticis ab Aristotele nuncupatur propria precepta ad hanc rem quam maxime edocentur.

Angelus: Cur hoc genere scientię Aristoteles usus est?

Franciscus: Ne sophystica calliditate concludamur. Sophystę enim nulli rei dant operam, cum ad disputandum conveniunt, nisi ut perturbent aut confundant terminos, apud quos distinctiones – et quidem sepę – neccessarię sunt; quibus, si convenientes fuerint, ipsi extemplo succumbunt.

Angelus: Cur vacant confusioni sophystę?

Franciscus: Ut gloriam quam meliori disputatione vendicare nequeunt, eam sibi apud omnes dolosa[a] arte[1] comparent. Sed istuc scire ad rationes tuas nihil.

Angelus: Quid ais igitur ad eas?

Franciscus: Solvere eas omnes non est difficile. Ita enim ad te respondendo terminum distinguimus: quoniam aut primo accipitur pro diffinitione, ut primo Thopicorum accipitur;[2] aut pro partibus

---

[a] dolosa: dolorosa *cod.*

---

[1] Cf. Ov. *Met.* 15, 473.
[2] ARIST. *Top.* 1, 5 (101b. 39 - 102b. 17).

f. 26r extremis propositionis, ut / in primo Priorum Aristoteles capit;[3] aut tertio sumitur comuniter pro omni acceptione sua, et hoc pacto accipitur terminus in Methaphysice libro et ab aliis in locis aliis.[4] Neque concludit, cum ais unam[b] superfluam esse; sunt enim huiusmodi termini diffinitiones unius non secundum eandem rationem, ut iam diximus; nullum vero inconveniens sequitur, si dentur descriptiones diverse et multe de re una multipliciter sumpta, quanquam non possint eiusdem rei esse diverse diffinitiones, presertim quiditative.

Verum ut rem plane intelligere queas, illud mihi annotatu dignissimum visum est: cum unius rei plures diffinitiones esse dicimus, id dupliciter esse poterit: aut quidem secundum eandem rationem eiusdem rei – et hoc modo unius rei unico modo considerate plures diffinitiones esse non possunt, sive fuerint descriptive sive quiditative; sic enim una semper, ut arguebas, esset superflua –,

f. 26v aut vero secundum diversam eiusdem rei con/siderationem; et hoc quidem intelligi potest dupliciter: aut quod unius rei plures sint diffinitiones quid nominis seu descriptive, et ita eiusdem rei plures diffinitiones esse possunt, ut de genere inferius parum declarabimus et de prima substantia in Predicamentis liquet;[5] aut quod eiusdem rei sint plures diffinitiones essentiales, et hoc etiam esse contingit dupliciter, quia aut accipiendo diffinitionem essentialem comuniter, silicet pro omni diffinitione que indicat quid rei per essentialia, sive manifestet quod quid erat esse totaliter et penitus sive non, et sic unius possunt esse plures diffinitiones essentiales; aut si de diffinitione quiditativa loquamur, que a prima potentia ad actum ultimum usque indicat, et hoc pacto de re una unica dumtaxat diffinitio est.

Quod deinde ais nihil, nisi sit ens reale, diffiniri, id verum esse concedimus nos similiter, si sentias quiditativa diffinitione; contingit vero id plerunque diffiniri descriptiva, qua terminus a plerisque

f. 27r diffinitur. Concedimus etiam quiditative spetiem so/lam posse diffiniri, circumloqutione cetera omnia.

---

[b] unam: una *cod.*, *lect. dub.*

---

[3] ARIST. *APr.* 1, 1 (24b. 16-18).
[4] Cf. ARIST. *Metaph.* 5, 17 (1022a. 4-13).
[5] ARIST. *Cat.* 5 (4a. 10 - b. 19).

Angelus: Nisi quid utraque istarum diffinitionum sit prius dixeris, rem non capio libere.

Franciscus: Nihil tibi denegaturum me ipsum scias; facio id pervoluptuose. Itaque diffinitio – attende! – duplex est: prima «diffinitio quid rei» seu «quiditativa» vocatur, altera «quid nominis» vel «circumscriptiva». Quiditativa diffinitio est, ut Magnus Albertus Thopicorum primo ait,[6] quę per partes et explicite a prima potentia ad actum usque extremum rei esse ostendit; ut, interrogati quid animal sit aut quid aliud omnium, dantes animalis quiditativam diffinitionem ita respondemus, quoniam est substantia animata, sensibilis;[c] ad questionem similiter qua queritur quid homo sit, dicimus quod est animal rationale, mortale, bipes. Hęc itaque diffinitio ita ut diximus edita solius est substantię, ut septimo Methaphysicę Aristoteles intendit.[7] At diffinitio quid nominis, vel[d] circumscriptiva, est oratio constans ex genere et proprio, ut «homo est animal risibile», hanc / de homine assignationem dantes. Quidam vero dicunt, diffinitio quid nominis est oratio indicans quid per nomen significatur; ut, si ab eis queramus quid album sit, respondent quod est subiectum albedine informatum; hac vero diffinitione diffiniuntur termini de genere accidentium. Datur igitur prima per substantialia rei, per accidentalia alia.

f. 27v

Angelus: Quod ad diffinitionem spectat, intelligo maxime. Nunc quid ad ea quę ad divisionem induxi?

Franciscus: Solvuntur extemplo omnia. Cum ais primo dividi, quanto excepto, nihil, dicimus quoniam divisio, ut ex Boecii libro Divisionum colligitur,[8] est duplex. Una est divisio tocius in partes integrantes, qua carnes in macello dividuntur, et hęc quidem ipsius est quantitatis; alia est tocius in partes subiectivas, ut divisio generis in species suas, et hac divisione cętera a quantitate dividi possunt. Quod autem Gilbertus ait probamus; non enim formam sim-

---

[c] sensibilis: sensilis *cod.*
[d] (quod est unum est) *post* vel *del. cod.*

---

[6] ALB. *Top.* 1, tr. 2, c. 2 (p. 253a).
[7] ARIST. *Metaph.* 7, 4 (1030b. 4-6); 7, 5 (1031a. 1-2).
[8] Cf. BOETH. *Div.* (PL 64, 877B).

6

plicem dicimus in partes quantitate constantes secari, at bene in
f. 28r subiec/tivas et inferiores.

Et hęc ad tuarum rationum solutionem nunc dicta sufficiant.
Converto me – te etiam attentum volo – ad reliqua.

De universalibus aut predicabilibus, capitulum quintum

Franciscus: Omnia quę de termino in superioribus et diffinita et disputata sunt, ea omnia explicavimus, quo ad comunem et absolutam termini rationem. Nunc, quoniam terminus incomplexus, ut in Antepredicamentis Aristoteles ait,[1] aut substantiam aut quantitatem significat aut aliorum predicamentorum aliud, post termini igitur absolutam considerationem videtur sequi convenientissime ut a predicamentis sequamur nostrum studium. Verum predicamentum cum aliud nihil sit quam predicabilium ordo, rationabilius procedimus a speculatione horum, quorum notitia ad alia fit disciplina suavior, tum quia eorum notitia, ut ad Grisarorium discipulum Porphyrius / ait,[2] ad predicamentorum doctrinam neccessaria est, tum quia logica, cum rationalis sit scientia, est de secundis intentionibus adiunctis aut additis primis, ut Avicenna inquit.[3] Genus ergo aut species aut differentia aut proprium aut accidens secundę intentionis sunt termini, at substantia, quantitas, qualitas, primę; cętera similiter predicamenta. Oportet igitur nos circa predicabilium[a] speculationem nunc maxime inmorari, ut et ordo congruus dyaleticę servetur – quę, ut sepę diximus, rationalis nuncupatur disciplina – et adiscendi.

f. 28v

Angelus: Timeo mihi, Francisce, ne quicquid dicturus es bene intelligere queam, nisi aut prima aut secunda intentio explicaveris prius quid sit.

Franciscus: Etiam huius rei noticia ad cognoscenda predicabilia ipsa confert, sed hic locus non est ad hanc disputationem. Tibi ta-

---

[a] praedicabilium: praedicabium *cod.*

---

[1] ARIST. *Cat.* 4 (1b. 25-27).
[2] Cf. PORPH. *Isag.* p. 5, 2-3.
[3] AVIC. *Philos.* tr. 1, c. 2 (p. 10, 73-75).

men pro loci oportunitate ita dico. Prima intentio id est in quod primo intentio intendit et fertur; hoc autem est rei essentia aut quiditas, ut in secundo Posteriorum Aristoteles et Prima Parte Thomas ait,[4] / ut humanitas est prima hominis intentio, quia hominis est essentia. Secunda vero intentio est id in quod secundo fertur intellectus, silicet hoc quod est predicari de pluribus.

f. 29*r*

Angelus: Qua ratione ex re primo intellecta aut ex prima intentione fit secunda?

Franciscus: Dico quam brevissime: quoniam, ut Posteriorum primo Aristoteles ait,[5] nostra cognitio intellectiva ex sensu oritur. Sensu autem particularia cognoscimus, ut Socratem et Platonem; nisi hunc hominem sentiam, non sentio hominem. Est igitur in fantasia nostra forma quedam aut ydolum ex quibus nobis presentatur hic homo, videlicet Socrates aut Plato, ut in aliquo exteriori sensu prius fuere. Hominis autem ita in fantasia accepti consideranda duo sunt: primum ipsam naturam humanam, alterum eius comunitatem. Consideratio prima rem ipsam spectat, intentionem secunda. Quoniam autem non invenitur in natura homo nisi quia Socrates et Plato aut individuorum singulum, intentio prima rem spectat cuius natura est ut in indi/viduo conservetur; quę quidem natura opere intellectus ab individuis separata seu abstracta iam universalis et comunis efficitur, quę particularis prius fuerat; proprium enim est intellectus super is quę in eo sunt reflecti. Quam ob rem intellectus, eam advertens comunitatem, concipit intentionem secundam, quam universale aut predicabile vocat, cum videat naturam ita intellectam individuorum singulo attribui posse.

f. 29*v*

Res ergo aut natura hominis sine individuis intellecta prima intentio dicitur seu universale; eadem vero, si consideretur[b] secundum esse quod in pluribus habet, dicitur intentio secunda; qua intellecta, a nobis aut nomine generis aut nomine speciei aut aliorum predicabilium nomine alio eam explicamus, ut maior aut minor fuerit rei intellecta extensio. Ex quibus non nullorum falsitas ap-

---

[b] consideretur: consideret *cod.*

---

[4] Cf. Thom. Aq. *ST.* 1, q. 85, a. 2, ad 2.
[5] Cf. Arist. *APo.* 1-2 (71a. 1 - 72a. 5).

paret, qui hunc terminum, «homo», vocant intentionem primam, et terminum hunc, «speties», secundam. Nam ut proprie loquamur,

f. 30r neque homo prima intentio est / neque species secunda, sed illud primę intentionis est nomen, secundę hoc.

Angelus: Gaudeo quia non facis ut cęteri, qui, cum incendunt lucernam, locant eam sub luco, ne luceat.[6] Rem nudasti ex velo omni.

Franciscus: Nihil est tam difficile, Angele, quod non dicendo fiat facile. Do operam ut, quę aspera sunt, dilatatis verbis mitiora tibi faciam, ut nihil tam obscurum esse possit aut difficile intellectu, quod non reddatur meo hoc dicendi genere humanum. More suo cęteri vivant!

Angelus: Te laudo. Nam qui aut oratiunculis aut punctulis pręcepta edocent, faciunt non aliud quam ea quę sua natura obscura sunt, sua opera fiant obscuriora. Ego vero ea phylosophia plus utor, quod ait orator,[7] quę peperit dicendi copiam, neque in ea sum hęresi, quę nullum sequitur florem orationis, neque dilatat argumentum, sed minutis interrogatiunculis et quasi punctis quod proposuerunt eam sectantes efficiunt; itaque tui mores conveniunt. Sequere iam propositionem, unde aliquantulum digressi sumus.

f. 30v *Franciscus*: Sequor; / tu etiam ad te redi!
Circa predicabilia aut universalia nostra versatur intentio, quorum primum duplex est consideratio, secundum quod duplex est questio:[8] prima enim consideratio spectat questionem an est, secunda vero questionem quid est. Tria autem sunt, quorum cognitio ex prima questione pendet: primum est an genera et speties, quę universalia etiam appellantur, in natura susistant aut in solis purisque intellectibus posita sint, nec ne; alterum est utrum incorporalia sint an ne corporalia; tertium an separata a singularibus vel sint posita in ipsis.

Angelus: Videris mihi, Francisce, rem tentare nimis difficilem; altissimum enim est negocium harum questionum, ut Porphyrius

---

[6] Cf. *Matth.* 5, 15; *Marc.* 4, 21; *Luc.* 8, 16; 11, 33.
[7] Cic. *Parad.* 2.
[8] Prima enim consideratio... posita in ipsis: cf. PORPH. *Isag.* p. 5, 10-14; ALB. *Praedicab.* tr. 2, c. 2 (pp. 19a, 20a).

probat.[9] Novisti me atque nostri ingenii vires; ne me eo tua oratione trahas, unde mihi non sit facilis exitus!

Franciscus: Tu, Angele, in vitam hanc omnibus comunem turmatim e cęlo haud deductus es qui similitudinibus et exemplis egeas multum, verum grandi quodam munere Dei procreatus. Abstinerem ego manum ab inductis / questionibus,[10] nisi tuas optimas virtutes preclarissimumque – quod paucis contingit – ingenium tuum cognovissem. Quam ob rem ad huius libri integram perfectamque doctrinam, eas more introductorio[11] ac pene familiari, quo genere exercitationis delector precipue, disputare tecum statui.

Angelus: Cognosco, Francisce, quod quantum mihi tribuis facultas mea non postulat, neque tantum in me esse arbitror; sed puto id facias tuo humano aspectu. Itaque quid dicam aliud mihi nihil, nisi quod me totum tuę incorruptę fidei dedo et committo.

Franciscus: Evangelium audi, et te, ut aiunt, deinde esigna!

Angelus: Quam optime suades. Meam ad te converto omnem diligentiam.

Franciscus: A tribus ergo superioribus questionibus universalium accipientes doctrinam, quid circa eas antiquos Perypatheticos sensisse ferunt ante veritatem neccesse est explicare.[12] Eorum enim male aliqui, alii bene de hiis disputaverunt.

Angelus: Qui bene opinati sunt circa eas, etiam sunt imitandi; qui male, refellendi.

Franciscus: Ita ut ais est. / Verum malum, quod ait Boecius,[13] haudquaquam vitari potest incognitum; opposita etiam sese penes posita elucescunt magis.

Angelus: Hoc probo.

Franciscus: Duę itaque sunt opiniones questionis primę. Eorum prima est qui contendunt dicentes universalia, ut genera et speties

---

[9] Porph. *Isag.* p. 5, 14-15.
[10] Cf. Porph. *Isag.* p. 5, 9.
[11] Cf. Porph. *Isag.* p. 5, 8.
[12] Cf. Porph. *Isag.* p. 5, 16-17.
[13] Boeth. *ap.* Alb. *Praedicab.* tr. 2, c. 1 (p. 18a).

sunt, esse in natura nihil, sed solum ea confirmant in intellectu, a particularibus secundum rationem separata, et consistere et esse. Secunda autem aliorum opinio isti penitus contraria est, qui ad oppositum moliuntur, sustinentes universalia res esse extra intellectum in natura.

Angelus: Unde contrarietas harum opinionum exoritur? Aut enim moventur voluntate ut defendant id quod de rebus opinantur – voluntas quidem, ut Algazel ait,[14] cęteris imperat viribus – aut vero convenienti aliquo obiecto. Quę autem voluntatis imperio substinentur ita aut non ita esse, defensionis ratio voluntas est, aliud nihil, quod ad veram doctrinam, quam in presentia sequimur, haud

f. 32r spectat. At si convenienti rationabilique obiecto / propriam aut aliorum opinionem defendant, quid sit uniuscuius dictarum opinionum probabile obiectum videre me iudice oportet.

Franciscus: Sunt rationes pro utraque opinione, quibus comoveri possunt ad opposita.

Angelus: Da primę opinionis rationes.

Franciscus: Heę quidem meliores.[15] Sic ergo primi argumentantes concludunt, quoniam omne quod in natura est separatum extra intellectum existens unum numero est, et hoc aliquid seu singulare, id ex Aristotele, Boecio et Avicenna accipientes.[16] Universale vero, quod est aut genus aut speties, non unum numero est, qum universale sit unum in multis et de multis. Quicquid autem unum numero non est, est nihil, aut aliquo modo si est, in solo nudatoque intellectu esse dicitur.

Secundo argumentantur[c] ex auctoritate Avicennę et Algazelis,[17] quia universale, inquiunt, quod aut genus aut speties est, si intellectum extra existit, aut quidem cepit esse aut non esse. Ne-

---

[c] argumentantur: argumeantur *cod.*

---

[14] Cf. ALGAZ. *Metaph.* pp. 73-77 *et* 163-164.

[15] Sic ergo primi... posterius est: cf. ALB. *Praedicab.* tr. 2, c. 3 (pp. 20b-22b), *rationes* 1, 5, 6.

[16] ARIST., BOETH. et AVIC. *ap.* ALB. *Praedicab.* tr. 2, c. 3 (p. 21a); cf. BOETH. *in Porph. Dial.* p. 162, 2-3; AVIC. *Philos.* tr. 3, c. 2 (p. 110, 33-40).

[17] AVIC. et ALGAZ. *ap.* ALB. *Praedicab.*, tr. 2, c. 3 (p. 21b); cf. AVIC. *Suffic.* lib. 1, c. 3C (f. 15v); ALGAZ. *Metaph.* pp. 27-28.

mo autem universale non incepisse negaret; sic enim negantem
f. 32v oporteret dicere ipsum eternum esse ac sine causa, / quod omnes
negant. Si vero dicamus universale incepisse, neccesse dicere est a
se aut ab alio incepisse. A se ipso quidem incepisse haud dici potest, quoniam, ut ait Plato phylosophorum preclarissimus,[18] nihil est
cuius ortum causa legiptima non precesserit. Incepisse etiam ab
alio dici non potest; at si id ex frontis arbitrio quis substineat,
hunc oportebit dicere universale per actum agentis incepisse, cum
nihil terminet agentis actum particulare preter; actiones enim,
quod ait Aristoteles secundo Methaphysice,[19] particularium sunt.
Essent itaque hoc pacto genera et speties non universalia, quod
presupponunt omnes, sed particularia et individua, quod verum
haud esse in superiori ratione ostendimus. Ergo cum non particulare sit, consequens est quod non ceperit esse nec etiam eternum
sit, ut iam diximus. Liquet ergo universale in natura nihil esse; sed
si est aliquid, erit solum in intellectu, a particularibus secundum
rationem separatum.

    Tertio probant idem hoc modo. Nam quemadmodum se habet
natura in formis ipsis naturalibus, ita ars artificiatorum compera-
f. 33r tione; ars enim naturam / imitatur. Forma vero artis, ut in artifice
est, omnium artificiatorum comunis est ydea et exemplar eorum,
silicet que eiusdem et generis et speciei sunt, in quibus ipsa exem-
plificari potest. Cum vero huiusmodi forma in artifice extra in natura aliqua suscipitur, iam singularis forma huius vel illius artificia-
ti efficitur. Nullum itaque videtur habere aliud esse in natura
quam singulare et individuum, nisi contendam, phylosophos pro-
batissimos contra, ipsum non unum numero esse. Dicamus igitur
pro huius opinionis defensione quoniam si universale, ut ferunt,
est unum in multis et de multis, quod hoc non habeat nisi quantum a particularibus individuis intelligentia separatum est, quod in
primo De Anima Aristoteles videtur confirmare:[20] «Universale» inquit «aut nihil est, aut singularibus posterius est».

Angelus: Non videntur huiuscemodi argumentationes mihi non sapere demorsos ungues.[21] Tu vero, Francisce, quid?

---

[18] PL. *ap.* ALB. *Praedicab.* tr. 2, c. 3 (p. 21b).
[19] Cf. ARIST. *Metaph.* 2, 1 (993b. 20-31).
[20] Cf. ARIST. *De An.* 1, 5 (410a. 27 - b. 15).
[21] Cf. PERS. 1, 106.

f. 33v *Franciscus*: Secundę opinionis rationes audiendę sunt, quę / in contraria assertione omnino posita est; deinde quid in re hac sentiam intelliges.

Angelus: Castigate loqueris.

Franciscus:[22] Sunt ergo huiuscę adversę opinionis tres etiam rationes quibus ipsi commoventur ut dicant universalia in rerum natura vere esse, in intellectu autem minime, ut opinio explicata probabat.

Earum prima hęc quidem est. Nam homo homo non est a simplici nisi homine, et ita in cęteris si indicantur omnia, quoniam neque Socrates neque Plato nisi a simplici homine sunt homines; homo autem esse non potest nisi eo quod in natura extra intellectum existit; ergo universale, quod est homo simpliciter, est extra intellectum in natura. Confirmare autem hanc eandem rationem videntur eo vulgato probatoque sermone, cum dicunt quoniam «homo dignissima est creaturarum», quod huic homini, secundum quod hic homo est, convenire nequaquam potest; sic enim cęteris non conveniret. Similiter, cum dicitur «homo est rationalis», non est hoc f. 34r huius hominis inquantum huius, quia sic rationale esse / a ceteris negaretur. Conveniunt ergo hęc homini secundum quod homo, qui ita intellectus universale est, cum de individuis predicetur et in natura existens.

Ita deinde argumentantur. Quicquid prius est, ab eo quod posterius est esse non accipit, neque aliud quicquid; non enim secundum se accipit actum aut virtutem aut unitatem aut multiplicitatem. Universale autem, seu forma quę rei est et causa et principium tribuens sibi esse, prius est naturali ordine singulari. Igitur ex eo in quo est, horum nihil – silicet aut esse aut unitatem aut multiplicitatem – accipit secundum quod ipsum est in se, quanquam multiplicetur secundum esse quod habet in hoc aut in illo; in quibus si universale etiam multiplicaretur, neccesse foret universalia fateri infinita esse ac sine numero, cum individua numero infinita esse constet, et ex hoc consequenter ea esse et corruptibilia et infirma, et ita eorum scientiam in toto deperire; scientia enim, ut

---

[22] Sunt ergo huiuscę... ad propositam questionem: cf. ALB. *Praedicab.* tr. 2, c. 3 (pp. 22b - 24a), *rationes* 1, 3 et 7.

f. 34v Posteriorum primo Aristoteles ait,[23] non / est nisi incorruptibilium. Universale ergo secundum se ipsum acceptum vere in natura est et res vera est, eo sine quod est in intellectu.

Moventur tertio ad suę opinionis confirmationem Platonis auctoritate,[24] qui omnium spetierum formas esse separatas a rebus posuit, sic argumentantes, quoniam forma, quę materię dat esse, a materia esse non accipit, licet esse in materia habeat, sed habet esse secundum quod est ab agente univoco; hoc autem modo universale est et extra intellectum, et tamen hoc aut illud non est; igitur universale vere est extra intellectum et non in solo nudoque intellectu.

Istę itaque duę opiniones contrarię sunt ad propositam questionem.

Angelus: Ego quam istarum opiniorum eligam et sequar nescio; confirmantur enim omnes in opinione sua egregie profecto. Ideo te expecto audire audiamque maximo desiderio.

Franciscus: Ergo hiis rationibus pro utraque parte explicatis, in proximo capitulo questionis vinculum exsolvam.

Angelus: Ita agere opus est; dum enim animus in dubio est, paulo
f. 35r momento huc illucque vertitur.[25] / Hęc vero actenus ad pernoscendam phylosophorum discordiam, quanquam animus hereat, sufficiunt.

---

23 Cf. Arist. *APo.* 1, 3 (71b. 9 - 73a. 20).
24 Cf. Pl. *ap.* Alb. *Praedicab.* tr. 2, c. 3 (p. 23a).
25 Cf. Ter. *Andr.* 266.

De solutione premissarum omnium rationum, capitulum sextum

Franciscus: Explicatis iam superiori capitulo circa inductam questionem duabus contrariis opinionibus, sequitur quid circa eam veri Perypatetici senserint monstrare, atque utrum damnent aut probent quę isti superiores dixerunt sese adversus opinantes.

Angelus: Neccessarium mihi videtur esse quod aut unam probent,
damnent alteram, aut quod ambas vel damnent vel probent. Probari vero ambę nequaquam possunt; in ea enim disputatione ver-
santur, qua isti dicunt non esse quod esse alii affirmant. Esse autem et non esse de eodem simul affirmari haud possunt; est enim
primum principium firmissimum quidem quoniam de quolibet est
esse vel non esse, de nullo vero ambo simul.

Franciscus: Statui, mi Angele, in omni ea disputatione quę ad nostram instructionem committitur omnibus, quod maximus Aposto-
lus / ait,[1] omnia esse. Omnes enim qui de huiusmodi rebus loquuti
sunt aliquid nobis ipsius veritatis contulere; itaque opiniones sub-
stineo omnes, cum valeo, tam quę negant quam quę affirmant.

Angelus: Tu igitur, ut cuique placeas, quod negas affirmas etiam.
Quod si ita facis, nescio utrum dignum id laude aut vituperio sit,
nec qua arte id abs te fieri possit intelligo.

Franciscus: Omnia quę ita sunt ut opinantur probo; quę autem non
ita sunt ut arbitrantur, ea nego. Nemo enim opinari debet neque
quod est non esse neque quod non est esse.

Angelus: Quę nam illa, quę sunt ita disposita?

Franciscus: Ea quę phylosophis maximis nota sunt, ut sunt comu-
nes animi conceptiones, ut quoniam omne totum est sua parte
maius, aut in loco spiritualia non esse; in quibus mihi nullus est

f. 35*v*

---

[1] 1 *Cor.* 9, 22.

ambiguitatis aut questionis locus. Sunt quidem huiusmodi omnia suapte natura nota.

Angelus: Quid si negem quę phylosophi probant, aut probem ab eis negata?

Franciscus: Quid? Error! Adiscentem enim opus est credere.

Angelus: Ni credam, quid?

f. 36r *Franciscus*: Aliud nescio, quam ut non / intelligendo intelligas tua opera etiam nihil.

Angelus: Hoc ego, Francisce, pręceptum laudo; vera quidem narras. Mihi etiam illud Senecę epistola secunda oportune in mentem venit, qui ad Lucillum ita inquit: «Certis ingeniis inmorari et nutriri oportet in veritate, si velit inde aliquid trahere quod animo fideliter insedeat».[2]

Franciscus: In rebus itaque dubiis fides adhibenda est maioribus, hisque credendum est, neque idcirco opiniones statim quas audivimus arcendę sunt, quia non ea facilitate intelliguntur a nobis ut optamus et volumus; at temptanda sunt omnia primo, maxime ea quę, ut diximus, videntur dubia, quam aut penitus acceptemus quicquam aut penitus abiciamus.

Angelus: Ad omnia dic ut libet. Scio ego veritatem teneri haudquaquam posse, ubi animus in multa dispersus huc atque illuc divagatur.[3] Tibi credo.

Franciscus: Ergo hac ratione ad questionem dicere oportet, ut secundum unam rationem universalis prima opinio vera sit, falsa se-
f. 36v cundum aliam, qua altera erit vera iudicanda. Eodem modo / secunda opinio et verum dicere et errare potest. Sed non est existimandum preclarissimos phylosophos tam quidem facile errasse; nos fortassis sumus, qui contrarias opiniones coacervamus, quę seorsum positę suo sensu redduntur probabiliores.

Respondendo itaque dicimus quod universalis duplex est acceptio. Aut enim consideratur secundum quod universale est, vide-

---

[2] Cf. Sen. *Epist.* 2, 2.
[3] Cf. Lact. *Inst.* 4, 3, 20.

licet ut in se ipso est natura quedam simplex et invariabilis, et sic universale verissime est in natura, habens alienę naturę admixtum nihil, quemadmodum fortassis secunde opinionis rationes concludebant. Cuius explicatio plana admodum est, quoniam illud quo aliquid est hoc et singulare non potest neque multis convenire neque univoce de multis predicari; forma enim hęc, silicet hęc albedo Socratis, nunquam predicabitur univoce de Socrate et Platone, neque de individuis ceteris. Repugnat quidem, si hoc aliquid sit univoce de pluribus predicari; igitur aliud est monstrare quod Socrates est hic homo, et aliud quod est homo; si idem vero quis esse dicat, consequens est ut non sit nisi unus homo. Habet ergo Socrates in se vere naturam hominis, quo est hic homo; quę quidem na-

f. 37r tura est / in omnibus illius naturę suppositis una, unitate specifica et essentiali, quamvis in diversis mutetur secundum esse, ut in diversis suscepta est. Accidunt autem sibi multa secundum hoc esse quod est in hoc aut in illo, eo quod materię infinita accidunt, et si universale secundum naturam propriam invariabile sit et incorruptibile et perpetuum. Est ergo extra intellectum universale hoc modo consideratum.

Secunda vero acceptio eius est ut consideretur secundum actum et completam rationem universalitatis, ex comperatione quam habet ad intellectum, qui, eo ipso quod abstrahit ipsum ab individuis, universalitatem in ipso agit, separando eum a materia; qua ratione intelligere oportet, teste Alberto Magno, quod Aristoteles ait, quoniam universale est dum intelligitur, particulare vero dum sentitur,[4] et illud item Avicennę, qui inquit: «Intellectus informis universalitatem agit»;[5] et hoc pacto universale in intellectu est, ut prima opinio fortassis intellexit. Huius autem ratio esse potest quoniam universale, secundum actum et completam rationem universalitatis acceptum, / unum aliquid in multis et de multis dicit,

f. 37v quod quidem naturę non convenit nisi pro ut est in intellectu et ab intellectu ipsum cognoscente per separationem a singularibus et comperante ipsum ad multa singularia per modum unius in quo illa multa comunicant. Quam sic peractam universalitatem nominibus

---

[4] ALB. *Praedicab.* tr. 2, c. 3 (p. 24b); cf. ARIST. *Phys.* 1, 1, (184a. 21-26).
[5] AVIC ap. ALB. *Praedicab.* tr. 2, c. 3 (p. 24b); cf. AVIC. *De An.* 5, cc. 5-6 (pp. 132-134).

secundę intentionis intellectus explicat, quę sunt aut genus aut speties aut aliorum aliud.

Ita ergo, dum querimus an universalia in rerum natura extra intellectum sint, vel in intellectu solum, neque in re simpliciter esse propter rationes primę opinionis, neque simpliciter in intellectu propter rationes secundę a nobis respondendum est; sed dicere oportet per distinctionem, qua utriusque partis argumentationes, tam quidem affirmativę quam negativę, sine labore solvuntur.

Angelus: Preclare adeo questionem solvisti, ut credam aliud nihil posse dici.

Franciscus: Possent ad hanc intentionem, Angele, quam plura adduci, quę magis phylosopho primo convenirent. Hęc autem quę a nobis in presentia dicta sunt, quantum ad logicum negocium spectat, satis sunt dicta.

Angelus: Quin etiam super! /

De disputatione secundę questionis superius motę, capitulum septimum

Franciscus: Utrum universalia corporea an incorporea sint in hac secunda questione declarandum disputandumque est. Ea vero corporea esse primi quidem argumentantes ita probare nituntur: universalia, inquiunt, sunt prima rerum corporearum principia, igitur hac de causa ipsa etiam videntur corporea esse; principium enim et principiatum eiusdem generis sunt. Secundo arguunt: corpus quidem universale est, quod tamen corporeum est aut corporale; nam corporeum, ut Porphyrius in arbore pinxit,[1] constituit corpus in genere substantię sub substantia.

At qui ea incorporea esse probant oppositis ita rationibus argumentantur. Corporea omnia sensibilia etiam sunt, universale autem minime; non ergo universalia corporea sunt. Amplius quicquid in incorporeo est, id incorporeum esse neccesse est; universale vero in intellectu est, / qui natura incorporeus est; igitur universalia non sunt corporea.

Ad questionis ergo huius intelligentiam id diligenti studio annotabimus quod solum Perypatetici sentiunt; quicquid vero Platonici aut Epicurei, ut Mellisus et Permenides, dixerint in hac et in aliis questionibus, hiis non multum commovemur.

Angelus: Iam diu desideravi, Francisce, Perypatheticus verus, aut Aristotelicus, ut meo utar vocabulo, et fieri certe et ab omnibus videri; itaque non parum gaudeo exornári tua istac disciplina.

Franciscus: Id curo ut fiat cito, ceteris missis.

Angelus: Redeamus igitur ad questionem, ne, colloquutione nostra oblectati, fugiat inter loquendum volatile tempus.[2]

---

[1] Porph. *Isag.* p. 9, 19-22; cf. Alb. *Praedicab.* tr. 4, c. 4 (p. 67a).
[2] Cf. Ov. *Met.* 10, 519; Otto, *Sprichwörter*, pp. 112-113.

Franciscus: Redeo, atque ita ad questionem hanc respondeo. Universalia enim in duplici genere accipi possunt, quoniam aut in genere substantię accipiuntur, aut vero accidentis. Primo autem modo universalia considerata subdividimus; quedam enim sunt in genere substantię corporeę, quemadmodum homo et animal, quedam in genere substantię incorporeę, cuiusmodi sunt substantię spirituales, ut angelus. Universalia ergo in genere substantię corporeę

f. 39r secun/dum esse quod in suppositis habent, corporea sunt; nam Socrates et Plato, cum sint materia concreti, mole etiam corporea constant. Quę vero sunt in genere substantię incorporeę distinguntur, quia aut talia habent esse specificum in natura sua, ut sunt angeli, aut habent inperfectum esse in spetie. Primo modo universalia non sunt corporea, quoniam nec corpus nec corporis sunt forma, quin pocius, ut Paulus inquit,[3] administratorii spiritus. At si secundo modo corporeum accipiatur, hoc etiam dupliciter intelligi[a] potest: aut quod quantitatem corpoream essentialiter habeant tanquam partem sui, aut quia in corpore sint. Primo modo anima corporea non est, quamvis sit secundo modo, cum sit corporis organici forma.

Si vero sumantur universalia in genere accidentis, hoc dupliciter esse potest, quoniam quedam sunt accidentia sensibilia, ut albedo et nigredo, alia sunt accidentia insensibilia sed sunt intelligibilia, ut scientia et actus intelligendi et omnia animę accidentia. Primo ergo modo si capiamus universalia, in hoc genere corporea

f. 39v dici possunt, eo quod in corpore / subiective sint, non autem quod ex materia et forma compacta sint ad instar corporis, cum accidentia formę sint. Secundo vero modo universalia non sunt corporalia, tum quia in corpore non sunt, tum quia formę sunt intellectus. Universale etiam acceptum pro intentione universalitatis non est corporeum, quom hac ratione non sequatur rem inesse corporeo, sed inesse intellectivo.

Illud etiam scire pervenustum est, quod corporeum quatuor modis aliquid esse dicitur:[4] primo quidem modo quod quantitate

---

[a] intelligi: intelli *cod.*

---

[3] *Hebr.* 1, 14.
[4] Illud etiam scire... corporea dici possunt: cf. ALB. *Praedicab.* tr. 2, c. 4 (pp. 28b-29a).

corporea extensum latumque est, sic silicet quod quantitas sit sui aliquid, et ita omnia quantitate constantia corporalia etiam sunt. Secundo dicuntur corporea quedam, non quidem ut quantitatem habeant tanquam aliquid sui, sed solum quia extensa sunt ad sui subiecti extensionem, ut sunt accidentia hęc, albedo, nigredo, caliditas et frigiditas, quod Aristoteles in prędicamento quantitatis sensisse videtur, ubi inquit: «Quanta superficies est, tantum album dixeris esse».[5] Tertio dicitur aliquid corporeum eo quod corpore ac

f. 40r suscipiente determi/natum sit, ut sunt sensus, imaginatio et omnes virtutes sensibiles et vegetabiles, ut generatio, diminutio, augmentatio; sic enim omnis anima sensibilis aut vegetabilis, quę cum corpore intereunt eo corrupto, corporeę sunt. Dicitur tandem corporeum aliquid quod corporis principium sit, et hoc modo punctus corporeus dicitur; secundum enim mathematicam immaginationem punctus lineę est principium, et superficiei principium linea, et corporis principium superficies. Sic ergo omnia hęc corporea dici possunt.

Angelus: Quorsum hęc, Francisce, tam longo narrata sermone?

Franciscus: Quippe pro contra ve dicta argumenta ex hiis quam facillime solvuntur. Non sequitur enim quod, si incorporalia de corporalibus predicentur, ipsa corporea sint; non autem predicantur nisi secundum rationem universalitatis, qua ratione et incorporea ea esse constat et principia rerum corporalium, quamvis hoc modo possint fortassis dici corporea, quemadmodum punctus, ut diximus, corporeus dicitur, eo quod lineę principium est. Quod etiam

f. 40v oppositę rationes concludunt, / haud simpliciter concedendum est, cum dicant universalia sensibilia esse; sunt enim sensibilia secundum esse eorum et consequenter corporea, secundum vero rationem insensibilia et incorporea, quę, ut diximus, corporea sunt secundum esse eorum in individuis.

Et hęc ad questionem dixisse satis esse existimo, Angele, si tibi videtur, studiosissime.

Angelus: Preter id – non ut te laudem –: egregie!

---

[5] ARIST. *Cat.* 6 (5b. 7).

7

De disputatione questionis tertię, capitulum octavum

Franciscus: Disputare nos opere pretium est hoc tertio loco eam questionem, in qua a Stoicis Perypatetici plurimum disconveniunt. Ea est, utrum universalia a sensibilibus separata an in sensibilibus posita sint. Quę quidem, ut disputationem hanc pulcherrimam medius fidius inchoare videar, separata esse atque extra singularia stare et existere probant Stoyci, id suis argumentis defendentes, quam optimis muniti rationibus. Oppositum autem ostendentes hos contra Perypathetici concludunt, ea silicet sine singularibus existere posse minime, alterius opinionis errores apertissime cuique monstrantes. / Ad nos vero, qui Perypatheticos maxime sequimur, aliorum opiniones parum.

f. 41r

Angelus: Quicquid cęteri sentiant, Aristotelicis exceptis, ommitte. Audiant eos qui ea scola oblectati fuerint; nos nostram sequamur!

Franciscus: Ita ut ais, Angele, faciundum est. Verum eorum positionem audire antea neccesse est, qua in medium delata eiusque detectis erroribus, nostra, quę vera est, excellentior postmodum reddatur.

Angelus: Quod mihi melius esse credis complectere.

Franciscus: Feci hactenus ac faciam; tu me asculta.

Angelus: Alium nunc asculto neminem!

Franciscus: Plato ille divinus, Architam tarentinum Pictagoram ve sectatus, atque stoycę sectę princeps preclarissimus id dixisse feruntur[a] quod Perypathetici negant, universalia silicet extra singularia per se existere et stare; quę quidem opinio videtur ab his phylosophis habuisse originem et ortum, qui de rebus ante Plato-

---

[a] feruntur: ferunt *cod.*

— 92 —

nem speculari inceperunt. Antiquiores enim phylosophi, ut Eraclitus, Pictagoras et Archelaus, movebantur ad eorum positionem fal-

f. 41v sam substinendam, admirantes in rerum / natura nihil firmum aut
stabile esse, ea maxime quę particularia sunt, quoniam[b] in natura,
nisi dumtaxat particulare aut sensibile, subsistat nihil; verum universa esse in continuo fluxu et motu arbitrabantur. Unde orta sunt
paulo post inconvenientia multa. Quoniam eorum aliqui nullam esse rerum scientiam dicebant, ut fuerunt Eraclitus et Mellisus; alii
vero, ut Plato et cęteri sectatores, cognoscentes non esse scientiam
nisi incorruptibilium et sempiternorum, universalia a singularibus
separata esse et per se stare posuerunt, a quibus in nobis scientia
manaret et causaretur. Quod exempli causa monstratur: Platonem
narrant universalia ydeas appellare et speties: ydeas quidem pro ut
eas esse rerum causam dicebant, speties autem in quantum cognoscendi erant principium. Secundum igitur hanc eorum opinionem,
dicendum videretur esse quod hominis ydea, quam ponunt a singularibus hominibus esse separatam, sit ipsa natura spetiei, quasi exi-

f. 42r stens homo / per essentiam. Individua autem dicebant homines esse participatione, quod ait Porphyrius in Predicabilibus:[1] «Participatione» inquit «spetiei plures homines sunt unus homo», in quantum silicet natura spetiei in hac aut illa materia signata et discreta
participatur. Unde quicquid totaliter aut penitus est, non dicitur
illud participare, sed illi idem est per essentiam; id autem quod aliquid non est penitus, aliud aliquid habens in esse concretum, participare dicitur; quemadmodum, si esset calor per se existens, calorem participare haud diceretur, tum enim in eo esset nihil preter
calorem; at ignis, quia est aliquid aliud quam calor, dicitur participare calorem.

Hęc itaque omnia dicti phylosophi opinari videntur; quę Perypathetici parvi faciunt.

Angelus: Miror, Francisce, tam preclarissimos phylosophos oberras-
se. Maxime autem impossibile mihi videtur dictu ut Platonem illum, quem evocasti divinum, credamus tantum deliquisse.

---

[b] quoniam: quam *cod.*

---

[1] PORPH. *Isag.* p. 12, 18-19.

Franciscus: Ex meo, Angele, haud istuc loquor; ita aiunt pene omnes.

Angelus: Quid tecum Plato?

Franciscus: Probo hominem, et, si contingit – raro vero contingit – ex suo me aliquid legere, id avide complector. Quicquid vero /
f. 42*v* eum dixisse cęteri dicant, in quo fortassis aliquis sit error, sive verum sive falsum dicant, fideliter refero omnia.

Angelus: Laudo te; nobis enim Platonem viciare nequaquam licet.

Franciscus: Quin potius multifacere. Ego itaque non satis mirari valeo quorsum Aristoteles, princeps sectę perypateticę, tam strenue Platonem inpugnaverit, causam atque suę inpugnationis invenire non possum.

Angelus: Sunt omnes Greci, inquiunt, natura invidi.

Franciscus: Ergo persequutionis causa invidia fuit?

Angelus: Quid aliud? Fortassis ita!

Franciscus: Hoc ego neque confirmo neque nego penitus. Aristotelem enim vera dixisse et credo et teneo, quando quidem Magnus Albertus et Thomas Aquinas in suis comentis hunc prę ceteris et sequantur et defendant.

Angelus: Age, id ioco dictum puta! Novi ego etiam hunc hominem omnis phylosophyę parentem compellari, atque quam maxima generi humano contulerit beneficia et ad disciplinarum omnium lucem et ad virtutum morumque laudabilissimam comparationem iam diu intellexi.

Franciscus: Attendamus igitur quid adversus superiorem opinionem
f. 43*r* senserit, aut suam ipsam qua ratione / probet.

Angelus: Attendo percupide.

Franciscus: Probat Aristoteles in plerisque locis, tum in Prima Phylosophya tum in cęteris suis scriptis,[2] universalia singularia extra non esse, nec aliquo pacto per se existere aut stare. Sic enim in

---

2 Arist. *Metaph.* 7, 16 (1040b. 26-27); cf. Alb. *Praedicab.* tr. 2, c. 5 (p. 29b).

Posteriorum libro adversus Platonem inquit: «Universale non est nisi in hoc, hoc est in singulari. Universale enim esse unum aliquid extra multa non neccesse est, esse tamen unum in multis et de multis verum est dicere».[3] Quam sententiam ita Magnus Albertus exponit: «Ad hoc quod demostrativa sit scientia non est neccesse dicere quod universale, de quo est scientia, sit extra singularia separatum. Satis enim ad hoc est universale esse unum in multis et de multis».[4]

Angelus: Quid si cum Platone universalia extra singularia existere dicamus?

Franciscus: Multa inde sequerentur inconvenientia et ea ipsa que sequuntur dicta Platonis.[5]

Angelus: Quę nam?

Franciscus: Sequeretur enim quod esset cęlum preter hoc cęlum et terra preter hanc terram et homo preter hunc hominem.

Angelus: Quid tum?

Franciscus: Quid? Infinita etiam sequi possent. Nam cum scientię dividantur ut res de quibus sunt, ut in physicis et mathematicis f. 43*v* probatur, alia est scientia / de separatis a materia, alia de materiam concernentibus. Et ita alia esset scientia de cęlo, alia de hoc cęlo, alia item demostratio de homine, alia vero de hoc homine, et preterea alia geometria de terra et alia de hac terra; et ita sequeretur[c] in cęteris, ut quod esset arismetrica alia de numero et item alia de hoc numero; quę omnia opinari aut asserere est ridiculum. Non ergo universalia extra singularia sunt.

Angelus: Sunt ne alii, Francisce, qui id confirment?

Franciscus: Sunt profecto quam plures. Ex verbis enim omnium Perypatheticorum ita esse ut Aristoteles opinatur ostenditur. Di-

---

[c] sequeretur: sequetur *cod.*

---

[3] Cf. ARIST. *APo*. 1, 31 (88a. 4-5); ALB. *Praedicab*. tr. 2, c. 5 (pp. 29b-30a).
[4] ALB. *Praedicab*. tr. 2, c. 5 (p. 30a).
[5] Multa inde... esse et existere: cf. ALB. *Praedicab*. tr. 2, c. 5 (p. 30a).

cunt nanque Avicenna, Alfarabius, Albertus Magnus, Porphyrius ac Thomas Aquinas assignantes universalis diffinitionem, universale esse unum in multis et de multis.[6] Quicquid autem in multis est, ab illis non habet esse separatum. Qua propter etiam dicunt universale esse quod aptum natum est esse in multis, ita quod a singulari discrepat. Tunc, hoc iacto fundamento, ita argumentantur.

f. 44r Res natura sua in eo est in quo apta nata est esse, non autem / est in eo in quo apta nata est non esse. Cum ergo universale non sit aptum natum esse extra singularia, sequitur universale in singularibus esse et existere.

Angelus: Quę nam sunt, Francisce, rationes Stoycorum, quibus comoventur et tendunt?

Franciscus: Ex multis duas dicam dumtaxat.[7] Ut ergo primo universalia extra singularia esse suadeant, ita argumentantur. Universale enim, ut dicunt omnes, semper est et ubique; particulare autem seu singulare est hic et nunc. Igitur si universale est ubique et semper, alicubi est ubi hoc singulare non est, et item aliquando est quando non est hoc singulare. Quęcunque autem loco et tempore separata esse constat, simpliciter et secundum se sunt separata. Universale ergo et particulare, cum sint loco et tempore separata, consequens est videantur esse separata simpliciter et secundum esse.

Arguunt ita secundo. Unum et idem corruptibile et incorruptibile esse non potest. At universale incorruptibile est, singulare cor-

f. 44v ruptibile. Non igitur videtur / quod universalis et singularis unum sit esse, quoniam si unum idem esse dicamus constare utriusque, oportebit nos etiam concedere contradictoria esse simul vera. Nam si corruptibile est secundum esse, erit aliquando quando esse non habebit, quoniam in De Celo et Mundo probatur,[8] corruptibile aliquando numero corrumpitur, et tunc non est postquam corruptum est, incorruptibile autem semper est. Erit ergo aliquando tempus

---

[6] *Avicenna, Alfarabius, Albertus*: ALB. *Praedicab*. tr. 2, c. 5 (p. 30a); cf. AVIC. *Philos*. tr. 5, c. 1 (p. 228, 19-21); c. 2 (pp. 239-245). *Porphyrius, Thomas*: THOM. AQ. *Metaph*. 7, 13b; cf. *Perih*. 1, 10a.

[7] *Ex multis duas... impossibile est*: cf. ALB. *Praedicab*. tr. 2, c. 5 (p. 31a-b), *rationes 3 et 4*.

[8] ARIST. *ap*. ALB. *Praedicab*. tr. 2, c. 5 (p. 31a).

in quo idem secundum unum et idem esse erit et non erit; quod dicere impossibile est.

Concludunt itaque ex hiis rationibus dicentes quoniam universalis esse separatum sit substantia, loco et tempore ab esse singularis.

Angelus: Videntur huiuscemodi rationes ad intellectum meum demostrare. Aristotiles quid ad eas? Negat an ne?

Franciscus: Ait in hiis laboris esse nihil.

Angelus: Nihil?

Franciscus: Sibi nihil, qui omnia novit.

Angelus: Quid respondet?

Franciscus: Ad primam eorum rationem dicit universale dupliciter considerari posse, aut quidem in esse suo universali, secundum quod habet esse in suis principiis essentialibus aut quiditativis, qua ratione non discernit nec locum nec loci differentiam vel temporis; f. 45r / hac ergo ratione[d] consideratum, comune est ad omnem locum et tempus, cum sit indeterminatum. Secundo potest considerari secundum esse quod habet in singularibus, in quibus universale hic et nunc efficitur, cum ad hoc vel ad illud particulare terminatur. Primo ergo modo consideratum incorruptibile est, corruptibile vero secundo modo.

Angelus: In hoc defendo Platonem ex dictis Aristotelis, qui in Predicamentis ait: «Dextructis primis substanciis, impossibile est aliquid aliorum remanere».[9] Si igitur universale corruptibile est secundum esse quod habet in singularibus, quod ait Aristoteles, videtur quod universale nusquam remaneat. Et ita consequens est ut, corrupto Socrate, Plato et Callias non sint homines, quoniam, ut ais, iam homo, qui universale ipsum est, esset corruptus ad Socratis corruptionem, in quo erat; hoc autem dicere inconveniens est et contra sensum. Nullo igitur modo universale corruptibile

---

[d] hac ergo ratione *in marg. paginae praecedentis, cod.*

---

[9] ARIST. *Cat.* 5 (2b. 5); cf. ALB. *Praedicab.* tr. 2, c. 5 (pp. 31a, 32b).

f. 45v est, nisi concedamus universale non remanere particularibus cor/ ruptis. Et ita distinctio Aristotelis non videtur satisfacere.

Franciscus: Pro defensione Platonis arguis egregie. Alio etiam in loco ait Aristoteles quod moventibus nobis moventur omnia quę in nobis sunt; quod, ut Alberto Magno placet, de motu corruptionis intelligitur.[10]

Ad te itaque respondendo dicimus verum esse quod Aristoteles ait,[11] et verum esse quod universale corrumpitur in eis quę corrumpuntur, quamvis corrumpatur secundum quod in eis est. Est vero in eis secundum principia terminantia ipsum ad esse particulare, quo modo corruptibile est, ut in libro De Causis dicitur,[12] quod corruptibile est quod est delatum super id quod est corruptibile; quod quidem dicitur esse corruptibile per aliud. Remanet autem secundum substantiam et esse suę naturę simplicis, ut etiam videri potest in venerando altaris sacramento. Non enim dicimus quod, quia corpus Cristi desinit esse in hac hostia, ea corrupta sit ipsum corruptum, quoniam, ut in libro De Causis parte ultima f. 46r probatur,[13] simplex / incorruptibile est. Neque est idem dictu quod res corrumpatur in universali et ipsum universale corrumpi; corrumpitur enim hoc universale quod est homo, corrupto Socrate, non tamen corrumpitur in universali. Sic ergo relinquitur universale incorruptibile esse.

Sed non est pretereundum id quod Beatus Thomas in Questionibus de Veritate ait,[14] silicet quod universale sit perpetuum et incorruptibile. Avicenna dupliciter exponit:[15] uno modo ut dicatur perpetuum et incorruptibile ratione particularium, quę nunquam inceperunt neque deficient, ut volunt tenentes mundi eternitatem, generatio enim ad hoc est, secundum phylosophos, ut perpetuum esse in spetie salvetur, quod in individuo salvari non potest; alio modo ut dicatur perpetuum quod non corrumpitur per se sed per accidens ad corruptionem individui. Universale ergo, si considere-

---

[10] Arist. *Top.* 2, 7 (113a. 29-30); Alb. *Praedicab.* tr. 2, c. 5 (p. 33b); *Metaph.* p. 156, 29-35.
[11] Ad te itaque... suę naturę simplicis: cf. Alb. *Praedicab.* tr. 2, c. 5 (p. 33b).
[12] *Lib. de Causis* 191; cf. Alb. *Praedicab.* tr. 2, c. 5 (p. 33b).
[13] *Lib. de Causis* 198.
[14] Thom. Aq. *QDV.* q. 1, a. 5, ob. 14 *et* ad 14.
[15] Cf. Avic. *ap.* Thom. Aq. *QDV. loc. cit.*, ad 14.

tur secundum esse universalitatis, incorruptibile est, secundum vero esse quod habet in individuis, corruptibile. Nihil enim obstat,
f. 46v ut in De / Cẹlo et Mundo Aristoteles probat,[16] idem ex comperatione ad diversa principia corruptibile esse et incorruptibile.

Angelus: Satis voluntati mẹẹ fecisti. Sed antequam proficiscamur
ulterius, a te duas dubitationes volo scire.

Franciscus: Tui gratia, Angele, huc applicui; parum itaque aut multum in re hac inmorari tua etiam interest. Quẹ nam dubitationes
sunt?

Angelus: Ea prima est, ut sciam qua ratione universale in esse producitur.[17] Secunda, quare huiuscemodi tres questiones quas disputavimus de genere et spetie quam de cẹteris predicabilibus dictẹ
sunt magis, cum quinque, ut ait Porphirius,[18] sint universalia.

Franciscus: Quam brevissimus ero nunc. Producitur ergo universale
ex consequenti et non in se.

Angelus: Non teneo.

Franciscus: Hoc pacto. Nam iste homo, ut Socrates, generat hunc
hominem, ut Calliam. Ipse autem homo generans est homo, quia
hẹc est vera predicatio: «Socrates est homo, et Callias genitus est
homo». Igitur homo generat hominem ex consequenti.

Angelus: Qua ratione hoc fit? Aut enim homo sensibiliter generatur aut insensibiliter. /

f. 47r *Franciscus*: Hic homo sensibiliter, homo autem non sensibiliter.

Angelus: Quomodo igitur?

Franciscus: Natura universalis, ut in Sex Principiis Gilbertus Pore-
tanus ait,[19] occulte in rebus operatur, nec sensu videri potest.

Angelus: Cur non producitur universale per se?

Franciscus: Eo quia actiones et generationes, quod ait Aristoteles,

[16] Cf. ARIST. *Cael.* 1, 10-12 (279b. 4 - 283b. 20).
[17] Cf. ALB. *Praedicab.* tr. 2, c. 7 (p. 36a).
[18] Cf. PORPH. *Isag.* p. 26, 7, *et passim*.
[19] *Lib. Sex Princ.* 9; cf. ALB. *Praedicab.* tr. 2, c. 7 (p. 37a).

sunt singularium et suppositorum. Quod enim per se producitur, hoc generationis est terminus et singulare.

Angelus: Quid ad dubitationem secundam?

Franciscus: Alterius dubitationis ratio esse potest quoniam tam genus quam speties in quid predicantur, cetera universalia in quale; quid autem potius dubitatur per se esse quam quale. Inde est quod antiqui de hiis dictas questiones formarunt, tum quia alia universalia in istis esse videntur, ut differentia est in generis potentia, in spetie autem actu et intellectu, proprium etiam in specie est, similiter accidens. Ideo de genere et spetie, quod per se sint, plus satis dubitatur atque de ceteris.

Angelus: Traxisti mentem ex omni dubitatione; placet quod nunc proficiscaris ad alia.

f. 47v *Franciscus*: Ergo de hiis / tribus questionibus in principio inductis hec dicta et disputata, quantum ad logicum negocium convenire videbatur, mi amantissime Angele, sufficiant.

Angelus: Ita revera, quando largiter explicata sunt.

De consideratione universalis in communi, et ordine, distinctione et numero predicabilium, capitulum nonum

Franciscus: Quod querebatur in principio de universali, quo ad questionem eius an est, longa est a nobis disputatione digestum. Proposita est autem ipsius universalis alia questio, quo ad cognitionem illius quid est, ut nos, interrogati aliquando quid universale sit, sciamus interrogantibus rationabiliter respondere quoniam tale est a. vel b., aut aliud aliquid.

Circa ergo speculationem eiuscemodi insistenres, nunc permaxime is erit ordo quem nos in dicendo observabimus: primo, ut ipsius universalis cognoscamus quid, quo ad eius comunitatem, ut quid sit in comuni acceptum ipsum universale; secundo, quia universale de / quinque predicabilibus predicatur – omnia enim universalia sunt –, ut sciamus de hiis quinque quid unumquodlibet sit, ut quid sit genus, quid species, quid differentia, quid proprium, quid accidens. Est autem ratio considerationis quoniam, ut a principio diximus, comuniora sunt ordine doctrinẹ nobis priora.

Considerantes vero de ipsis in particulari, primo considerabimus ea secundum se et absolute, deinde comperando ad unum aliud, quo ad convenientiam et disconvenientiam. Ratio autem considerationis est, quia absoluta rei consideratio precedit illius respectivam considerationem. Adhuc, ea considerantes, oportet nos scire eorum ordinem, quor primum genus consideretur, deinde alia suo ordine.

Angelus: Quid est ergo universale ita in comuni sumptum?[1]

Franciscus: Universale, si accipiatur ut natura simplex est et entis differentia, non est logici negotii sed altioris. At si consideretur ex comperatione quam habet ad intellectum, sic est quedam forma to-

---

[1] Quid est ergo... in comuni dixi: cf. ALB. *Praedicab.* tr. 2, c. 8 (pp. 38b-39a).

f. 48v cius, resiliens ex unione formę partis cum materia, ut ex unione animę ad corpus resurgit hęc / forma tocius, quę dicitur humanitas. Quę quidem forma accipitur aliquando in esse concreto seu adiectivo, ut homo, aliquando in esse abstracto seu subiectivo, ut humanitas, animalitas. Primo modo accepta forma vocatur universale, quod aptum natum est esse in multis et predicari de multis. Unde universale sic acceptum semper in suis particularibus concipitur, quibus et confert et comunicat esse, ita quod, inferiori posito, semper concipitur in eo superius actu et intellectu. Ideo propositiones in quibus superiora de inferioribus predicantur verę semper sunt et neccessarię, sive inferiora actu sint sive non; cuiusmodi sunt istę, «homo est animal», «homo est substantia», quanquam ex earum veritate inferiorum existentia haudquaquam sequatur, ut non sequitur «homo est animal, ergo homo existit vel est», quoniam esse et ens, quod ait Avicenna in principio suę Logicę,[2] accidunt ei quod est. Verum enim est hominem esse animal, sive aliquod animal sit sive non sit, quoniam accidit animali esse vel non esse.

Quid igitur sit universale in comuni dixi.

Angelus: Quam sit hęc tua dyaletica et utilis et neccessaria paulu-
f. 49r lum hactenus / persensi, Francisce; nunc autem tantum ea delector, ut eam longe prestantiorem ceteris esse dicam.

Franciscus: Nisi ea profecisses, haud ita sentires; omnes enim qui dyaleticam nesciunt floccipendunt eam.

Angelus: Evenit hoc in omnibus circa omnia, ut, quę ingnorant homines, hęc non multifaciant, ea preter, quę ipsi scire et intelligere avent. Ego autem ea non solum quę desidero laudo, sed, quę sua natura magna sunt, ea cum aliis et extollo et facio magni.

Franciscus: Sapientis est hominis eiuscemodi officium. Sed quid cupienti scire dyaletica prestantius, quid aut dignius?

Angelus: Nihil profecto, cum omnium artium regina sit, et quidem prudentissima; non ea prudentia qua plerique mentiuntur, ut falsum quasi verum esse doceat – stulti sunt re vera qui de dyaletica ita opinantur –, sed qua verum a falso secerni possit.

---

[2] Avic. *ap.* Alb. *Praedicab.* tr. 2, c. 8 (p. 38a); cf. Avic. *Log.* f. *3v.*

Franciscus: Eam igitur ex animo nunquam^a ammoveas tuo; eiuscȩ enim naturȩ est, ut se sequentes etiam sequatur, et ea lege se desiderantes desiderat, ut nunquam suos amatores oberrare permittat, f. 49v quin eis honores maximos / et largitur et cumulat.

Angelus: Eam ex animo, ut terentianum illud, nisi mors adimet, nemo.[3] Sed verbis inmoramur; propera ad reliqua!

Franciscus: Ut id agas, Angele, serio te hortor atque moneo familiariter.

Angelus: Iam non est persuasione opus: tu alia sequere!

Franciscus: Sequor, et id festive.

Angelus: Hoc volo!

Franciscus: Post considerationem ergo universalis absolutam, assignandus est ordo prius quinque predicabilium, atque deinde quid sit eorum quodlibet explicabimus. Ordo autem quia distinctionem presupponit, ante omnia videre oportet qualiter distinguantur.

Eorum itaque distinctio ita accipi potest, quoniam omne predicabile aut predicatur essentialiter aut quidem accidentaliter. Si essentialiter predicetur, hoc potest esse dupliciter, quoniam aut predicatur in quid, aut in quale. Si in quid predicatur, istud adhuc potest dupliciter intelligi, quoniam aut predicatur in quid de pluribus differentibus specie, et tale est genus; aut predicatur de pluribus differentibus numero, et sic est species. Si vero predicetur in quale, hoc est dupliciter: aut predicatur in quale essentiale, et sic est differentia, aut in quale accidentale, et hoc dupliciter; quoniam aut predicatur de re convertibiliter, et ita est proprium, aut non convertibiliter, et sic est accidens.

f. 50r *Angelus*: Apud in/telligentem ex hac distinctione accipi potest predicabilium et ordo et numerus.

Franciscus:^b Ita est ut narras, Angele. Nam predicabilium ordo ac-

---

^a nunquam: unquam *cod.*
^b Franciscus *om. cod.*

---

[3] Cf. Ter. *Andr.* 697.

cipitur ex ordine modorum essendi in. Quoniam illud predicabile quod inest essentialiter id precedit quod inest accidentaliter, cum substantia precedat accidens, ut septimo Methaphysice Aristoteles probat.[4] Quod autem inest alicui essentialiter secundum incohationis potentiam precedit id quod inest secundum actum distinguentem seu terminantem, quia semper in eodem potentia est ante actum, ut probatur nono Methaphysice.[5]

Genus vero dicit potentiam et essentiam rei non determinatam ad aliquam speciem, qua propter alia precedit predicabilia. At species et differentia dicunt et actum et essentiam, quanquam diversimode, ut diximus. Tamen differentia principium speciei est, quia, ut ostendam suo loco, differentia est quę speciem constituit. Principium autem naturę ordine ante id est quod est ex eo, ut causa naturaliter est ante causatum, ut probatur Methaphysicę quinto.[6] Ideo, ordine naturę et rei constitutionis, differentia precedit speciem.

Similis etiam est ordo eorum que insunt accidentaliter, quoniam illud accidens quod inest convertibiliter, ut est proprium, precedit / illud quod non inest convertibiliter, sicut accidens comune, cum idem precedat divorsum sicut unum multa, ut quinto Methaphysicę etiam probatur.[7]

f. 50v

Patet igitur ex hiis predicabilium et ordo et distinctio et numerus.

Angelus: Omnia hęc dicta limpida sunt. Sed contra Porphyrium venit dubitatio. Quoniam, si ita est ut ais, qua ratione Porphyrius de spetie primo, deinde de differentia, doctrinam facit, cum tamen differentia spetiem precedat?

Franciscus: Dubitandi habes occasionem; non ex te oritur dubitatio. Ad eam igitur dicimus hoc non alia fieri ratione nisi propter corelativam generis et spetiei habitudinem. Genus enim non sui sed speciei genus est; similiter, species generis speties est. Ideo in

---

[4] Cf. ARIST. *Metaph.* 7, 1 (1028a. 30-31).
[5] Cf. ARIST. *Metaph.* 9, 9 (1051a. 32-33).
[6] ARIST. *Metaph.* 4, 5 (1010b. 37 - 1011a. 1).
[7] Cf. ARIST. *Metaph.* 5, 6 (1016b. 17-21).

utrisque, ut Porphyrius ait,[8] utrorumque rationibus aut diffinitionibus uti oportet, cum unum sine alio diffiniri haud possit.

Angelus: Teneo. Aristoteles etiam in Predicamentis ait quod corre-
lativorum siquis diffinire noverit unum, et reliquum.[9]

---

[8] Genus enim... oportet: PORPH. *Isag.* p. 9, 1-3.
[9] ARIST. *Cat.* 7 (8a. 35 - b. 24).

De divisione generis, capitulum decimum

Franciscus:[1] Videtur autem, ut ad diffinitionem et divisionem predicabilium veniamus, neque genus neque species, quod ait Porphyrius,[2] simpliciter dici. Quę autem non uno modo aut simpliciter /
f. 51r dicuntur, ante horum diffinitionem multitudinem assignare oportet, ne in diffiniendo demostrandoque quid sit unumquodlibet,[a]
confusione comoti perturbemur. Omne enim indistinctum confu-
sionem parit, distincta autem et scientiam et doctrinam, ut in suo
Divisionum libro Boecius ait.[3]

Tripliciter igitur genus sumitur a Perypatheticis: primo et secundo modo proprie, secundum quod in civilibus reperitur; tertio
ad horum fortassis similitudinem.

In civilibus autem dicitur primo genus, multitudo aliquorum
quodam modo se habentium ad unum aliquid,[4] quod ex suo in tota
illa multitudine aliquid habet, cuius gratia adinvicem quandam videntur habere similitudinem.

Angelus: Quid unum illud est, a quo similitudinem in totam multitudinem per generationem natura traducit?

Franciscus: Id fortassis propagationis est semen, profusum ab uno
primo in posteros multos, secundum quem modum Romanorum
multitudo genus vocatur.[5] Omnes enim Romani ad unum, silicet
Romulum, se habent, qui aliquid sui in universa Romanorum multitudine habet.

---

[a] unumquodlibet: unumquolibet *cod.*

---

[1] Videtur autem... in libro Quadripartitum Tholomeus ait: cf. ALB. *Praedicab.* tr. 3, c. 1
    (pp. 41a-42a).
[2] PORPH. *Isag.* p. 6, 1-2.
[3] Cf. BOETH. *Div.* (PL 64, 882 C).
[4] Cf. PORPH. *Isag.* p. 6, 2-3.
[5] Cf. PORPH. *Isag.* p. 6, 3-4.

Secundo in civilibus dicitur genus, quod est uniuscuiusque generationis generatẹ principium, a quo formativa virtute quodlibet
f. 51v generatum / exoritur. Est autem generationis principium duplex:
pater unum, patria alterum. Primo modo dicitur Horestes a Tanta-
lo sortiri genus, et Hylion ab Hercule. Secundo autem modo, quo
patria aut locus principium dicitur generationis, dicimus Pindarum
esse genere thebanum, et Platonem atteniensem.[6]

Angelus: Qua ratione patria aut locus principium generationis dici
possit non intelligo, cum nihil horum generet.

Franciscus: Istud debes hac ratione intelligere, quoniam, ut pater
dicitur principium generationis multorum per transfusionem semi-
nis in omnes genitos, unde et similitudinem et convenientiam habent, ita patriam aut locum generationis principium dicimus. In loco enim et loci centro tota virtus peryodi cẹlestis adunatur, ut
Tholomeus ait,[7] quẹ quidem in omnes natos illius loci diffunditur,
unde id usu venire sepe solet et in pluribus, quod in eodem loco
nati ad eundem accedunt et colorem et morem. Elementa etiam,
quod Magnus Albertus ait,[8] in diversis locis sunt in virtutibus diversa valde.

Angelus: Ergo ex loco aut patria aliquid accipimus.

Franciscus: Non solum figuram, ut multi falso arbitrantur, sed omnia hẹc: complexionem, formam, figuram, colorem, mores et fortu-
nam, ut in libro Quadripartitum Tholomeus ait.[9] /

f. 52r Dicitur tertio genus, cui inmediate et directa linea, non trans-
versaliter, supponitur species, ad horum generum quẹ in civilibus
sunt fortasse aliqua similitudine dictum.[10]

Angelus: Qualis est similitudo acceptionis generis tertio modo dicti
ad acceptiones compertas in civilibus?

Franciscus: Omnes transferentes se, quod in primo Elencorum ait
Aristoteles,[11] secundum aliquam similitudinem se transferunt.

---

[6] Cf. PORPH. *Isag.* p. 6, 8-14.
[7] PTOL. *ap.* ALB. *Praedicab.* tr. 3, c. 1 (p. 42a); cf. PTOL. *Tetr.* 2, 1.
[8] ALB. *Praedicab.* tr. 3, c. 1 (p. 42a).
[9] PTOL. *ap.* ALB. *Praedicab.* tr. 3, c. 1 (p. 42a); cf. PTOL. *Tetr.* 2, 1.
[10] Cf. PORPH. *Isag.* p. 6, 21-22.
[11] Cf. ARIST. *APo.* 1, 7 (75b. 8-20).

8

Translatum vero est a phylosophis perypatheticis tertio modo dictum a duobus modis in civilibus repertis.

Angelus: Qua ratione id sit factum interrogo.

Franciscus: Primo, quod principium sit quoddam earum quę sub ipso sunt specierum. Tota enim subalternorum generum aut spetierum, sive etiam differentiarum, collectio in aliqua cohordinatione predicamentali quodammodo se habet ad aliquod principium illius collectionis, quod est genus generalissimum, hoc est simpliciter primum, quod quidem aliquid sui habet in tota reliqua multitudine, quia tam nomine quam ratione quam etiam substantialiter in eorum uno quoque reperitur; quod quidem a phylosophys «predicamentale genus» vocatur.

Secundo, quia genus tertio modo dictum videtur omnium specierum quę sub ipso sunt continere multitudinem, eo quod genus logicum omnia / inferiora continet virtute et potestate, a quo per divisionem differentiarum multę exeunt species, in quibus omnibus natura generis salvatur.

Angelus: Potest ne a matre una, a qua multi descendunt, filii haberi similitudo ad genus logicum, sicut a patre?

Franciscus: Minime.

Angelus: Qua ratione?

Franciscus: Eo quia mater non est principium formale multorum, sed materiale, unde vocatur in primo De Naturali Auditu generationis principium passivum.[12] Genus vero logicum principium est ut forma; alias non predicaretur de eo cuius est genus, quanquam forma indistincta sit.

Angelus: Videtur saltem quod, sicut a loco sumitur similitudo, ita possit[b] a tempore.

Franciscus: Nec istuc quidem.

---

[b] possit: possi *cod.*

---

[12] Cf. ARIST. *Phys.* 1, 8 (192a. 13-14).

Angelus: Qua de causa?

Franciscus: Quoniam tempus est mensura et numerus motus et mutationis secundum prius et posterius, et est preterea tempus in fieri et non in esse generatorum. At genus principium est omnium constitutorum in esse. A tempore igitur nulla potest sumi similitudo ad logicum genus.

Angelus: Omnia intelligo, nisi unum.

Franciscus: Quod est?

Angelus: Cur usus sis illo vocabulo, «videtur». Quin dixisti pocius «*Est* generis divisio triplex», ut dixisti «*Videtur* autem genus»?

f. 53r *Franciscus*: Id non temere / dictum est; ita enim de genere loquitur Porphyrius.[13]

Angelus: Quero causam.

Franciscus: Ea est quoniam omnes superiores generis acceptiones magis sunt in nostra et acceptione et cognitione, quam in rei natura existentia sint. Comperatio enim multorum ad unum, aut econverso, intelligentie est opus. Nisi enim que in natura sunt ab intelligentia distinguantur, indistincta manent, quoniam principium aut medium aut finis in rebus ipsis, aut quicquid est aliud in eis quod ad distinctionem et dignitatem spectet, ab intelligentia sunt omnia; se ipsa autem confusa sunt.

Angelus: Oportune, Francisce, venit in mentem illud Ovidii: «Ante» inquit «mare et terras et quod tegit omnia celum, unus erat toto nature vultus in orbe, quem dixere caos».[14]

Franciscus: Nihil certe venustius ad mentem meam; melior tandem, ait ipsus, natura omnia distinxit, atque dispares vultus indixit rei cuique.

Angelus: Ad generis nunc diffinitionem accede.

Franciscus: De ipsius ergo divisione hec diximus.

---

[13] PORPH. *Isag.* p. 6, 1.
[14] Ov. *Met.* 1, 5-7.

*De diffinitione generis, et solutione quatuor questionum de genere,
capitulum undecimum*

f. 53v *Franciscus*: / Describentes ergo Perypathetici genus, assignaverunt
eius diffinitionem, dicentes genus esse quod de pluribus differentibus spetie in eo quod quid est predicatur, ut «animal», quod de
homine, asino et bove in eo quod quid est predicatur.[1]

Angelus: Circa hanc generis diffinitionem veniunt dubitationes, me
iudice, haud pueriles.

Franciscus: Que nam?

Angelus: Prima est, qualis sit predicatio generis de spetie, cum in
diffinitione ponatur genus de spetiebus predicari. Secunda est,
cum diffinitur genus, quid diffiniatur, vel prima vel secunda generis intentio. Tertia est, an genus salvari in una spetie possit. Quarta est, utrum genus aliquid reale dicat in natura a spetie distinctum.

Franciscus: Solent, mi Angele, in hiis questionibus ipsi dyaletici
non parum contendere.

Angelus: Eius gratia cupio scire quid aut veri aut falsi in eis sit, ne,
etiam si usu veniat me cum homine dyaletico sermonem facere, ea
ignorare videar, quę apud eos scire est pulcherrimum.

Franciscus: Videri omnia scire, nedum apud dyaleticos sed omnium
consensu, hoc dignum est, tum honor.

Angelus: Quid ad questiones dicturus es, igitur?

Franciscus: Intelliges passim. Est primę questionis multorum opi-
f. 54r nio, eorum permaxime, / qui et naturalem et physicam considerationem transcendere nequeunt, dicentes predicationem generis de
spetie esse quę est inter duo equalia, ita pro hac opinione argu-

---

[1] PORPH. *Isag.* pp. 6, 25 - 7, 2.

mentantes: quoniam, inquiunt, aut «animal», quod de homine predicatur, predicatur de homine solum secundum esse quod habet in
ipso, aut etiam secundum esse quod habet et in asino et in equo.
Si quidem primum concedatur, concludunt eiusmodi predicationem esse equalis de equali. Si autem dicatur secundum, ostendunt
impossibilia sequi; tunc enim, ut aiunt, et homo esset asinus et
unum multa, et idem a se esset distinctum et unius essent operationes multorum et, stante casu, consequens esset hoc monstrum:
sequeretur quod, Plato si casu comederet aut dormiret, asinus autem similiter pareret et bos aratra ferret, quod Plato dormiendo
aut comedendo[a] pareret et aratra ferret; quod est ridiculum; et
alia item quam plura inconvenientia, si «animal» secundum esse
quod habet in asino et bove de homine predicaretur. Non est igitur, dicunt, predicatio generis de spetie maioris de minori, sed po-
f. 54v cius equalis / de equali.

Sed ad hanc eorum questionem solvendam respondent non nulli genus dupliciter considerari posse, aut physicę aut quidem logicę. Si logice consideretur, sic dicunt quod est maioris de minori,
quia secundum eandem rationem quę spectat ad logicum, qui est
artifex rationis, de homine et equo et aliis predicatur. At si physice consideretur, sic est, ut dicunt, equalis de equali, eo quod secundum illam naturam, secundum quam de homine predicatur,
non predicatur de equo sed secundum aliam, quod quidem scire
phylosophi est, qui realis est artifex; et hoc fortassis est quod ait
Aristoteles in Predicamentis,[2] quoniam animalis ratio secundum
unum quodlibet animal altera est et altera.

Angelus: Hec distinctio satis agere ad questionem videtur. Tu autem, Francisce, quid? Placet ne quod isti sentiunt?

Franciscus: Bene quidem respondent, sed id dictum neque Porphyrii videtur esse neque ad mentem Beati Thomę.

Angelus: Quid isti dicunt?

---

[a] comedendo: comendendo *cod.*

---

[2] ARIST. *Cat.* 1 (1a. 1-6).

Franciscus: Ut ex Porphyrio et Beati Thome libro De Ente et Essentia colligere potui, eiuscemodi predicatio superioris est de inferiori.[3]

Angelus: Qua ratione persuades?

f. 55r *Franciscus*: Ita: eo quod natura / animalis, quod ait Thomas,[4] predicatur secundum suam absolutam considerationem, ut videlicet abstrahit ab omni esse, tam quidem ab eo quod est in homine, quam ab eo quod est in asino et bove et in cęteris, inquantum tamen quodlibet esse istorum sibi convenire potest; et hoc pacto magis est predicatio maioris de minori, quam si predicaretur secundum esse quod habet in hoc et in illo, ad quod sequebantur inconvenientia illata ex prime opinionis ratione.

Angelus: Ut dixi, bene dicebant primi; sed tu melius!

Franciscus: Iocaris?

Angelus: Quin seriose loquor.

Franciscus: Bene est, si tibi feci satis.

Angelus: Immo, dico, liberalissime!

Franciscus: Ad secundam ergo questionem dicamus. Memini igitur me a dyaleticis hanc questionem sepius disputantibus sensisse opinari contraria ac diversa omnino. Quorum aliqui sunt dicentes quod in ea generis diffinitione secunda diffinitur intentio, cum logicus artifex sit rationis. Quidam vero id negantes substinent primam diffiniri intentionem, cum nihil in diffinitionibus ponatur nisi quod deffinito predicatur. Si enim, ut arguunt, secunda intentio
f. 55v diffiniretur, essent tunc huiusmodi predicationes / convenientes, in quibus secunda intentio predicaretur de prima, ut hęc esset bona predicatio, «animal est genus et homo est species», quę nihil veritatis sapiunt. Tercii vero sunt, ab hiis omnino discrepantes, qui dicunt ibi neque primam neque secundam diffiniri intentionem, sed ambas pocius sub concretionis quadam forma, id intelligentes

---

[3] POPRH. *Isag.* p. 13, 2-3.
[4] THOM. AQ. *DEE.* c. 3, 68-70 (ed. Leonin.).

ex auctoritate Avicenne,[5] qui ait logicam esse de secundis intentionibus adiunctis primis.

Angelus: Tu autem quid?

Franciscus: Nos autem aliter ab hiis omnibus opinamur, asserentes quoniam nec diffinitur ibi secunda intentio, ut volebat prima opinio, cum diffinitio sit solius substantię, secunda vero intentio accidens est, cuius diffinitio non est nisi per additamentum, ut habetur septimo Methaphysicę,[6] tum etiam propter impossibilia quę inde sequerentur, ut secunda opinio arguebat. Neque penitus prima intentio diffinitur, ut secunda opinio sentit, cum logicus non sit artifex realis, ut dictum est. Neque etiam diffiniuntur ambę in concreto, cum complexorum non sit diffinitio. Itaque, quod ab hiis omnibus est diversum, diffinitur una, non absolute, sed / in ordine ad aliam.

f. 56r

Angelus: Non teneo modum.

Franciscus: Quoniam una diffinitur occasionaliter, ut ita loquar, a proposito alia.

Angelus: Quid sit hoc nescio.

Franciscus: Quia prima intentio fundamentum est secundę.

Angelus: Quid tum?

Franciscus: Non potest una diffiniri non inspecta alia.

Angelus: Da exemplum.

Franciscus: Ut volentes nos diffinire genus per hoc quod est «esse predicabile de pluribus differentibus spetie», in huiusmodi diffinitione non diffinitur iste terminus, «genus», qui terminus est secundę intentionis, nec diffinitur id quod est «esse de pluribus predicabile absolute», quod vere est secunda intentio. Tunc enim ad questionem factam per quid est animal, convenienter posset dici quoniam est aut iste terminus, «genus», aut hoc complexum quod est «de pluribus predicabile esse», quę non videntur aliquo pacto

[5] Avic. *Philos.* tr. 1, c. 2 (p. 10, 73-75).
[6] Cf. Arist. *Metaph.* 7, 15 (1039b. 27 - 1040a. 8).

vera esse. Neque dici potest quod diffiniatur res significata per huiusmodi complexum quod est «esse predicabile de pluribus absolute»; huiusmodi enim de rebus speculatio alterius est negocii quam logici. Sed diffinitur hoc quod est «predicari de pluribus», quod vocatur «secunda intentio», expressa per hunc terminum, «genus» aut «speties», secundum relationem et respectum quem f. 56v habet ad rem cui / esse de pluribus predicabile intellectus attribuit.

Angelus: Quare intellectus rei primo intellectę, seu primę intentioni, attribuit hoc quod est «predicari de pluribus», vel secundam intentionem?

Franciscus: Eo quia intellectus, intelligens rem abstractam a materię condictionibus, perspicit quoniam res ita intellecta potest pluribus attribui, et tunc format secundam intentionem hanc, silicet quod est de pluribus predicari, quam vocat universale, quod exprimit aut generis nomine, aut spetiei, aut aliorum aliquo.

Angelus: Quid principaliter diffinitur, prima aut secunda intentio?

Franciscus: Ad hoc videtur ita esse respondendum, quoniam aliquid diffiniri principaliter aut minus, dupliciter intelligi potest: aut ex parte diffinientis aut rei diffinitę. Si intelligatur primo modo, dicimus quod diffinitur secunda principaliter, cum diffiniens, ut sepę diximus, sit artifex rationalis. Si autem intelligatur ex parte rei diffinitę, hoc potest etiam dupliciter esse: aut quidem considerando rem illam materialiter, et hoc modo diffinitur secundario, cum non diffiniatur nisi ut fundamentum intentionis primę; aut vero considerando eam formaliter, silicet inquantum est obiectum artificis rationis, pro ut videlicet talis res nominatur ens ratiocina-f. 57r bile, / et tunc equaliter cum secunda intentione diffinitur; sed tunc secunda intentio est ut instrumentum diffinientis, prima ut eius effectus.

Angelus: Habet hęc questio nescio quid latentis scrupuli.

Franciscus: Non potuit, mi Angele, dilatari melius.

Angelus: Veniamus ergo ad questionem tertiam, qua quesitum est an genus in una sola spetie salvari possit.

Franciscus: Quod in una sola spetie genus salvari possit quam plures logici suspicantur, ita pro opinione sua arguentes: salvatur species in uno individuo, ut Gabriel et Raphael, sol et luna, que solo sunt contenta individuo; ergo, ut aiunt, videtur etiam quod in una spetie genus salvari possit. Sed hęc opinio contraria est doctrinę Porphyrii, cui magis credimus in hac questione. Ait enim genus sub se continere spetierum multitudinem.[7]

Angelus: Cur genus in una spetie, sicut speties in uno individuo, haudquaquam salvatur, cum persuasionis ratio in uno potior non sit quam in alio?

Franciscus: Quin horum dissimilitudo est permaxima.

Angelus: Quę nam?

Franciscus: Quoniam genus est, ut diximus, principium spetierum f. 57*v* ad similitudinem generis in ci/vilibus, non quidem formans sed formabile et passivum, sicut mater in generatione naturali principium est passivum. Formatur autem ad esse spetiei differentia, quę dividit generis[b] posse, seu potentiam. Quę divisio fit ratione oppositionis; omnis enim divisio in oppositione fundatur, ut habetur in Postpredicamentis.[8] Una igitur differentia non potest intelligi dividere genus nisi in habitudine ad differentiam oppositam; quę differentię opposite, dividendo generis potentiam, sub genere aliquid constituunt, quoniam differentia, ut ait Porphyrius,[9] est divisiva generis et spetiei constitutiva. Non autem possunt opposite differentię eandem seu unam constituere spetiem, quoniam opposita sive contraria in regiones contrarias tendunt semper; igitur neccessario sequitur quod habeant[c] constituere duas speties principaliter sub genere. Genus itaque sub se multitudinem spetierum continet.

Angelus: Potest ne id probari aristotelico testimonio?

---

[b] generis: genus *cod.*
[c] habeant: habeat *cod.*

---

[7] PORPH. *Isag.* p. 13, 1-2.
[8] Cf. ARIST. *Cat.* 10 (11b. 15 - 13b. 35).
[9] PORPH. *Isag.* p. 17, 1-3.

Franciscus: Potest. Nam quarto Thopicorum ait Aristoteles: «Ad videndum utrum assignatum pro genere sit genus, inspiciundum
f. 58r est an illud assignatum habeat / aliam speciem ab ea quę sibi assignata est; quam si non habuerit, genus quidem non est».[10] Genus itaque sub se plures speties actu habet.

Angelus: Si, ut narras, genus in una spetie salvari non potest, cur in uno individuo speties ipsa salvatur? Speties enim videtur continere sub se individua opposita, ut masculinum et fęmininum.

Franciscus: Tibi nunc ita respondeo. Quoniam speties in quolibet individuo est secundum totam suam et essentiam et potentiam, sic quod formali divisione non dividitur, quemadmodum genus, sed materiali pocius; unde ad hoc quod aliquid sit speties est satis quod aptum natum sit sub se plura individua habere. Masculinum enim et foemininum sunt differentię pocius materiales et accidentales quam formales et essentiales.

Angelus: Unde est quod alique[d] speties, ut luna et similes speties, non habent nisi unicum individuum?

Franciscus: Ex materia, quę tota pene actuata est sua forma. Inde est quod non est nisi sol unus et luna una.

Angelus: Videris mihi inferre quod materia, dum actuata tota non est, a forma sua multitudinis sit causa.

Franciscus: Rem tenes; quid tum?

f. 58v *Angelus*: Non aliud, nisi quod miror qua ratione / natura angelica multiplicari potuerit, cum in angelis non sit materia.

Franciscus: Hęc dubitatio, Angele, transcendit logicam considerationem; nihilhominus dicimus quod dictu notandum est quoniam illius spetiei, cuius singulare et individuum est generabile et corruptibile, neccesse est sub ea plura esse singularia, cum non possit conservari in uno solo individuo; quorum singularium multiplicatio est ex materia, quę sua forma saciata non est. Causa vero multipli-

---

d alique: aliqua *cod.*

---

[10] ARIST. *Top.* 4, 3 (123a. 30-32).

cationis in ea spetie cuius singulare est in materiale, ut est speties angelica, est potentia et actus, ut in primo Posteriorum libro Thomas Aquinas probat.

Angelus: Quod nunc dixisti non est mihi satis certum.

Franciscus: Quam ob rem?

Angelus: Eo quod est aliqua speties cuius singulare est materiale et corruptibile, quę tamen sub se non habet plura individua. Non ergo neccessarium est quod neccessarium esse volebas, sub spetie tali plura esse singularia.

Franciscus: Da eam spetiem.

Angelus: Ut in fenice videtur.

Franciscus: Da aliam, si vales.

Angelus: Nequeo; sibi enim non est similis in orbe terrarum. Sed ad hoc quid?

Franciscus: Quo ad naturę intentionem, plura sub se habet individua.

Angelus: Qua ratione?

f. 59r *Franciscus*: In potentia.[e] Natura enim, quę in / individuo illo salvari haud potest, ex corruptione sui aliud generatur, et ex huius item aliud, in quo salvatur perpetuitas illius speciei intenta a natura.

Angelus: Hic occurrit dubitatio.

Franciscus: Ex quo?

Angelus: Ob hoc quod est dictum de fęnice. Quoniam, cum sit speties, in uno salvatur individuo; quod mihi non videtur multum probabile. Nam omnis speties universale est quoddam, cum universale sit genus ad quinque predicabilia. Sed de ratione diffinitiva universalis, secundum quod a Perypatheticis diffinitur, est esse in multis. Igitur non videtur vero simile quod aliqua speties in uno salvetur individuo.

---

[e] In potentia: Im potentia *cod.*

Franciscus: Dicimus quod universale esse in multis dupliciter potest intelligi: primo modo in actu, ut sunt huiusmodi universalia, homo et leo, et similia; secundo in potentia, per quandam successionem, et hoc modo dicimus quod fenix, cum sit speties, est universale quoddam; in potentia enim sua individua habet.

Angelus: Venit contra hoc argumentum illud vulgatum, quo dicitur quod frustra est illa potentia quę non reducitur ad actum, ut in primo Celi et Mundi libro patet. Cum igitur nunquam sint plura individua sub illa spetie in actu, / videtur quod eius potentia nulla sit et vana.

f. 59v

Franciscus: Ad huius tuę dubitationis solutionem id te, amice, non lateat, quoniam differentiam faciunt dyaletici inter potentiam et aptitudinem. Aptitudo enim, ut dicunt, est inclinatio consequens formam; potentia vero consequitur materiam. Unde aptitudo illa, quę consequitur formam, non est frustra si non reducatur ad actum, quoniam de ratione formę est, in quantum forma, quod possit reduci ad actum; sed est ex materię defectu, cum non sit dare aut invenire aliquam materiam quę sit illius formę receptiva, eam preter quę sub illa forma est. Potentia vero materię est tum frustra si ad actum non reducatur, quia illa sola reperitur quę sub illo individuo est.

Angelus: Iam, Francisce, disputata est hęc quęstio supra vires etiam nostri instituti, et si id gratissimum mihi fuerit.

Franciscus: Si tibi tuęque humanitati morigerus fui, gaudeo. Nunc quartam videamus dubitationem.

Angelus: Attuli tandem in hac generis disputatione eam dubitationem, utrum genus realitatem diceret a realitate spetiei distinctam in natura, an non.

Franciscus: Super prohemio De Anima respondet Themistius phylosophus ad hanc / questionem, quod genus nullam naturam realiter distinctam a spetie dicit. Genus enim, inquit, est conceptus sine reali ypostasi.[11]

f. 60r

---

[11] THEM. *De An.* p. 3, 32 Heinze.

Angelus: Arguunt dyaletici, probantes genus aliquid a spetie dicere in natura distinctum, quoniam, ut dicunt, aut conceptui generico aliquid in natura respondet, aut non. Si dicatur quod non, sequitur statim quod conceptus generis sit mancus aut vanus, et quod erit ens chymeriacum; et ita sequeretur, cum dicimus, interrogati quid homo sit, respondendo nos, quod est animal; quod idem dictu esset ac si dicamus «homo est ens chymeriacum», quod est expresse contra sensum. Si autem concedatur quod sibi in natura aliquid correspondeat, querunt de illo quid sit; aut enim oportet dicere quod sit idem quod conceptui specifico correspondet, aut quod sit aliud distinctum. Non enim potest dici quod idem sit; sic enim sequeretur quod distinctioni qua genus a spetie distinguitur nihil distinctum in natura corresponderet; esset itaque huiusmodi distinctio vana. Si autem concedatur quod aliquid respondet conceptui generico distinctum a conceptu specifico, sequitur propositum, silicet quod genus aliquid in natura / distinctum a spetie dicit.

f. 60v

Franciscus: Dicimus, terminando questionem, quoniam genus non dicit aliam ypostasim seu suppositum distinctum a spetie, sed tam speties quam genus unam dicunt naturam, quę, alia et alia ratione apprehensa ab intellectu, continet in se distinctas rationes correspondentes distinctis conceptibus intellectus.

Angelus: Resumunt argumentum, dicentes quod huiuscemodi rationes, cum sint in intellectu, non possunt in natura correspondere conceptibus intellectus.

Franciscus: Dicimus quod, quamvis in intellectu sint subiective, sunt tamen in re intellecta obiective. Nullo ergo pacto concedendum est genus aliam in natura dicere realem ypostasim a specie.

Angelus: Latet, ut fertur, in cauda virus. [12]

Franciscus: Omnia habent indigesta venenum; at quod omnibus durius est ferrum a cigno, ut narrant, digeritur. Nos autem eo potentiores sumus, quo sumus ingenio meliores; novi ego, Angele, ingenium tuum. Questio ipsa suapte natura plana est; quę, ita extorta, fortassis obscurior tibi quam sit videtur.

---

[12] Cf. Walther, *Proverbia*, 37388i.

Angelus: Nihil dubito si rem ad sumum non intelligam; usu[f] enim
f. 61r silvestri mansue/scunt leones.

Franciscus: Quotupliciter igitur genus dicatur, quid sit, aut quomodo circa ipsum dubitari contingat, ex superioribus satis est manifestum.

Angelus: Ita profecto, quando omnia sunt diligentissime elucu-
brata.

---

[f] usu *lect. dub.*; *fortasse* risu.

De spetie, et solutione quorundam dubiorum eius, capitulum duodecimum

Franciscus: Assignat Porphyrius speciei tres constare diffinitiones, secundum quod phylosophi, et maxime Perypathetici, intendunt.[1]

Dicitur ergo primo speties, quę est uniuscuiusque forma et pulcritudo, aut etiam elegantia; secundum quam intentionem spetiei apud vulgares dictum est quoniam species seu speciositas Priami digna est imperio.[2]

Angelus: Qua similitudine speties in civilibus accipitur?

Franciscus: Similitudine accepta ex forma naturali.

Angelus: Quid agit naturalis forma in rebus naturalibus?

Franciscus: Terminat materię turpitudinem ad pulcrum, bonum et divinum.

Angelus: Da exemplum.

Franciscus: Sicut turpitudo et confusio materię ex forma terminatur ad spetiem, quę pulcrum est, bonum et divinum, ex quo individuis illius spetiei dignitas aut indignitas attribuitur; dignitas quidem ut cum dicitur «homo est dignissima crea/turarum», indignitas vero cum dicitur «buffo est animal contemnendum».

f. 61*v*

Angelus: Qualis est convenientia generis et spetiei cum naturalibus rebus ad quorum similitudinem dicuntur apud phylosophos?

Franciscus: Quia genus est sicut materia in natura, speties ut forma.

---

[1] Dicitur igitur... per alterum diffiniri: cf. ALB. *Praedicab.* tr. 4, c. 1 (pp. 54b-56a).
[2] ALB. *Praedicab.* tr. 4, c. 1 (p. 55a); cf. PORPH. *Isag.* p. 8, 17-18 (*cum lect. var. in apparatu*).

Angelus: Quid materię cum forma?

Franciscus: Materia appetit formam, ut turpe bonum vel pulcrum.

Angelus: Quid tum?

Franciscus: Ad huius acceptionis similitudinem sumitur speties apud phylosophos, cum dicunt de specie assignantes diffinitionem quod «speties est quę est sub genere assignato».

Angelus: Da sensum huius diffinitionis.

Franciscus: Eo quod speties est quę secundum naturam est posita per differentiam constitutivam sub certo et determinato genere, quod, cum in se sit in potentia, ex ipsa differentia terminatur ad actum.

Angelus: Quę nam sunt speties quę sub genere ita terminantur, ad mentem Porphyrii?

Franciscus: Ut hominem solemus dicere spetiem animalis, cum animal positione ordinis sit genus hominis, album autem sive albedinem solemus dicere spetiem coloris, cum assignatum genus albedinis sit color; quo etiam modo dicimus triangulum esse figurę / speciem, cum triangulus sub figura ac sub certo suo genere sit.[3]

f. 62r

Angelus: Venit contra hanc spetiei diffinitionem una dubitatio, quod non convenienter diffiniatur. Quoniam assignantes nos superius unam generis diffinitionem, diximus «genus est quoi supponitur speties», nunc diffinientes spetiem dicimus eam esse quę sub genere est. Videtur enim esse circularis diffinitio, in qua idem est notius et ignotius se ipso.

Franciscus: Respondet ad tuam dubitationem Porphyrius hoc modo.[4] Nosse autem ad huius dubii solutionem oportet quoniam genus relativum est nomen. Genus, inquit, alicuius est genus, et speties similiter generis alicuius est speties. Ideo ea relativa, quorum unum per alterum diffinitur, utrunque ad alterum dependentiam habet. Ideo neccesse est in utrorumque relativorum diffinitionibus utriusque diffinitionibus uti. Nullum enim inconveniens est unum

---

[3] ALB. *Praedicab.* tr. 4, c. 1 (p. 55b); cf. PORPH. *Isag.* p. 8, 20-22.
[4] Nosse autem... diffinitio ponatur: cf. ALB. *Praedicab.* tr. 4, c. 1 (p. 56a); cf. PORPH. *Isag.* p. 9, 1-3.

relativorum poni in diffinitione alterius et econtrario, vel etiam idem in diffinitione sui ipsius, si loco nominis diffiniti diffinitio ponatur.

f. 62v *Angelus*: Cur in dif/finitione unius, alterius diffinitione uti oportet?

Franciscus: Quia esse relativorum est ad aliud se habere, ut Aristoteles in Predicamentis ait.[5] Ideo cum diffinitio dicat esse rei, non potest diffinite sciri nisi per aliud ad quod refertur. Sic ergo oportet utrunque per alterum diffiniri.

Angelus:[6] Adhuc ex hiis quę dicta sunt non intelligo – adverti enim diligenter – cur Priami species dicebatur imperio digna.

Franciscus: Eo quod ex elegantia formę notatur dispositio ad virtutes et ad perfectos fęlicitatis actus. Sunt enim virtutes ipse in decore et pulcritudine tanquam in signo, ut in urina sanitas, medicorum arbitratu. Quamobrem difformitas seu diversitas quę videtur in compositione partium corporis, ad animam et ipsius potentias resolvenda est, quod ait Commentator secundo De Anima.[7] Elegantissima vero dispositio corporis, qualis fuit Priami[a] figura, signat elegantissimam formam inclinantem ad actus elegantissimos virtutum. Sunt enim corpora ipsa animę gratia et misterio.

Angelus: Teneo diffinitionem primam.

Franciscus:[8] Dicitur secundo speties a Perypatheticis quę ponitur /
f. 63r sub genere, et de qua genus in eo quod quid sit predicatur.[9]

Angelus: Est ne huiuscę diffinitionis sensus aliquis occultus?

Franciscus: Est.

Angelus: Da primę particulę rationem, secundę deinde.

---

[a] Priami: prima *cod.*

---

[5] ARIST. *Cat.* 7 (6a. 36 - b. 14).
[6] Adhuc... secundo De Anima: cf. ALB. *Praedicab.* tr. 4, c. 1 (p. 55a).
[7] AVERR. *ap.* ALB. *Praedicab.* tr. 4, c. 1 (p. 55a); cf. AVERR. *Comm. Magn.* 2, 4-11, pp. 133-148.
[8] Dicitur... in quid predicatur: cf. ALB. *Praedicab.* tr. 4, c. 1 (p. 57a-b).
[9] Cf. PORPH. *Isag.* p. 9, 4-5.

9

Franciscus: Ut Albertus Magnus ait,[10] duo sunt de ratione spetiei ita considerate.

Angelus: Qua ratione hic consideratur?

Franciscus: Ut subiectum. Primum ergo est secundum quod genus spetiei principium est, ut in assignatione una diximus generis. Constituitur enim ex genere speties apud phylosophos, sicut in physicis species ducitur ex materię potentia ad esse determinatum. In politicis autem dicitur speties per elegantiam formę et staturę, et hac similitudinaria ratione primo dicitur in hac spetiei assignatione quoniam speties determinatione differentię constitutivę ordine decenti sub genere ponitur.

Alterum quod est de ratione spetiei sic consideratę est secundum ordinem spetiei ad genus quod ipsam spetiem constituit, et hoc modo genus est quod predicatur de spetie in eo quod quid. Oportet enim aut equa de equis predicari, ut predicatur de equo inhibile, aut maiora de minoribus, ut animal, quod est genus, de homine, qui est speties, predicatur. Minora vero, quod ait Porphyrius,[11] de maioribus predicari possunt / minime; non enim dicimus animal esse hominem, ut recte dicimus hominem esse animal.

f. 63v

Angelus: Potest ne genus de spetie in quale predicari?

Franciscus: Minime.

Angelus: Qua ratione?

Franciscus: Quoniam genus in eo omni in quo est, est quid et non quale.

Angelus: Non teneo.

Franciscus: Quia genus est[b] primum subiectum essentialibus differentiis terminatum et distinctum ad esse spetiei.

Angelus: Neque istuc intelligo.

Franciscus: Eo quod subiectum, quod substat rei in esse, non potest esse quale seu accidens, sed est quid seu substantia. Propterea

---

b principium *post* est *del. cod.*

---

10 Alb. *Praedicab.* tr. 4, c. 1 (p. 57a).
11 Oportet... esse animal: Porph. *Isag.* p. 13, 5-8.

interrogati nos «quid est homo?», non dicimus quoniam est risibilis, sed quoniam animal. Genus itaque de spetie hoc modo in quid predicatur.

Angelus: Habeo.

Franciscus: [12] Amplius autem, ut Porphyrius inquit,[13] sic quoque assignant spetiem in phylosophya: speties est quod de pluribus differentibus numero in eo quod quid sit predicatur.

Angelus: Qua ratione eiuscemodi diffinitio de spetie datur?

Franciscus: Secundum quod speties est predicatum. Superior vero data est de spetie ut est subiectum.

Angelus: Miror spetiei tot diffinitiones esse, cum una sit, quod ait Albertus,[14] sola spetiei diffinitio secundum substantiam et quiditatem data, quemadmodum unius unicum est esse et substantia et /

f. 64r quiditas.

Franciscus: Inconveniens non est eiusdem rei plures assignationes esse secundum diversas eius considerationes, quamvis, ut ais, una sit quiditativa.

Angelus: An ne aliquid in hac assignatione annotandum est?

Franciscus: Duo nunc tibi notanda erunt. Quoniam, ut Avicenna ait,[15] cum dicitur quod de pluribus differentibus numero predicatur, id intelligendum est cum precisione, ut adiciatur «differentibus numero solo».

Angelus: Qua ratione istud?

Franciscus: Ut fugiamus quę solet fieri de genere obiectionem, quoniam etiam genus de pluribus differentibus numero predicatur. Nam de pluribus differentibus numero solo dumtaxat haud predicatur, sed etiam differentibus spetie.

Angelus: Quod est aliud notandum?

---

[12] Amplius... quid sit predicatur: cf. ALB. *Praedicab*. tr. 4, c. 1 (p. 58a-b).
[13] PORPH. *Isag*. p. 9, 6-7.
[14] ALB. *Praedicab*. tr. 4, c. 1 (p. 58b).
[15] AVIC. *ap*. ALB. *Praedicab*. tr. 4, c. 1 (p. 58b); AVIC. *Log*. f. 7v.

Franciscus: Ut cognoscas differentiam assignationis spetiei, secundum hanc et superiorem considerationem.

Angelus: Quę differentia est?

Franciscus: Quoniam huiusmodi assignatio spetiei est spetialissimę, alię vero duę spetiei diffinitiones comunicant cum spetiebus non spetialissimis.

Angelus: Multa sunt mihi ignota, Francisce, quę ad spetiei rationem spectant.

Franciscus: Quę de propinquo ad spetiem spectant, hęc sunt quę
f. 64v diximus. Cętera maiorem pocius de spetie faciunt no/ticiam, quam quid spetiei notificent.

Angelus: Tibi credo. Ea tamen ignorare turpe est, quę in buccam disputantium sępe veniunt;[16] at scire pro animi gloria pulcherrimum.

Franciscus: Si id in cęteris turpe esse censes, in nobis quid?

Angelus: Turpissimum.

Franciscus: Tu igitur, qui et recte iudicas et alia scis omnia, tuas dic dubitationes, ne sit aliquid quod non videaris scire.

Angelus:[17] Prima itaque de spetie dubitatio est, cum speties dividatur in specialissimam et subalternam, ad quam istarum nomen spetiei primo sit translatum. Secunda, eo quod spetiei cum sint plures diffinitiones, secundum quam species est et universale et predicabile. Tertia dubitatio, qua ratione intelligatur quod ait Porphyrius,[18] quod participatione spetiei plures homines sint unus homo. Quarta est dubitatio, quia, cum genus diffinitum sit per spetiem, et item speties per genus, an diffinitio circularis sit conveniens ad generandum verum scientię habitum.

Franciscus: Ad dubitationes propositas, Angele, dicam quam brevissime.

---

[16] Cf. OTTO, *Sprichwörter*, p. 59.
[17] Prima itaque... et universale et predicabile: cf. ALB. *Praedicab*. tr. 4, c. 2 (p. 59a).
[18] PORPH. *Isag*. p. 12, 18-19.

Angelus: Hoc cari pendo; prolixa hodie fastidiunt!

f. 65r *Franciscus*:[19] Dico ergo / ad primam dubitationem quoniam, ut in capitulo de genere dictum est, quecunque transferuntur, fit hoc secundum aliquam similitudinem. Speties vero spetialissima maiorem habet similitudinem cum spetie in civilibus quam speties subalterna; hęc enim aliquid ipsius potentialitatis generis continet, cum non sit tota deducta ad spetiei dignitatem. At speties spetialissima sụę naturę continet plenam speciositatem, cum perfectam habeat potentię generis formationem; unde ita est speties, quod non potest esse genus, cum non excludat omnino genus. Igitur in ea adhuc est et confusio et indistinctio generis, et potentia ad specificationem per alteram differentiam; itaque non habet sụę naturę plenam speciositatem. Ad similitudinem ergo spetiei spetialissimę dicta est speties a Perypatheticis.

Angelus: Speties spetialissima est ne una an plures?

Franciscus: Quid hoc dicis?

Angelus: Quia videtur quod sit una.

Franciscus: Unde tibi hoc?

Angelus: Ex Phylosopho in Thopicis, qui ait: «Quod per superhabundantiam dicitur, uni soli convenit».[20]

Franciscus: Dicimus quod in omni coordinatione predicamentali est speties spetialissima et genus generalissimum.

Angelus: Quid ad maximam thopicam?

f. 65v *Franciscus*: Dicimus quod illud quod per superhabun/dantiam simpliciter dicitur, uni soli convenit, ut simplicissimum et optimum esse uni Deo solum convenit, cętera omnia optima sunt participatione. Quod vero dicitur per superhabundantiam in genere, non uni soli sed pluribus convenit, secundum quod in uno quoque genere est invenire unum primum, quod est mensura et metrum omnium illorum quę sunt illius generis.

---

[19] Dico ergo... a Perypatheticis: cf. ALB. *Praedicab.* tr. 4, c. 2 (p. 59b).
[20] ARIST. *Top.* 7, 1 (152a. 5-30).

Angelus: Quid nunc ad dubitationem secundam?

Franciscus: Facilis est responsio. Quoniam, ut iam in superioribus diximus, tota ratio predicabilis consistit in respectu et habitudine ad subicibile. Speties igitur, secundum duas primas diffinitiones, notificatur ut subicibile sive subiectum; tertia vero ut est universale predicabile.

Angelus: Circa hoc dubito.

Franciscus: Quamobrem?

Angelus: Eo quod speties, ut tertio diffinitur, predicatur solum de individuis, horum autem non est neque scientia neque disciplina.

Franciscus: Quare?

Angelus: Quia descendentem a genere generalissimo ad spetiem spetialissimam usque iubet Plato quiescere.[21] Infinita enim, inquit, relinquenda sunt ab arte, cum horum individuorum non possit fieri disciplina. Non igitur videtur quod speties, tertio modo accepta, f. 66r sit universale, / cum quinque universalia valeant ad doctrinam predicamentorum habendam.

Franciscus: Dicunt dyaletici quod individuum considerari dupliciter potest: uno modo ut fluxum naturę comunis terminat, et hoc modo, cum sit per se subiectum spetiei, sub arte cadit. Secundo consideratur quo ad eius naturam, qua motui et mutationi subicitur; sunt enim individua hęc generabilia et corruptibilia, ut sensu comprehendimus; et ita non cadunt sub arte, cum sint infinita. Materia enim per potentiam naturę divisibilis est in infinitum; infinitum autem hac ratione ignotum est, quod probat in Physicis Aristoteles.[22]

Angelus: Quid est individuum?

Franciscus: Individuum autem est, ut Porphyrius inquit,[23] quod de uno solo predicatur, ut «Socrates» et «hoc album» et «Sophronici filius», si solus sit ei Socrates filius.

---

[21] PL. *ap.* PORPH. *Isag.* p. 12, 9-13 *cum nota.*
[22] Cf. ARIST. *Phys. 3*, 6 (206a. 14 - 207a. 32).
[23] PORPH. *Isag.* p. 13, 21-23.

Angelus: Qua ratione individuum predicatur, cum a prima substantia nulla sit predicatio, ut in Postpredicamentis dicitur,[24] cum multa etiam de uno solo predicantur,[c] ut sol et luna, et tamen individua non sunt?

Franciscus: Dicimus quod a prima substantia nulla est predicatio
f. 66*v* formalis et ordinata secun/dum ordinem aliquenvis[d] predicabilis positi a Porphyrio; potest tamen fieri predicatio ydemptica, in qua idem de se ipso predicatur. Luna etiam sive sol, et similes speties rerum cuius singularia sunt incorruptibilia, licet secundum se et actualiter de uno solo predicentur, tamen, quantum est ex parte formę, quodlibet[e] eorum aptum natum est predicari de pluribus.

Angelus: Quotuplex est individuum?

Franciscus: Triplex: vagum silicet, determinatum et ex suppositione.

Angelus: Quid est horum quodlibet?

Franciscus: Vagum est, cuius natura contracta est ad suppositum indeterminatum, ut «aliquis bos», «aliquis homo».

Angelus: Cur appellatur vagum?

Franciscus: Non quia in natura sit aliquid tale, cum sit unum ens in numero; sed est hoc ex parte nostri intellectus vagantis ex indeterminatione ad hoc aut illud suppositum.

Individuum vero determinatum dividitur: quoddam est nomine proprio determinatum, ut «Socrates» et «Plato»; aliud determinatur signo demostrativo, ut cum sumitur in propositione terminus comunis cum pronomine, ut «iste homo»; aliud determinatur circumloquutione, ut «homo longus naso».

f. 67*r*   Sed individuum ex suppositione dicitur quod quantum / ad

---

[c] predicantur: predicatur *cod.*
[d] aliquenvis *lect. dub.*
[e] quodlibet: quolibet *cod.*

---

[24] ARIST. *Cat.* 5 (3a. 36).

rem dictum est individuum, sed quantum ad modum dicendi comune est, quod nihilhominus ex quadam suppositione sibi adiecta
redditur singulare, ut «Sophronici filius»: ly «filius» adhuc ex modo dicendi est aliquid comune, quod fit determinatum cum post
additur «si Socrates sit ei solus filius».

Angelus: Omnia intelligam, si dicas cur Plato precipiat a generalissimis ad spetialissima venientem quiescere.

Franciscus:[25] Huius quesiti causa est quoniam a generalissimis descendentem oportet ire et descendere per media; ab extremo enim
ad extremum non venitur nisi per medium. Sic autem descendere
non potest nisi dividendo medium specificis differentiis, ad quarum numerum spetierum numerus multiplicatur. Individua autem
non possunt dividi certa et terminata divisione, cum infinita sint;
ideo eorum non potest fieri neque disciplina neque scientia, nec
aliqua arte determinabilia sunt. Cuius gratia in spetialissimis, cum
ad eas perventum est, quiescere oportet.

Angelus: Novi peroptime secundum quam acceptionem speties sit
predicabile, et quid aut quotuplex individuum, aut ab arte qua ratione excludatur.

Franciscus: Tertia dubitatio a Porphyrio ita explicatur: participatione enim spetiei plures homines sunt unus homo.[26] /

f. 67v *Angelus*: Da sensum orationis huius.

Franciscus: Sensus est quod plures homines sunt unus homo, non
quidem sic quod ille, qui est unus homo per materiam indivisam in
numero, sit plures homines divisi per materiam suam et sua supposita, sed quia participatione unius, quod a multis participatur, secundum quod ipsum in natura et essentia est unum, in eo plures
uniuntur, et sunt in eo unum secundum hunc modum.

Angelus: Da exemplum.

Franciscus: Ut si dicatur quod Socrates et Plato, et alii singulares
homines, unum sunt in homine, secundum quod «homo» dicit na-

---

[25] Huius quesiti... quiescere oportet: cf. ALB. *Praedicab.* tr. 4, c. 5 (p. 71a).
[26] PORPH. *Isag.* p. 12, 18-19.

turam spetiei predicatẹ de ipsis; particularibus autem per naturam hominibus unus homo comunis, qui est una natura et forma comunis omnium, efficitur plures homines secundum esse singulare, indivisus manens secundum naturam comunem et formam et secundum esse universalis.

Angelus: Videris mihi, Francisce, ita eam orationem intelligere, quoniam, cum dicitur «plures homines sunt unus homo», quod ly «unus» non accipiatur numeraliter sed specifice, videlicet pro unitate essentiali naturẹ specificẹ, in qua, ut exposuisti, unus homo sunt plures homines.

Franciscus: Sensum habes.

Angelus: Hẹc expositio mihi non videtur conveniens.

Franciscus: Qua propter?

f. 68r *Angelus*: Quoniam, ut Phylosophus in Ethicis / ait,[27] incontinens per se stat pro incontinente primo in venereis, et secundo pro incontinente in ira. Preterea etiam dicit consequentiam istam non valere, quando ita arguitur, «Cesar est in opinione, ergo Cesar est», cum in antecedente capiatur «esse» pro esse in anima, in consequente vero capiatur «esse» simpliciter, videlicet pro esse extra animam. Videtur ergo ex hiis quod terminus in propositione positus, nisi fuerit artatus, stet pro suo principaliori significato. Numerus autem simpliciter dicitur de uno numero, cum illud quod est unum numero sit simpliciter et maxime unum. Non igitur videtur verum quod plures homines sint unus homo; essent enim unus homo numero, et ita plures homines numero non essent plures homines numero, quod contradictionem implicat.

Franciscus: Iecisti in me, Angele, telum sophysticum; quod ita arcendum est. Nam unitas est duplex: quedam materialis et numeralis, causata ex divisione materiẹ; et hac unitate non dicitur quod plures homines sint unus. Alia est unitas essentialis et specifica,
f. 68v quẹ est comunis forma / et natura seu essentia multorum individuorum; et hac unitate dicimus plures homines,[f] numeraliter dicti,

---

[f] unum esse. Alia est unitas essentialis et specifica *post* homines *del. cod.*

---

[27] ARIST. *EN.* 7, 6 (1147b. 20 - 1148a. 22).

esse hominem unum, quia omnes conveniunt in hoc comuni, quod est homo.

Angelus: Hoc quod ais bonum est. At quid ad auctoritates Aristotelis?

Franciscus: Dicimus quod termini in propositione stare pro aliquo dupliciter potest esse, aut quidem virtute sermonis aut virtute intellectus. «Unus» ergo in ea oratione, et si stet pro uno seu unitate numerali, tamen virtute intellectus stat pro uno seu unitate specifica, qua ratione, ut iam diximus, dicta intelligitur auctoritas.

Angelus: Etiam arguo contra istud. Quoniam, sicut ait Aristoteles,[28] sicut se habent plures homines ad spetiem hominis, ita se habent ysocheles et ysopleurus ad triangulum, cum triangulus sit eorum speties. Sed ysocheles et ysopleurus non sunt unus triangulus sed una figura, ut ipse probat quinto Methaphysice.[29] Ergo plures homines non sunt unus participatione spetiei.

Franciscus: Dicimus quod ysocheles et ysopleurus non sint simpliciter unus triangulus, quemadmodum etiam nec plures homines, ut f. 69r diximus, sunt unus homo simpliciter. / Sed bene sunt unus triangulus in essentia trianguli, sicut Socrates et Plato sunt unus homo in essentia hominis.

Angelus: Est ne bona argumentatio, si ita arguatur: «participatione spetiei plures homines sunt unus homo, ergo plures homines sunt unus homo»?

Franciscus: Minime.

Angelus: Quare?

Franciscus: Eo quod in tali argumento fallacia secundum quid ad simpliciter comittitur.

Angelus: Da exemplum.

Franciscus: Ut si dicam «Angelus est potentia papa, ergo est papa» – utinam valeret ista consequentia! – vel sic: «Cesar est in memo-

---

[28] Cf. ARIST. *Metaph.* 5, 6 (1016a. 24-32).
[29] ARIST. *Metaph.* 5, 6 (1016a. 30-32).

ria hominum, ergo Cesar est». Huiusmodi omnes argumentationes non concludunt. Sic itaque ratione illius dicti, «participatione spetiei», ly «unus» non accipitur simpliciter sed determinate, eo modo quo dictum est.

Angelus: Satisfecisti ut volebam. Unum verbum facias ad extremam questionem, et te statim dimitto.

Franciscus: Queris tandem an circularis diffinitio sit conveniens, propterea quia genus per spetiem et item spetiem per genus diffinivimus.

f. 69v   Respondent moderni dyaletici quod in terminis absolutis haud est conveniens circularis dif/finitio, sed bene in terminis respectivis. Genus autem et speties,[g] ut diximus, correlativa sunt; ideo unum per aliud diffiniri potest.

Verum contra hanc eorum responsionem ita arguere soleo. Nam in circulari diffinitione idem ostenditur per idem, in quibuscunque terminis. Sed quando hoc fit, causatur fallacia petitionis principii, quod ait Aristoteles primo Elenchorum.[30] Ergo nullibi videtur conveniens diffinitio circularis.

Angelus: Quid ergo ais ad questionem?

Franciscus: Dico, secundum quod in primo Posteriorum Aristoteles ait,[31] quod, eo quia apud diversos idem contingit magis et minus esse notum, ideo idem per idem diffiniri potest, quia semper quod loco diffinitionis ponitur est nocius diffinito.

Angelus: Quid dicis ad tuum argumentum?

Franciscus: Dicimus, cum Aristotele, non esse inconveniens in eodem sillogismo esse locum dyaleticum et sophysticum diversa ratione.

Angelus: Da exemplum.

Franciscus: Ut, si voluero probare hominem currere, assumam hanc

---

[g] et speties *om. cod.*

---

[30] Cf. Arist. *SE.* 5 (167a. 36-39), *al.*
[31] Cf. Arist. *APo.* 1, 3 (72b. 25-32).

primo: «animal rationale mortale currit, igitur homo currit». Hic enim est locus dyaleticus a diffinitione arguendo ad diffinitum, et

f. 70r locus sophysticus secundum fallaciam petitionis principii, / cum assumatur quod rogatum fuit.

Angelus: Tu ergo concedis diffinitionem circularem an ne?

Franciscus: Ita, mutando genus diffinitionis.

Angelus: Quomodo in diffiniendo comutatur genus diffinitionis?

Franciscus: Cum diffinitio quia in propter quid mutatur, aut econverso.

Angelus: Da exemplum.

Franciscus: Ut si, ad interrogationem factam per quid est homo, respondeamus quoniam est animal rationale mortale. Huiuscemodi diffinitio a priori est; «animal» enim prius est quam «homo»; similiter et «rationale», secundum Stoycos.

At si interrogati simus iterum quid animal sit rationale mortale, respondentes dixerimus quod est homo, ista diffinitio a posteriori est, hoc est a nocioribus nobis. Nociora enim nobis posteriora sunt secundum naturam, ut in principio Physicorum ait Phylosophus.[32] «Homo» enim est quid nocius nobis «animali» et «rationale», hęc seorsum accepta; continet enim homo utrunque.

Sic ergo, permutando diffinitionis genus, diffinitio circularis est possibilis, in eodem autem genere diffinitionis minime. Nihil enim nocius est et ignotius respectu eiusdem et apud eundem. /

f. 70v *Angelus*: Habeo gratias tibi, Francisce, cum ex hiis questionibus modicum scientię haud fuerim consequutus.

Franciscus: Quicquid in me est, dicatum esse scias dignitati tuę.

Angelus: Iam de te tuaque ingenti amicitia feci periculum; scio quanti sis apud me.

Franciscus: Gaudeo, mi Angele, si in re ulla placui tibi. Te tamen, pro mea erga te karitate et benivolentia, te hortor semperque co-

---

[32] Arist. *Phys.* 1, 1 (184a. 16-21).

hortabor, ne eiuscemodi studia, te profecto digna, aliquando negligas.

Angelus: Quin ea sequar plus solito.

Franciscus: Hoc facies egregius nihil.

Angelus: Non est ad hanc rem persuasione opus; tu alia sequere.

Franciscus: Quid igitur speties sit, aut quotupliciter diffiniatur, et secundum quam acceptionem capiatur in proposito, et quomodo circa eam logici dubitant, hiis paucis explicavimus.

De differentia et eius divisione, diffinitione et dubitationibus, et ea-rum solutionibus, capitulum tertium decimum

Franciscus:[1] Nos iam tertio hoc loco differentię naturam investiga-re oportet, eo ordine quo Perypathetici de ea primo loquuti sunt. Quę et si suapte natura speciem antecedat, generis tamen et spe-
f. 71r tiei correlativa amicitia obstitit ut eam / post speciem locaremus, tertium sibi locum inter predicabilia deputantes.

Differentia ergo, ut etiam de genere diximus, huiuscę naturę est, quod multipliciter dicitur, quoniam quedam comunis, alia pro-pria, tertia magis propria appellatur, ut Porphyrius inquit.[2] Non est autem ad mentem nostram ut secundum omnes illius tum divi-siones tum etiam assignationes de hac sermonem habeamus; sed ad eam solum ex suis omnibus acceptionibus studium converto, unde sibi ratio predicabilis convenire videtur. Hoc autem a nobis per-fecte cognosci nequit, nisi differentię multiplicitas precognoscatur, quod etiam de genere dictum est.

De hoc ergo tertio predicabili disputantes, quod multipliciter dicitur secundum prius et posterius, id ante omnia annotandum est, quod non ea ratione differentia multipliciter dicitur, qua et genus et speties dicuntur. Quoniam, ut Albertus Magnus ait ex in-tentione Avicennę,[3] modi generis et spetiei erant in politicis prius in usu, a quibus hęc nomina ad usum phylosophyę assumpta sunt. Sed in differentia econverso actum est. Nam nomen differentię, si-
f. 71v ve modi eius, in phylosophorum usu prius / fuerant, et deinde translati sunt ad usum comuniter loquentium. Hęc enim est causa vera quod multipliciter differentię nomen dicitur.

---

[1] Nos iam tertio... qui pauci admodum sunt: cf. ALB. *Praedicab*. tr. 5, c. 1 (pp. 80a-81b).
[2] Cf. PORPH. *Isag*. p. 14, 15-16.
[3] ALB. *Praedicab*. tr. 5, c. 1 (p. 80a); AVIC. *Log*. f. 8r.

Angelus: Quid est ergo differentia comunis, propria, aut magis propria?

Franciscus:[4] Comunis differentia dicitur, qua unum ab altero alteritate quadam cuiuscunque apprehensibilis accidentis seu quovis modo a se vel ab alio differt, secundum etiam omnia genera formarum accidentium, quemadmodum Socrates sedens differt a se stante, et Socrates a Platone alteritate quadam accidentium sensibilium differt, quoniam, ut Apuleius inquit,[5] Plato latus facie fuit, Socrates autem non. Ut etiam dicimus quod Socrates iam vir vel senex a se ipso differt puero accidentibus iuventutis et senectutis, et ita in ceteris accidentibus unum ab alio vel idem a se ipso differt secundum accidentalia cuiuslibet generis, sive cito separabilia sint sive non.

Angelus: Quare ea quę ita differunt, comuni differentia differre dicuntur?

Franciscus: Ideo comunis differentia dicitur, non quia sit comunis rebus quas differre facit; si enim ita esset, comuni differentia aliqua dicerentur convenire pocius quam differre. / Sed dicitur comunis differentia quia a comuniter loquentibus ita est in usu. Nam vulgus, assignando differentias rerum, solum illa considerat, quę primo sensui obiciuntur; hac ergo ratione dicitur comunis, eo quod reperitur in usu comuniter loquentium.

 Sed propria differentia ea est, qua alterum ab altero differt accidente inseparabili,[a] ut simitas aut cecitas differentię sunt proprię.[6]

Angelus: Cur eiuscemodi differentię proprię dicuntur?

Franciscus: Quia eis in quibus sunt per causam naturalem sunt appropriate, cum talia differant accidente inseparabili.[b]

[a] inseparabili: inseparali *cod.*
[b] inseparabili: inseparali *cod.*

[4] Comunis... loquentium: cf. Alb. *Praedicab.* tr. 5, c. 1 (p. 80a-b); Comunis... sive non: cf. Porph. *Isag.* p. 14, 16-20.
[5] Apul. *ap.* Alb. *Praedicab.* tr. 5, c. 1 (p. 80b); cf. Apul. *Plat.* 1, p. 87 Moreschini.
[6] Cf. Porph. *Isag.* p. 14, 20-23.

f. 72r

Angelus: Quod est accidens separabile aut inseparabile?

Franciscus: Vocamus accidens separabile quod non habet causam in essentialibus sui subiecti permanentem. Sed accidens inseparabile habet causam stantem in subiecto in quo est, quemadmodum est nasi curvitas in simo, vel cicatrix aliqua indurata et inseparabilis; hęc enim ita in subiecto, ut sine maxima subiecti mutatione ab eo separari haud possint; non igitur dicuntur inseparabilia simpliciter, sed quia cum difficultate separari possunt.

f. 72v   Differentia autem magis propria est, qua alterum differt ab altero specifica et universali et substantiali differentia, / ut rationale, qua homo a bruto spetie differt, cum rationale sit qualitas essentialis hominis.[7]

Angelus: Da sufficientiam horum modorum differentię.

Franciscus: Quoniam omnis differentia facit differre; ab hoc enim actu, qui est facere differre, nomen differentię sumptum est. Aut ergo facit differre accidentaliter aut substantialiter. Si quidem primum, hoc est dupliciter: aut accidente separabili, et sic est differentia comunis, aut inseparabili, et sic est differentia propria. Si autem faciat differre essentialiter, sic est differentia magis propria.

Angelus: Hęc differentię divisio est ne univoci aut analogi in analogata?

Franciscus: Est analogi in analogata; datur enim per analogiam ad hunc actum, qui est facere differre. Quo ergo aliquid magis facit differre, verius dicitur differentia.

Angelus: De qua differentia dicitur aut per prius aut per posterius differentię nomen?

Franciscus: Dicimus quod duplex est ordo, silicet naturę et cognitionis.

    Simpliciter ergo et ordine naturę de illa prius dicitur, quę differre magis facit; hęc autem est differentia magis propria. De hac itaque primo dicitur, secundo de propria, et tandem de comuni.

    Quo ad nos autem, seu ordine cognitionis, contrarium accidit;

---

[7] Cf. PORPH. *Isag.* pp. 14, 24 - 15, 2.

sic enim per prius dicitur de differentia comuni, deinde de ceteris
per ordinem. / Nam comunia prima facie sese nostre notitie obiciunt; differentie vero magis proprie non se offerunt nisi sensatis
et ratione utentibus, qui pauci admodum sunt.

f. 73r

Angelus:[8] Sunt ne ipsius differentie divisiones alie?

Franciscus: Adhuc tres.

Angelus: Que sunt?

Franciscus: Prima est, quoniam differentiarum quedam sunt separabiles, inseparabiles alie. Secunda divisio eius est differentiarum in-
separabilium: quedam sunt per se, quedam vero per accidens. Tertia differentie divisio est, quoniam quedam suscipiunt magis et minus, quedam vero non.

Angelus: Que sunt differentie separabiles aut inseparabiles?

Franciscus:[9] Separabiles dicuntur, eo quod a subiectis que ipsis differunt faciliter separantur, ut sunt hee differentie, moveri et quiescere, que cito separabiles sunt; aut etiam sanum vel non sanum,
ut egrum esse seu egrotatio, que, quamvis non cito separentur, accidentia tamen separabilia sunt, cum non habeant causam stantem
et permanentem. Separabiles ergo differentie sunt, quecunque per
aliquam causam subiectum derelinquunt, facile aut non facile.

Inseparabiles vero sunt, que non faciliter a suis subiectis separari possunt, / ut simum esse vel aquilum, aut rationale vel inratio-
nale, cum eiuscemodi differentie habeant causam in essentialibus
subiecti aut in complexione et constitutione eius; causa enim stante, que per se causa est, stabit effectus. Causa autem aut omnino
inseparabilis est, ut rationale vel irrationale, que sunt actus et forme determinantes et perficientes generis potentiam ratione, cuius
officii habent inseparabilitatis causam, aut non est separabilis sine
grandi permutatione, ut simum et aquilum, que differentie causam
habent constitutionis subiecti, cum sint de nasi compositione.

f. 73v

Angelus: Que sunt differentie per se, et que per accidens?

---

[8] Sunt ne... facultas contendit (p. 143): cf. ALB. *Praedicab.* tr. 5, c. 2 (pp. 84a-87b).
[9] Separabiles... alteratum, ut simum vel aquilum: cf. PORPH. *Isag.* pp. 15, 17 - 16, 4.

10

Franciscus: Differentię per se sunt quę sunt de diffinitione substantiali illius cuius sunt differentię, et semper faciunt aliud seu diversitatem in essentia. Inde est quod Pater in divinis nullo modo potest dici aliud a Filio, quamvis possit dici alius.

At differentie per accidens dicuntur, quę non constituunt rei essentiam seu diffinitionem, sed solum faciunt alteratum, ut simum vel aquilum.

Angelus: Est ne ista predicatio per se, cum dico «homo est risibilis»?

f. 74r *Franciscus*: Secundum quod «per se» ab Aristotele / capitur Posteriorum primo,[10] per se est; non autem ut «per se» accipitur in proposito.

Angelus: Qua ratione hic et ibi accipitur?

Franciscus: In primo Posteriorum accipitur large et comuniter, videlicet pro eo quod non solum est substantiale et de constitutione diffinitionis, quemadmodum sunt genus et differentia, quę sunt constitutiva diffinitionis, sed pro omni eo quod consequitur substantiam sive subiectum. Rationale enim esse et mortale et disciplinabile per se sunt differentię hominis; aquilum autem esse vel simum aut risibile, cum insint homini per accidens, sunt accidentales differentię, licet sint per se, eo modo quo in primo Posteriorum accipitur, ut diximus.

Angelus: Quę sunt differentię suscipientes aut non suscipientes magis et minus?

Franciscus: Differentię quę dicuntur «per se» non suscipiunt magis et minus, cum non intendantur et remittantur. Cuius causa est, quoniam similes differentie sumuntur a formis substantialibus, quę simplices sunt, non permiscibiles suis contrariis, neque de contrario habent aliquid eis permixtum, cum semper sint in termino. Intensio autem fit secundum accessum ad vere naturę terminum seu
f. 74v ad veram no/minis impositionem, secundum maiorem vel minorem sui contrarii permixtionem, quod ait Aristoteles.[11] Inde consequens

---

[10] ARIST. *ap.* ALB. *Praedicab.* tr. 5, c. 2 (p. 85a); cf. ARIST. *APo.* 1, 4 (73a. 34 - b. 24).
[11] ARIST. *ap.* ALB. *Praedicab.* tr. 5, c. 2 (p. 85b).

est quod «rudibile» inpermiscibile est suę oppositę differentię, silicet «rationali», quia formę a quibus sumuntur heę differentię, «humanitas» et «asinitas», sunt inpermiscibiles, cum sint semper in
termino.

Sed alię sunt differentie inseparabiles per accidens, et heę sunt
intensionem et remissionem suscipientes, cum sumantur a forma
accidentali aut ab habitudine accidentali subiectorum quę intendi
et remitti possunt. Quapropter quanto quis magis admirativus est,
tanto est risibilior, et quanto nasus in medo est depressus, magis
eo est simior, et minus curvus, minus est simus.

Angelus: Non intelligo qua ratione eiuscemodi formę moveantur ad
magis et minus susceptionem.

Franciscus: Moventur non quia in eis sit motus, sed quia consequuntur quosdam motus suorum subiectorum, ut motus nasi aut
consequitur simum esse aut aquilum. Itaque ex motu qui ex subiecto est heę differentię suscipiunt magis et minus, et non ex se
ipsis.

f. 75r *Angelus*: Exoriuntur mihi contra hanc divisionem / differentię ulti-
mam aliquę obiectiones.

Franciscus: Tibi datur nunc licentia fandi. Sed cave ne errores sint,
pocius quam rationabiles obiectiones!

Angelus: Sive rationes sive errores dixero, tua est errores vitare et
rationes solvere.

Franciscus: Quam plures dyaletici ne dum eorum rationes solvi si-
nunt, sed querunt, fingunt, inveniunt, dato operam eum qui respondet precipitem in errores dare et eo ducere unde non sit sibi
sine ope facilis exitus.

Angelus: Removit a me naturę bonitas hoc contentionis genus; nihil itaque me dicturumᶜ putes nisi discendi causa.

Franciscus: Non ideo id dixi, Angele, ut de tua probitate minus

---

ᶜ dicturum: dictum *cod.*

confidam – novi modestiam tuam –, sed ut cognosceres quid dyaletici pene omnes nostra tempestate faciant.

Angelus: Eorum scola, si ut ais agunt, apud me explosa est; neque
is sum qui superbos animo aut inanis glorię venatores sequar.

Franciscus: Istuc est sapere![12] Affer igitur tuas contrarias rationes
mihi.

Angelus: Heę sunt. Videtur enim quod differentię substantiales su-
f. 75v scipiant magis et minus, eo / quod in Ethicis quidam vocantur homines pecudales seu brutales, et quidam, longius ab usu rationis
remoti, vocantur homines arborei; alii vero, rationis usui proximi,
vocantur heroici seu divini.[13] Igitur videtur quod differentia substantialis magis et minus suscipiat. Adhuc, unus homo videtur alio
racionalior; animal etiam est animantius planta.

Quod etiam ais differentias accidentales suscipere magis et minus, non videtur esse verum, quoniam ea quę aliquod comune ex
equo participant, id etiam equaliter participant quod consequitur
tale comune. Modo videmus omnes homines esse equaliter[d] homines; erunt igitur omnes etiam risibiles, non secundum magis et minus, sed equaliter; «risibile» enim hominem consequitur ut propria
passio suum subiectum.

Non ergo videntur vera esse quę ais, tam de differentia essentiali quam accidentali.

Franciscus: Sunt tuę rationes optime, quamvis ad eas sit facile dicere.

Itaque ad primas, quę de differentia substantiali concludunt,
ita dicimus, quod unus non dicitur alio rationalior essentialiter,
sed secundum actus et operationes, quia silicet unus aptior est et
f. 76r dispositus magis ad ratiocinandum quam sit alius. / Et ita animal
dicitur esse planta animantius, non quia anima magis aut minus suscipiat, cum sit substantia simplex, sed eo quod animali, secundum

---

d equaliter: qualiter *cod.*

---

12 Ter. *Ad.* 386.
13 Cf. Alb. *Praedicab.* tr. 5, c. 2 (p. 86a); Arist. *EN.* 7, 1 (1145a. 15-33).

animam, aliquę insunt operationes quibus planta caret, quę sua natura paucis est contenta operationibus.

Ad id autem quod de accidentali forma dictum est, ita respondemus, quod quantum est ex parte illius comunis, omnia quę equaliter participant comune, essentialiter participant illa quę illud comune consequuntur. Sed plerunque ex parte subiectorum participantium huiusmodi comune exoritur intensio aut remissio secundum habitudines diversas talis subiecti, ut paulo ante diximus et dicemus, si indulgentia nobis celitus venerit, in Predicamentorum libro.

Angelus: Hui! Expeditę sunt meę rationes tam cito?

Franciscus: Quo sunt res breviores, degustantibus eo sapidiores videri solent. Aiunt etiam gaudere brevitate eruditos.

Angelus: Gemmarum usus istuc, Francisce, probat. At tu permodice nimis!

Franciscus:ᵉ In hac re, Angele, non licet nobis diu inmorari; maiora sunt ad quę tua facultas contendit.

f. 76v   Differentię ergo / omni divisione explicata, venio tandem ad eius diffinitionem.[14] Sunt autem diffinitiones differentię quamplures; sed nos eam, cęteris ommissis, prosequemur, quę est ipsius differentię ut universalis et predicabilis,ᶠ et secundum quod de ea intendunt phylosophi qui Perypathetici dicuntur.

Angelus: Considerata ergo differentia hoc modo, quomodo diffinitur?

Franciscus: Quod differentia est universale quod essentialiter de pluribus spetie differentibus in eo quod quale est predicatur.

Angelus: Da sensum diffinitionis huius.

Franciscus: Hic est, ex mente Alberti Magni et Avicenne:[15] in hac

---

ᵉ Franciscus *om. cod.*
ᶠ universalis et predicabilis: universale et predicabile *cod.*

---

[14] Sunt autem... de suis spetiebus: cf. ALB. *Praedicab.* tr. 5, c. 5 (pp. 97b-98a).
[15] ALB. *Praedicab.* tr. 5, c. 5 (p. 97b), *et* AVIC. *ibid. cit.*; cf. AVIC. *Log.* f. 8v.

diffinitione universale ponitur ut genus, cum quodlibet istorum quinque universalium sit universale et ea continet, ut genus.

Angelus: Cur hoc antiquiores phylosophi non fecerunt?

Franciscus: Eo quod, cum ponerent quod de pluribus predicatur, dixerunt intelligi per hoc genus universale, cum nihil de pluribus predicetur nisi universale. Diximus enim in superioribus universale esse unum in multis et de multis.

Angelus: Quare ponitur essentialiter?

Franciscus: Ad exclusionem accidentis, quod ait Avicenna,[16] quod f. 77r in quale accidentale predicatur, cum non sit essentiale / predicatum. Differentia autem per se actu et intellectu in subiecto est.

Angelus: Quare dicitur de pluribus differentibus spetie?

Franciscus: Ad illius speciei exclusionem quę non predicatur nisi de pluribus differentibus numero, cum non comparetur eius comunitas nisi ad individua. Primus autem respectus differentię, ut universale est, non est ad individua sed ad speties.

Angelus: Cur additur tandem «quod in quale predicatur»?

Franciscus: Ad differentiam generis et spetiei, quę predicantur in quid, tum etiam ad specificandum proprium modum predicationis differentię de suis spetiebus.

Angelus: Est ergo bona hęc differentię diffinitio?

Franciscus: Profecto.

Angelus: Veniunt in mentem rationes contrarie, si iam dicta tentare licet.[17]

Franciscus: Tentant orifices argentum, ut purius sit. Omnia sic tentare licet, ut omnium veritas dubitantibus luceat.

Angelus: Ait enim primo Aristoteles in septimo suę Methaphysi-

---

16 Avic. *ap.* Alb. *Praedicab.* tr. 5, c. 5 (p. 97b); cf. Avic. *Log.* f. 9r.
17 Veniunt... in ratione universalis consideratur: cf. Alb. *Praedicab.* tr. 5, c. 6 (pp. 100b-103a).

ce[18] quod ultima differentia constitutiva spetiei convertibilis est,
cum non contingat eam predicari nisi de spetie quam constituit;
f. 77v non ergo videtur esse verum quod differentia de / differentibus
spetie possit predicari.

Hoc idem sentit in libro Divisionum Boecius;[19] sed fortius arguo una ratione. Aut enim ultima differentia convertibilis est conveniens soli illi spetiei cuius est differentia, aut est comunis illi
spetiei et alii. Si sit convertibilis cum spetie, consequens est quod
non predicetur de differentibus spetie, nisi concedamus speties
permisceri in se in vicem. Si vero sit comunis et suę spetiei et alteri, sequitur quod in tali differentia speties una ab alia non differt,
sed conveniat; at quod convenientię principium est, non est principium differentię: et ita videtur quod ultima illa differentia non
fuerit differentia.

Si vero respondens dicat quod illa differentia ultima habet
aliam differentiam per quam differt, tunc queritur iterum de illa
an comunis sit vel propria; quodcunque detur, sequitur id quod
prius. Aut ergo abibit hoc in infinitum, aut dicere oportet quod ultima propria sit et soli illi spetiei conveniens quam constituit. Itaque videtur quod non omnis differentia de differentibus spetie
predicari possit.

Adhuc, proprium et accidens predicantur in quale; ergo diffe-
f. 78r rentia in quale / non predicatur, cum distinctorum predicabilium
sint distincti modi predicandi.

Franciscus: Ad tuarum rationum solutionem accipe hanc conclusionem: solum differentia convertibilis cum genere diffinitur in ea
diffinitione. Ideo id annotatione dignum est quod ait Avicenna.[20]
Differentia, inquit, tria habet in se: primum quod est simpliciter
divisiva, et ab hoc habet quod est differentia; eo enim quod dividit differre facit. Secundum est quod est simpliciter constitutiva,
et hoc habet ab eo quod est divisiva; nam quia dividit, dividendo
contrahit, et contrahendo constituit sub diviso. Tertium est quod
est ad certam spetiem determinativa, ita quod potestatem generis
ultimo ad spetiem spetialissimam determinat; et hoc non habet ex

---

[18] ARIST. *ap.* ALB. *Praedicab.* tr. 5, c. 6 (p. 100b); ARIST. *Metaph.* 7, 12 (1038a. 19-20).
[19] BOETH. *ap.* ALB. *Praedicab.* tr. 5, c. 6 (p. 100b); cf. BOETH. *Div.* (PL 64, 883 C-D).
[20] AVIC. *ap.* ALB. *Praedicab.* tr. 5, c. 6 (p. 102b); cf. AVIC. *Log.* ff. 8v-9r.

eo quod est divisiva, neque ex hoc quod est constitutiva, neque ex hoc quod est differentia, sed ex hoc quod est certa natura rei et essentialis et propria forma eius.

Angelus: Cur ex eo quod est divisiva habet quod sit differentia?

Franciscus: Quoniam divisio separatio est, separatio autem causa est differentię separatorum.

f. 78v *Angelus*: Ex hoc autem quod est divisiva quomodo / habet quod sit constitutiva?

Franciscus: Quoniam divisio per hoc quod separat separata contrahit et coartat ab ambitu generis divisi, et hoc aliud nihil est quam constituere sub genere et generis comunitate.

Quod autem appropriet et certificet, ex nullo horum habere potest. Cum ergo dicitur quod differentia predicatur de pluribus differentibus spetie, intelligendum est de illa differentia queᵍ proprie differentia est; ea autem propria est cui illi duo primi actus conveniunt, qui sunt dividere et constituere, ut est differentia generis, quę vera est differentia et simplicis virtutis; quę differentie simpliciter dividunt et dividendo sub genere constituunt; et de hiis verum est quod predicantur de differentibus spetie. Que autem certificant et determinant, non verę differentię sunt, sed naturę quedam, quibus alterum, alteri comparatum, differre potest.

Angelus: Si, ut ais, illa non est proprie differentia, qua ratione id in quo est ab alio differt?

Franciscus: Eo quod illa in aliis non invenitur; non autem ex differentia. Neque tales differentię sunt virtutis simplicis, sed multiplicis.

Angelus: Non intelligo istud.

f. 79r *Franciscus*: Quia in talibus prior differentia in sequenti / est semper, et sic omnes in extrema.

Angelus: Da exemplum.

ᵍ que: quod *cod.*

Franciscus: Ut corporeum in animato,[h] et item animatum in sensibili, sensibile autem in rationali. Unde, quamvis ultima differentia sit simplex actus et essentia simplex, non est tamen simplicis virtutis, sed virtutes omnium aliarum sunt in ea, ex quibus fluit secundum ordinem ac ex causis primariis.

Angelus: Adhuc dubito. Quoniam, si superiores differentię sint in extrema, cum ille sint divisive et constitutive, qua ratione ultima non sit divisiva et constitutiva?

Franciscus: Quia quicquid est in aliquo est per modum eius in quo est. Non enim oportet ut, quoniam aqua figurę est spericę, quod fiala aut ydria, in qua aqua recipitur, sit eiusdem figurę cum fiala, quę casu oblonga erit. Sunt ergo superiores differentię in extrema secundum suam virtutem et condictionem. Et hęc est sententia omnium Perypatheticorum, ut Avicennę, Magni Alberti, Alfarabii, et Commentatoris.[21]

f. 79v *Angelus*: Diffinitionem differentię tunc ad plenum / intelligam, si ostendas quomodo differentia, qua differunt ea de quibus predicatur, ipsa ab alia differentia differat.

Franciscus: Non, ut quam plures dicunt, ideo differt, ut differentia differat, sed differunt differentię se ipsis; prima enim omnia se ipsis differunt.

Angelus: Teneo.

Franciscus: Quod tandem adducis de accidente et proprio, istud nihil est. Predicantur enim illa in quale accidentale, sed differentia in quale substantiale.
Et hec de diffinitione differentię dicta sint, secundum quod in ratione universalis consideratur.

Angelus: Superest nunc, Francisce, ut quoniam satis de hiis quę proxima sunt differentię dictum est, explicare aliqua circa diffe-

---

[h] animato: inanimato *cod.*

---

[21] ALB. *Praedicab.* tr. 5, c. 6 (p. 103a); AVIC. ALFAR. *et* AVERR. *ibid. citt.*; cf. AVIC. *Log.* ff. 8v-9r; AVERR. *In Porph.* f. 11r, A.

rentiam in comuni, ut ex eorum notitia differentię natura cognoscatur melius. At quoniam tu ea melius nosti, ea propter ego, hiis minus expertus, hanc provinciam dubitandi et respondendi tuo studio relinquo, idque ut amice facias te oro. Interrogabo ego te, siquid aut dixeris aut dubitavero, quod maiori expositione egeat.

f. 80r *Franciscus*: Haud est labor tam grandis, quem non / patienter ferrem, modo logicus videaris mea opera.

Angelus: Istuc cupio, Francisce.

Franciscus: Ergo quatuor dubitationes proponendę sunt pro maiori certiorique differentię doctrina.

Angelus: Quę nam sunt?

Franciscus: Prima est, an eedem sint differentię divisivę generis et constitutivę spetiei. Secunda, an «mortale» sit differentia specifica hominis. Tertia est, an de differentia genus possit predicari, ita dicendo: «rationale est animal». Quarta est, quot sint differentię diffinitiones.

Angelus: Dic igitur ad primam.

Franciscus:[22] Dicimus itaque ad primam, quod eadem est differentia, quę genus dividit et spetiem constituit sub genere diviso.

Angelus: Qua ratione idem fit divisivum et constitutivum? Opposita enim ab eodem removentur.

Franciscus:[i] Dicimus quod differentia potest tripliciter considerari: primo in actuali oppositione ad suam oppositam differentiam, ut ipsę opere rationis dividunt genus. Et hoc modo differentia est solum divisiva generis, nec, ita considerata, constituit. Opposita enim suapte natura dividunt et separant, cum etiam omnis differentia sit ratione oppositionis.

f. 80v Secundo consideratur / differentia ut est actus determinativus confusionis generis. Et hoc modo, differentia dum generi advenit,

---

[i] Franciscus *om. cod.*

---

[22] Dicimus itaque... et item ad aliud: cf. ALB. *Praedicab.* tr. 5, c. 3 (p. 88a).

per eam genus ad spetiem contrahitur, et spetiem constituit. Neque ut sic differentia simul est et constitutiva et divisiva, cum constituere et dividere sint actus oppositi.

Tertio modo differentia potest considerari absolute, ut forma quedam seu ut principium formale, tantum nullo habito respectu ad dictos suos actus, qui sunt dividere et constituere. Et hoc tertio modo considerata differentia, dicimus quod eadem est divisiva generis et spetiei constitutiva, non quidem ad unum et idem relata, sed ad aliud, et item ad aliud.

Angelus: Qua ratione istud ostenditur?

Franciscus: Hoc pacto. Quia, ut dictum est, genus est principium suarum spetierum ex parte potentię sic quod vocatur «principium formale formabile», cum forma quedam sit generalis et confusa et indistincta ac non dum forma determinata, non tamen est materia, ut in quinto Prime Phylosophye commento ait Commentator.[23] Unde ad hoc quod terminetur ad aliquid perfectum, ut ad speciem,
f. 81r exigitur aliquid quod sit ma/ioris virtutis quam genus in agendo, cuius officio ex statu sue confusionis ad statum meliorem educatur, ex cuius determinatione aliquid sub genere constituitur. Illud autem terminans aliud nihil est quam differentia, quę generis confusione divisa, contrahit suo officio ipsum et spetiem constituit, quę ex genere et differentia constat.

Angelus: Qua via suades quod talis differentia, quę genus dividit, sit eadem quę constituit, et non alia?

Franciscus: Quoniam si alia esset differentia quę dividit et alia quę constituit, tunc speties constituta sub hoc genere diviso non esset.

Angelus: Non teneo.

Franciscus: Quia si esset alia quę constitueret, scimus quoniam non constituit nisi dividendo, cum isti duo actus sint adeo ordinati, ut dividere precedat constituere; oportet enim quod differentia prius a genere per divisionem egrediatur, quam spetiem constituat. Et ita talis speties alia differentia constituta sub alio esset diviso, quod esset contra preintellectam ypothesim. Hec autem erat quod talis differentia esset divisiva huius generis et sub eo constitutiva.

---

[23] Cf. AVERR. *Metaph.* f. 140v, I-K.

Angelus: Intelligo.

f. 81*v* *Franciscus*: Sic igitur omnes differentiȩ per se / et substantiales, de quibus est hic propositum, alio et alio modo et ad aliud et aliud comperate, sunt et constitutivȩ et divisivȩ. Quȩ omnes, tam divisivȩ quam constitutivȩ, vocantur «specificȩ», quia cum suis generibus coniunctȩ faciunt speties et subalternas et spetialissimas.

Angelus: Sunt hec omnia luculentissime dicta, Francisce. Verum adhuc unum est quod capere haud videor, silicet qua ratione genus possit dividi, cum genus sit simplex forma, quȩ dividi haudquaquam potest, quod ait in libro De Trinitate Boecius;[24] tum quia id quod est simplex, cum sit totum simul, erit tota in omnibus dividentibus, qua ratione dicunt quod anima tota in toto est et in qualibet parte, ut in sexto De Trinitate Agustinus ait.[25] Cum igitur sit tota in homine aut in equo, non intelligo qua ratione genus possit dividi in hominem et equum.

Franciscus: Egregia est, Angele, istec tua dubitatio; ideo attende.[26] Verum enim est quod ais de genere. Est enim forma simplex, neque est hoc aliquid, neque hic neque nunc, sed est in quolibet et ubique et semper, ut memini nos dixisse de universali in principio
f. 82*r* huius opusculi. / Non est enim hoc aliquid per materiam, neque est hic per loci circumscriptionem, neque est nunc per tempus vel differentiȩ temporalis terminationem. Et ideo tota est in quolibet et tota extra quodlibet, si secundum se accipiatur, quod proprium est naturȩ simplicis. Unde, cum tota est comprehensa a rationali, tota etiam est conprehensa ab irrationali, cum non habeat partem et partem non. Secundum quod ab uno comprehenditur, ab alio comprehenditur. Quapropter non sequitur quod eadem animalitas sit secundum esse in utrisque; sic enim rationale et irrationale transmutarentur, quod negat Aristoteles in Thopicis.[27] Ideo dicimus genus secundum unam sue potestatis rationem in uno esse, et in alio secundum aliam.

Angelus: Videtur mihi quod ais non esse verum. Potentia enim, si-

---

[24] Cf. BOETH. *Trin.* 1-4 (PL 64, 1249-1253).
[25] Cf. AUG. *Trin.* 6, 6 (PL 42, 929; CC 50, 237).
[26] attende... simplex maneat indivisa: ALB. *Praedicab.* tr. 5, c. 7 (pp. 104b-105a).
[27] ARIST. *ap.* ALB. *Praedicab.* tr. 5, c. 7 (p. 105a).

ve potestas aut virtus, in essentia rei radicatur. Igitur in quocunque genus erit secundum totam suam essentiam, in eodem erit secundum totam suam virtutem et potestatem. Non ergo secundum aliam potestatis partem erit in uno, et in alio secundum aliam.

f. 82*v* *Franciscus*: Resumsisti fortius. Ideo dicimus / quod hoc non sequitur, quod tu concludis. Quia, ut diximus, essentia generis est simplex natura; potestas autem non radicatur in ea pro ut est unitum et indivisibile ab essentia, sed pocius radicatur in ambitu suę comunitatis. Et ideo nihil prohibet ut, diviso ambitu comunitatis, essentia simplex maneat indivisa. Genus autem, secundum ambitum suę comunitatis, est potentia divisibile; dividitur autem per differentias, cum ad actuale esse per intellectum reducuntur. Sic itaque dicimus genus dividi, dum eius potestas partitur, essentia in suo esse simplici stante.

Angelus: Non bene intelligo quid sit eiusmodi generis potestas.

Franciscus: Potestas generis est aptitudo eius essentię ad posse terminari diversis differenciis ad diversas speties, quemadmodum natura animalis per se est comunis et indeterminata, potentia tamen eius potest ad hominem aut equum differentiis terminari. Et talis potentia vocatur «generis potestas», aliquando vero dicitur «ambitus», interdum etiam «comunitas». Quę quidem potentia comunis est, et indifferens ad omnes generis speties.

f. 83*r* *Angelus*: Tu igitur ais, / si te sane intellexi, quod genus dividitur non pro ut est essentia simplex, sed ratione suę potentię, qua est aptum natum contrahi ad hanc aut illam spetiem, differentiis mediantibus.[j]

Tunc arguo contra. Nam potentia generis est idem quod essentia, sicut potentia materię est ipsa essentia materię, ut in fine primi Physicorum ait Beatus Thomas.[28] Igitur, si essentia generis sit indivisibilis, eius etiam potentia erit indivisibilis.

Item arguo secundo. Id quod in se est unum non est multa, cum unum et multa opponantur. Sed potentia generis est una ad

---

[j] A⟨ngelus⟩ *post* mediantibus *add. cod.*

---

[28] Thom. Aq. *Phys.* 1, 15, 3.

omnes speties, sicut potentia materię est una ad omnes formas. Non igitur videtur quod genus divisibile sit secundum potentiam, quia sic potentia esset numero una et multę.

Franciscus: Video, studes rem ad interiora usque penetrare. Sed memineris, Angele, nos in hoc loco esse dyaleticos solum.

Angelus: Quid tum?

Franciscus: Excedis materiam. Sunt enim sermones inquirendi, quod ait Aristoteles primo Ethicorum,[29] ut subiecta materia exigit.

Angelus: Volo te, Francisce, pro tua erga me amicitia, ad eas ratio-
f. 83v nes dumtaxat / respondere, et te extemplo libero.

Franciscus: Ad primam igitur rationem ita respondemus. Quamvis essentia et potentia generis sint idem realiter, distinguntur tamen ratione, seu in modo essendi. Est enim essentia ens absolutum, et potestas sive potentia respectivum. Et ideo potest potentia dividi, essentia non divisa.

Ad aliam dicimus rationem quod, quamvis potentia generis, absolute considerata, secundum quod est quedam forma reponibilis in predicamento qualitatis, sit una, eo quod genus non secundum aliam et aliam potentiam est in aptitudine ut contrahatur ad oppositas speties, sed secundum unam et eandem potentiam est in aptitudine ad omnes speties, tamen ratione est multa, inquantum in eo est aptitudo, non ad unum quidem, sed ad multa. Secundum hanc ideo aptitudinem, potentia generis est divisibilis.

Angelus: Satis nunc, mi Francisce, ac super – tibi ago gratias – disputata est questio.

Franciscus: Ergo ad secundam dicamus. Ad quam respondentes, dicimus «mortale» non esse hominis specificam differentiam.

Angelus: Qua ratione istud ostendis?

f. 84r *Franciscus*: Eo quia / in superioribus diximus differentiam specificam esse rei substantialem. «Mortale» autem est accidens; accidit enim homini ex peccato mortale esse.

---

[29] Cf. ARIST. *EN.* 1, 1 (1094b. 11-12).

Angelus: Est contra hoc, Francisce, illa egregia sententia Platonis in Thimeo,[30] ubi inquit: «O dii deorum, quorum opifex idemque pater ego, vos natura quidem mutabiles estis, voluntate autem mea sic permanetis». Videtur igitur a fortiori quod, si angeli, quos Plato deos vocat, sint secundum naturam corruptibiles, quod homo etiam ante peccatum fuerit mortalis sua natura. Non ergo mortale, ut volebas, accidit homini ex peccato.

Franciscus: Dicimus quod «mortale» dupliciter accipi potest: primo ut dicit dispositionem ad vite remotionem, et hoc pacto mortale non accidit homini ex peccato; ante peccatum enim dispositionem ad moriendum habebant secundum propriam naturam. Secundo potest accipi ut dicit actualem remotionem, et isto modo mortale accidit homini ex peccato.

Angelus: Utrum primo modo considerato «mortali», esset hominis differentia?

Franciscus: Minime. /

f. 84v *Angelus*: Quare?

Franciscus: Eo quod non potuisset diffiniri homo «animali rationali mortali», cum ex hac differentia, «mortali», non cognosceretur homo ab angelis distingui. Diffinitio autem, quod ait Phylosophus,[31] inotescendi gratia datur.

Angelus: Cur voluntate primi opificis cęlum, stellę et angeli dicuntur indissolubiles?

Franciscus: Eo quod illud quod bona ratione compositum est haud decet sapientem dissolvere, quod ait Magnus Albertus in fine primi De Cęlo et Mundo.[32] «Mortale» ergo non est hominis differentia specifica.

Angelus: Quid igitur Porphyrius eam tanquam specificam assignat, dicens «Sumus rationales nos et dii, sed mortale additum separat

---

[30] PL. *Ti.* 41a; CHALC. *Transl.* p. 35, 9-10 Waszink.
[31] Cf. ARIST. *APo.* 2, 3-8 (90a. 35 - 93b. 20); 2, 10 (93b. 29 - 94a. 19); *Top.* 1, 5 (101b. 35 - 120a. 15).
[32] ALB. *Cael.* 1 tr. 4, c. 10 (p. 102, 88-89), *et* PLATO *ibid. cit.*; cf. PL. *Ti.* 28b; CHALC. *Transl.* p. 21, 4 sqq. Waszink.

nos ab illis»?[33] Videtur ergo quod sit specifica differentia. Respondemus etiam, interrogati quid sit homo, quoniam est animal rationale mortale.

Franciscus: Hoc dictum est secundum opinionem antiquorum Stoycorum et Epicureorum, qui deos terrestres, ut Cererem et Esculapium, et deos infernales, ut Plutonem et Vulcanum, animalia rationalia esse opinati sunt.

f. 85r *Angelus*: Quis nam ex doctoribus nostris / eam opinionem antiquis Stoycis assignat?

Franciscus: Augustinus in septimo De Civitate Dei, et Beatus Thomas in plerisque locis, et maxime in secundo Sententiarum, et Magnus Albertus.[34] Ait enim Beatus Thomas de mente Agustini, inducentis Apulei verba, qui dixit: «Demones sunt genere animalia, animo passiva, mente rationalia, corpore aerea, tempore eterna».[35]

Angelus: Est ne id in aliquo opere nostrę facultatis?

Franciscus: Dicitur in eo libro quem De Natura Deorum appellant.

Angelus: Quam ergo assignabimus differentiam hominis specificam?

Franciscus: «Rationale esse».

Angelus: Istud non videtur mihi verum, quoniam nomina propria differentiarum non habemus, ut Alfarabius et Avicenna dicunt.[36]

Franciscus: Vere dicis. Nam in De Ente et Essentia opusculo Thomas Aquinas etiam ait: «Sunt nobis differentię istorum sensibilium ignotę».[37] Ideo, cum homo sit sensibilis, non videtur, ut arguis, quod «rationale» sit sua differentia.

Angelus: Cur ergo assignas id pro differentia, si non est?

---

33 Cf. PORPH. *Isag.* p. 19, 3-4.
34 Cf. AUG. *Civ.* 9, 3; THOM. AQ. 2 *Sent.* d. 8, q. 1, a. 1, ob. 1; cf. *Metaph.* 5, 10, 1; *Cael.* 2, 13, 6; *SCG.* 3, 120, 1, *et passim*; ALB. *Praedicab.* tr. 5, c. 3 (pp. 88b-89a); tr. 1, c. 6 (p. 12a); cf. *De An.* 2 tr. 1, c. 11 (p. 79, 69-70 *cum nota*).
35 Cf. APUL. *Socr.* 13, p. 23, 10-11 Moreschini.
36 ALFAR. *et* AVIC. *ap.* ALB. *Praedicab.* tr. 5, c. 7 (p. 104b); cf. AVIC. *Log.* f. 9r; *Philos.* tr. 5, c. 6 (pp. 278, 31 - 279, 48).
37 Cf. THOM. AQ. *DEE.* c. 5, 76-78 (ed. Leonin.).

Franciscus: Quoniam licet, ut diximus, «rationale» non sit eius differentia specifica, est tamen magis proxima.

f. 85v   *Angelus*: Quin videtur / quod alia sit differentia magis propinqua homini, ut «esse bipedem». Aristoteles enim diffiniens hominem ait quod est animal bipes.[38]

Franciscus: Ideo enim Aristoteles ea differentia hominem diffinit, ut differentiam essentialem nobis esse ignotam ostendat. Nemo vero dubitat quod «bipes» non sit differentia hominis, cum apud omnes constet eam pluribus convenire. Cum autem ad esse rationale plures accedant, si rationale posuisset, eam esse propriam differentiam homines existimarent. Hac igitur ratione et ex usu loquentium dicimus hominem esse animal rationale, sibi pro differentia indicentes «rationale».

Angelus: Adhuc, Francisce, non parum dubito.

Franciscus: Argue, si vales.

Angelus: Arguo. Nam rationale videtur pocius esse genus hominis quam differentia.

Franciscus: Quoius auctoritate id probas?

Angelus: Avicennę, qui ait: «Animal rationale ut genus est ad homines et angelos».[39] Igitur non videtur quod sit differentia, sive essentialiter diffiniatur sive non.

Franciscus: Tu presupponis, Angele, angelum esse animal rationale, quod a me inficiatur.

Angelus: Hoc liquet Gregorii sententia, qui in Homelia de Epi-
f. 86r   phanya de pastoribus loquens inquit: / «Apparuit illis rationale animal».[40]

Franciscus: Tu, Stoycus cum sis, contra Perypatheticos nunc potenter pugnas.

Angelus: Videtur mihi eorum sententia egregia profecto.

---

[38] Cf. Arist. *Metaph*. 4, 4 (1006b. 29-30), *et passim*.
[39] Cf. Avic. *Log*. f. 8r.
[40] Greg. M. *Homil. in Evang*. 1, 10 (PL 76, 1110).

11

Franciscus: Videris mihi modo amantis officium agere, quem facundum facit amor, ut inquit Ovidius.[41]

Angelus: Me iudice non luctor adversus veritatem.

Franciscus: Quin conaris molimine magno.[42]

Angelus: Dic ergo ad rationes, et tunc acquiesco.

Franciscus: Quod ait Avicenna non est verum, ut Albertus Magnus inquit,[43] nisi fortassis secundum antiquorum opinionem, ut paulo superius diximus. Quod autem ais Gregorium compellare angelum «rationale animal», respondet Magnus Albertus.[44] «Si rationale» inquit «angelus dicitur, equivoce dicitur rationale ad rationale quod est differentia hominis».

Angelus: Quomodo angelus dicitur rationalis aut homo?

Franciscus: Hac ratione. Nam homines, cum sint intellectu inferiores, huiuscę naturę sunt, ut per quendam motum et discursum intellectualis operationis cognitionem veritatis habeant, dum silicet ex uno cognito in aliud cognitum procedunt, ut ex principio in f. 86v principiata; ideo dis/cursivi vocantur et rationales, inquantum ratio facit currere causam in causatum. Sed angeli[k] statim in hiis quę primo naturaliter cognoscunt inspiciunt omnia quecunque in eis cognosci possunt, et ideo proprie intellectuales dicuntur. Animę vero humanę, quę veritatis notitiam, ut diximus, per discursum acquirunt, rationales proprie vocantur; at angeli si interdum rationales dicantur, hoc non est nisi equivoce et methaphorice, propter similitudinem rationis, cuius proprietas est ex uno in aliud currere.

Angelus: Quid est angelus?

Franciscus: Angelus est substantia intellectualis, semper mobilis, arbitrio libera, incorporea,[l] ut Damascenus ait.[45]

---

[k] angeli: angelus *cod.*
[l] incorporea: incorporeat *cod.*

---

[41] Cf. Ov. *Met.* 6, 469.
[42] non luctor... magno: cf. Ov. *Met.* 6, 694.
[43] Cf. Alb. *Praedicab.* tr. 5, c. 8 (p. 107a).
[44] Cf. Alb. *Praedicab.* tr. 5, c. 8 (p. 107b).
[45] Jo. Damasc. *De Fide Orthod.* 2, 3 (PG 94, 865); transl. Burg. p. 69, 11 Buytaert.

Itaque elicimus ex hiis omnibus «rationale» esse propriam hominis differentiam.

Angelus: Omnia nunc dignissime intelligo. Verum cum animal dividatur rationali et irrationali differentiis, qua de causa sub irrationali sint plures speties et non sub rationali, aut qua ratione constituat rationale spetiem spetialissimam, non intelligo, irrationale autem non.

f. 87r   *Franciscus*: Dicimus secundum Aristotelem quod per/fectio cuiuslibet rei stat in unitate; que autem multiplicata sunt, sunt minus perfecta. Quod etiam rationale constituat spetiem specialissimam ideo est, ut Aristoteles secundo Physicorum ait,[46] eo quod sumus et nos quodammodo finis omnium; eius enim gratia Deus omnia fecit.

Angelus: Tua responsio, Francisce, non videtur esse ad problema meum.

Franciscus: Qua ratione?

Angelus: Eo quod non videtur esse verum quod, quanto aliqua sunt plura numero, sint inperfectiora. Videmus enim quod angeli excedunt numero homines, cum cuilibet homini duo sint angeli deputati, bonus unus, alter malus; qui tamen in perfectione excedunt homines, cum accedant ad summum bonum, quod est Deus. Non igitur videtur vera responsio tua.

Franciscus: Dicimus id quod dictum est esse[m] verum, modo fiat rerum comparatio eiusdem generis, ut, comparando angelos ad Deum, Deus sine comperatione magis perfectus est; angeli vero inter se, quanto a Deo recedunt, tanto sunt plures et in/beccilliores.

f. 87v

Angelus: Replico, Francisce, si permittis.

Franciscus: Permitto quam libentissime.

Angelus: Fęnix, quę in natura est sola, est inperfectior homine, qui

---

[m] est esse: esse est *cod.*

---

[46] Cf. Arist. *Phys.* 2, 2 (194a. 35-36).

multa continet individua. Igitur adhuc non videtur verum quod, quę sunt plura, si fiat etiam eiusdem generis comparatio rerum, imperfectiora sint. Foenicis enim et hominis est idem genus et proximum, ut animal et remotum, quia ambo sunt in genere rerum corruptibilium.

Franciscus: Dicimus quod non requiritur solum quod fiat comperatio rerum eiusdem generis, sed exigitur comperatio eiusdem formę participatę, modo fenix et homo eandem formam specificam non participant; ideo non tenet ratio. Vel posset fortassis aliter dici, nescio an melius, quoniam fenix dupliciter considerari potest: primo secundum suam naturam, et isto modo verum est eam esse homine inperfectiorem; natura enim hominis longe melior est. Secundo potest considerari ratione unitatis, cum sit una numero et spetie, et isto modo, cum unum precedat multa, et sim/pliciora sint ordine naturę perfectiora, hoc modo fortassis possemus dicere foenicem perfectiorem esse homine, ut includit individuorum multitudinem; sed hec perfectio foenici nihil prodest.

f. 88r

Angelus: Beasti me; contentus quiesco.

Franciscus: Rationale ergo esse est hominis differentia, et non mortale.

Angelus: Teneo.

Franciscus: Tertia nunc disputanda est questio, qua quesitum est an genus possit de differentia predicari nec ne.

Angelus: Videtur mihi, Francisce, quod hęc questio magis sit thopica aut methaphysicalis quam sit pure logica.

Franciscus: In tertio Methaphysice et in sexto Thopicorum diffuse disputatur;[47] ego autem, quantum ad nos spectat, eam brevi perstringam discursu. Ait ergo Aristoteles suę Methaphysice tertio quod de propriis differentiis generis non predicatur speties, neque genus sine spetiebus, eo quod genus predicatur de differentiis secundum quod sunt in spetiebus.[48]

---

[47] Cf. ARIST. *Metaph*. 3, 3 (998a. 20 - 299a. 23); *Top*. 6, 6 (144a. 31 - b. 3).
[48] Cf. ARIST. *Metaph*. 3, 3 (998b. 24-25).

Angelus: Qua hoc via ostendis?

Franciscus: Quoniam quicquid de aliquo predicatur aut est in diffi-
f. 88*v* nitione illius / de quo predicatur, sicut ea quę predicantur in primo
modo dicendi per se, aut econverso, videlicet quod subiectum sit
de diffinitione predicati, sicut predicantur ea quę sunt in secundo
modo dicendi per se. Genus autem non ponitur in diffinitione differentię, eo quod differentia non participat genus, ut quarto Thopicorum Aristoteles ait;[49] neque etiam differentia ponitur in diffinitione generis. Ergo nullo modo genus per se de differentia predicatur, licet de eo predicetur quod differentiam habet, ut de spetie.

Angelus: Quid est in primo aut in secundo modo predicari?

Franciscus: Predicari in primo modo dicendi per se, ut primo Posteriorum ait Thomas Aquinas,[50] est cum predicatum propositionis
est de diffinitione quiditativa subiecti, ut dicendo «homo est animal»; est enim animal de ratione diffinitiva hominis. Sed in secundo modo predicari est cum subiectum est de diffinitione predicati,
ita quod in diffiniendo subiectum opus est predicatum accipere, ut
«homo est risibilis».

Angelus:[n] Nunc, quoniam terminos declarasti, venit dubitatio /
f. 89*r* contra tua dicta.

Franciscus: Quę nam?

Angelus: Ex mente Porphyrii dicitur quod differentia est quę complet essentiam generis.[51] Videtur igitur, cum illud quod complet
essentiam alicuius non sit extra essentiam et intellectum eius, ut
rationale, complens hominis essentiam, non est extra conceptum
quiditativum hominis, quod differentia sit de essentia generis. Est
ita consequens quod de genere per se predicetur.

Franciscus: Dubitatio tua, Angele, haud vulgaris est. Itaque dici-

---

[n] Angelus *om. cod.*

---

[49] Cf. ARIST. *Top.* 4, 2 (123a. 1-10).
[50] Cf. THOM. AQ. *Post. An.* 1, 10, 3.
[51] Cf. PORPH. *Isag.* p. 16, 9.

mus quod dupliciter aliquid complet essentiam alterius: primo sicut contrahens, et hoc non opus est esse de diffinitione contrahibi-
lis, seu de essentia; alio modo ut specificans et declarans essentiam
contracti, ut rationale est completiva essentię hominis, et de hoc
argumentum tuum concludere videbatur, tale enim completivum
essentię alicuius est de intellectu eius; sed non sequitur de differentia respectu generis.

Angelus: Contra hoc venit dictum Beati Thomę in secundo Sententiarum, distinctione tertia, questione prima, articulo quinto, ubi
f. 89*v* inquit: «Differentia est determinatio ge/neris».[52] Determinatio autem de determinabili per se predicatur, eo quod determinabile est
de diffinitione determinationis, si sit determinatio accidentalis, vel
econverso, si sit determinatio essentialis. Igitur videtur quod genus per se de spetie predicetur.

Franciscus: Dicimus quod duplex est determinatio. Prima est in
cuius diffinitione cadit determinabile, et ita non refert plerunque
determinabile per se predicari de determinatione, sicut homo predicatur de risibili. Alia est determinatio quę non est de diffinitione
determinabilis nec econtra, sicut differentia respectu generis, et ita
non oportet quod talis determinatio per se predicetur de determinabili.

Angelus: Predicatur ne genus de differentia aliquo modo?

Franciscus: Potest dici quod predicatur per accidens, cum non predicetur, ut diximus, per se.

Angelus: Contra tres sunt modi quibus aliqua per accidens predicantur: aut quando accidens predicatur de subiecto, aut quando
subiectum de accidente, aut accidens de accidente. Nullo autem
istorum modorum genus predicatur de differentia. Videtur ergo
quod, si genus predicetur, non quidem per accidens sed per se predicabitur.

Franciscus: Dicimus quod aliquid predicari per accidens potest du-
f. 90*r* pliciter / intelligi: primo modo proprie, cum silicet predicatur aliquo istorum modorum. Secundo potest intelligi comuniter, videli-

---

[52] THOM. AQ. 2 *Sent.* d. 3, q. 1, a. 5, resp.

cet pro omni eo quod predicatur et non est de intellectu aut diffinitione alterius. Primo modo genus non predicatur per accidens, sed bene secundo modo, cum genus non includatur in diffinitione differentiẹ.

Angelus: Quid tandem sequeretur,° si dicamus genus de differentia prẹdicari? Sequeretur ne inconveniens aliquod?

Franciscus: Immo impossibile.

Angelus: Quod?

Franciscus: Sequeretur enim quod unum animal esset duo animalia. Hoc autem impossibile est.

Angelus: Quomodo istud sequitur?

Franciscus: Quoniam si genus per se prẹdiceturᴾ de differentia, tunc esset opus quod includeretur in intellectu quiditativo differentiẹ, ita quod, si vellemus scire quid differentiẹ, oporteret assumere genus in eius diffinitione.

Angelus: Quid tum?

Franciscus: Cum tam genus quam differentia in diffinitione quiditativa hominis includantur, unum animal esset duo animalia.

Angelus: Qua ratione istud sequatur non intelligo.

Franciscus: Hac ratione. Quia aut per «animal» inclusum quiditative in «rationali» et per «rationale» idem animal importatur, aut per «animal» inclusum in «rationali» importatur unum animal et per «ra/tionale» aliud. Si dicatur primum, ergo, cum dicitur in diffinitione hominis quod est animal rationale, ibi erit nugatio seu eiusdem inutilis repetitio, cum, secundum te, pro eodem supponant. Si dicatur secundum, igitur, cum tam animal, quod est genus, et rationale, quod est differentia, in diffinitione quiditativa hominis, ut diximus, includantur, sequeretur quod unum animal esset duo. Diximus autem superius hoc esse impossibile.

f. 90v

Angelus: Accepi impossibile, quod ais, ex eo sequi, et ita esse arbi-

---

° sequeretur: sequetur *cod.*
ᴾ predicetur: p̃r *cod.*

Francisci Thomae

tror. Nihilhominus contra hoc venit illa maxima sophystarum: ad impossibile, inquiunt, sequitur quodlibet. Igitur videtur quod dato illo impossibili sequatur hoc, videlicet quod genus possit de differentia predicari.

Franciscus: Dicimus quod illa maxima, cum sit falsissima, negari debet statim adducta; aliter enim sequeretur quod unum contradictoriorum ad reliquum sequeretur. Possibile enim et impossibile contradicunt, ut secundo Peryermias Aristoteles ait.[53] Igitur si ad impossibile sequitur quodlibet, ad impossibile sic consequens erit possibile, cum possibile sit aliquid, et ita unum contradictoriorumq ad reliquum sequetur, quod a phylosophis et veris dyaleticis tanquam nephandissimum negatur. / Est enim impossibile hominem esse lapidem – cui dubium? Si ergo ad impossibile consequens est quodlibet, de neccessitate sequetur hominem esse asinum et te esse Davum aut Parmenonem, non ne? Que omnia sunt risu digna.

f. 91r

Et hęc ad huius questionis notitiam sufficiant.

Angelus: Dicta sunt omnia peregregie.

Franciscus: Cupiebas tandem scire quę aut quot sint differentię descriptiones, secundum quod a Perypatheticis differentia diffinita est.

Assignat ergo differentię quatuor alias diffinitiones Porphyrius.[54] Quarum prima est «differentia est qua habundat speties a genere». Secunda est «differentia est quę est apta nata dividere ea quę sub eodem genere posita sunt». Tertia, «differentia est qua differunt a se singula». Quarta, «differentia est quę ad esse rei conducit et eius quod est esse rei pars est».

Angelus: Scio has non esse diffinitiones quiditativas, cum talis, ut sępe dictum est, sit solius spetiei. Sed non parum miror qua ratione de re una tot possint descriptiones dari.

f. 91v *Franciscus*: Dantur de differentia huiusmodi de/scriptiones, pro ut ad diversa comperatur.

---

q contradictoriorum: contradictoriorium *cod.*

---

[53] ARIST. *Int.* 11-12 (21a. 34 - 23a. 26).
[54] PORPH. *Isag.* pp. 17, 16; 18, 16-18; 18, 20 - 19, 1; 19, 7-8.

— 162 —

Angelus: Hoc volo scire.

Franciscus: Assignantur differentię quinque descriptiones, secundum quinque officia convenientia differentiae. Itaque differentię primum officium est de multis predicari. Hoc autem comune est cęteris predicabilibus, quod convenit sibi in ratione qua est universale quoddam. Unde Perypathetici sumserunt primam eius diffinitionem, dicentes differentiam esse «universale quod prędicatur de pluribus», et cetera.

Secundum eius officium est constituere, a quo secunda diffinitio accipitur. Tertium officium differentie est dividere genus, et hinc accipitur tertia eius diffinitio. Quartum officium differentię est facere differre, unde quarta ponitur diffinitio. Quintum officium differentie est terminare ad essentiam spetiei, a quo assignaverunt phylosophi illius extremam diffinitionem.

Angelus: Sunt multa, Francisce, quę adversus datas diffinitiones obiciam, si in obiciendo credis me egregii aliquid consequuturum.

Franciscus: Sępe tibi fandi licentia data est; cur hoc nunc dicas
f. 92r ignoro. Rebar te istuc / iam diu intellexisse.

Angelus: Non id dixi, Francisce, ut de tua benignitate non sim certus. Verum tanta est discendi spes, quod ea nollem obicere – quin potius bos mutus videri – quorum gratia temporis aliquid, aut etiam punctum, in cassum evolaret. Ea propter dubitationes solum affero libenter ut sint doctrinę melioris causa.

Franciscus: Tuę dubitationes, Angele dilectę, neccessarię adeo sunt, ut hiis sine, etiam si omnia studia mirabiliter complexus sis, ea disceres quę sunt aut minima aut prope nihil. Tibi enim mecum dubitanti omnia hęc contingunt: sensus lectionis, amor, desiderium, rei usus, lumen, bonitas, memoria, habitus atque, quod ceteris multum iocundius est, animi integritas ac perfectio. Atsi omnia et mutus et elinguis legeres et audires, ad te parum. Gaudeo itaque eum mihi invenisse hominem, qui noverit frequenter ac optime dubitare.

Angelus: Dicam ergo quicquid contra potero.

f. 92v *Franciscus*: Ad mentem questionis fare ut lubet, cętera / mitte. Te audio non secus ac animam meam.

Angelus: Non videtur esse verum, Francisce, quod in prima diffinitione ais. Nam genus in se continet differentias sicut speties, quin plures etiam et prius quam speties. Non ergo speties habundat differentia a genere; genus, etiam cum pluribus conveniat et de pluribus predicetur, videtur habundare a specie.

Franciscus: Querit tua hęc dubitatio[r] quid sit habundare genus differentia a spetie. Hoc autem ita intelligitur, quod silicet speties ipsa includat differentiam actu et intellectu.

Angelus: Da exemplum.

Franciscus: Ut homo, qui est speties, actu et intellectu includit rationale.

Angelus: Quid est dictu, «includit actu et intellectu»?

Franciscus: Quia ad hoc, quod speties actu sit, ex differentia est, quę actu suo proprio spetiem constituit. Ad hoc autem, quod speties intelligatur, etiam est ex differentia, quę est principium intelligendi spetiem, cum speties constet, tanquam ex partibus quiditativis, ex genere et differentia.

Angelus: Non ne ista generi etiam conveniunt, cum genus forma quedam sit, ut superius diximus? Ex quo videtur quod id quod in /
f. 93r genere est sit actu, cum non sit potentia. Genus etiam, ut diximus, principium est spetierum. Cognitio autem principiati videtur esse ex principio, ut dependet effectus cognitio ex causa. Itaque videtur quod differentia in genere sit actu et intellectu.

Franciscus: Nullo pacto.

Angelus: Da rationem.

Franciscus:[s] Quoniam si genus actu haberet in se differentiam,[55] proculdubio posito genere poneretur speties; hęc enim, ut sepe diximus, ex genere constat et differentia. Et ita genus in se omnia ea haberet quę exiguntur ad spetiei positionem.

---

[r] dubitatio: dubita *cod.*
[s] Franciscus *om. cod.*

---

55 Quoniam... intellectu est: cf. ALB. *Praedicab.* tr. 5, c. 4 (p. 91b-92a).

Neque etiam differentia, pro ut principium intelligendi spetiem, potest esse in intellectu generis. Quia si sic esset, non esset opus quod in diffinitione spetiei posito genere poneretur differentia, quę nomine generis intelligeretur. Et ita in hac diffinitione esset nugatio, cum dicitur «homo est animal rationale».

Non ergo differentia actu aut intellectu in genere est; in spetie autem et actu et intellectu est.

Angelus: Non videtur sequi inconveniens aliquod, si dicamus quod posito genere ponatur speties. Quoniam, licet hęc consequentia non valeat, «si animal est, ergo homo est», tamen bene valet si sub animali fiat descensus ad speties vagas, ita arguendo: / «si animal est, ergo vel homo est, vel asinus est, vel leo est», et ita de cęteris.

f. 93*v*

Neque etiam inconveniens videtur quod differentia ponatur in intellectu generis, cum speties in eius intellectu ponatur. Sunt enim genus et speties correlativa, quorum natura est, ut in Predicamentis Aristoteles ait,[56] quod sint simul naturali intelligentia.

Franciscus: Ad hoc dicimus quod genus dupliciter considerari potest: primo quo ad esse existentię actualis, et hoc modo verum est quod posito genere ponitur speties, modo fiat debita illa subsumptio.

Secundo potest considerari in ratione predicabilis, secundum quod universale est, quod de pluribus spetie differentibus predicatur; et ita posito genere non ponitur speties, quia sic generis diffinitio spetiei conveniret. Neque etiam intellecto genere intelligitur speties, aut econverso, quantum ad diffinitionem quiditativam; non enim intellecto quid animalis intelligitur quid hominis, cum aliquid ponatur in diffinitione hominis quod non ponitur in diffinitione animalis.

Angelus: Quomodo ergo genus continet in se differentiam?

Franciscus: Sunt differentię in genere tanquam in principio formali inchoationis / et tanquam distinctum in indistincto et confuso, et non secundum actum. Et hoc modo intelligitur quod genus habundat differentia a spetie, quia differentia non est in genere in actu sicut in spetie; et non intelligitur habundare eo quod de pluribus dicatur genus quam speties, ut in principio volebas.

f. 94*r*

---

[56] ARIST. *Cat.* 7 (7b. 15).

Differentia ergo, ut diximus, est qua habundat speties a genere sive supra genus et actu et intellectu. Actu habundat ut speties sit in actu sive in effectu, intellectu vero quia differentia est de intellectu spetiei, cum non possit intelligi in actu sine differentia, nisi in potentia et in confuso.

Angelus: Quomodo differentię sint tam in genere quam in spetie intelligo. Sed id dubito, unde silicet speties eiuscemodi differentias habeat quibus supra genus habundat.[57]

Non videtur quod speties eas habeant a se ipsis, quia tunc idem esset constituens se ipsum et se ipso, et esset idem faciens et factum, formans et formatum, et sui ipsius causa, cum differentia sit faciens et constituens spetiem. Et ita speties secundum se f. 94v ipsam esset differentia, et econverso. Speties enim / habere differentias secundum se ipsas est idem quod essentialiter habere.

Neque potest dici quod a nullo habeat eas, quoniam sic consequens esset aliquid fieri seu perfectum esse ex nihilo, quod phylosophi negant. Sequeretur etiam quod differentia aut esset anima, quę adeo ex nullo fit, aut Deus, qui a nullo est; quę omnia falsa esse constat. Nam id quod ex nihilo fit, non presupposito quodam alio per intellectum fit. Differentia autem posita, aliud aliquid presupponitur per intellectum, ut in hoc apparet quod est «rationale», quo posito supponuntur omnia hec: «vivum» et «substantia» et «ens». Non igitur habet eas ex nihilo.

Neque videtur quod eas a genere habeat, eo quod differentia non est nisi per oppositionem. Dicitur enim rationale per oppositum ad irrationale, quia oppositio est differentię causa. Et sic consequens esset opposita in genere esse, cum non sit maior ratio quod una differentiarum sit in genere, altera vero sibi opposita non. Opposita autem simul esse in eodem est impossibile.

Cum igitur a nullo speties habeat differentias, videtur quod differentiis non habundet a genere seu supra genus.

Franciscus: Dicimus quod, quia genus potestate continet differen- f. 95r tias, quod eas habet speties / a genere. Quod autem tibi inconveniens esse videtur non est,[58] quoniam nullum inconveniens sequi-

---

[57] Sed id dubito... in eodem esse in potentia: cf. ALB. *Praedicab.* tr. 5, c. 4 (p. 93a-b).
[58] Quod autem tibi... alterius alterum: cf. ALB. *Praedicab.* tr. 5, c. 4 (p. 96a).

tur opposita in eodem esse in potentia, seu oppositas differentias, eo quod opposita sibi non repugnant, nisi fuerint distincta. Nam confusio cum sit omnium oppositorum radix una ex qua oriuntur, non est inconveniens ea sic simul stare et esse in uno aliquo eodemque, quod est confusum et indistinctum. Unde generaliter verum est unum genus esse oppositorum, sicut Magnus Albertus ait Socratem in Phedrone dixisse unum esse omnium oppositorum caput,[59] et sicut etiam dixit Empedocles multorum capita, silicet germanorum, in prima confusione fuisse sine cervice, quam dixere caos;[60] nam cervix distinguit germanorum capita, ita quod unum unius sit, alterius alterum.

Sic ergo intelligimus quod supra dictum est, silicet speties esse in generis potestate. Neque sequitur sic quod ex nihilo aliquid f. 95v fiat;[61] fit enim ex / aliquo quod est in potentia aliquid in actu. Neque consequens est opposita secundum actum in eodem esse.

Angelus: Obicio etiam hoc contra.[62] Nam si differentie̜ non sint in actu in genere, sed solum, ut ais, potestative, aut ergo talis potestas est cause̜ materialis, aut est potestas cause̜ formalis, aut efficientis aut finalis; plura enim genera causarum non sunt, ut in secundo Posteriorum ostenditur.[63] Sed nullum istorum potest dici.

Quoniam non potest dici quod in genere sint tanquam in materiali causa, quia tum oporteret assignare aliquod principium movens, quod quidem educeret eiusmodi differentias ex potestate ad actum. Quid autem ad hoc sit movens quod potestas generis materialis in actum exeat, a Perypatheticis nondum est assignatum. Quod etiam est in potestate materiali est tanquam in inperfecto. Imperfectum autem causa perfecti esse non potest. Cum igitur differentia sit causa perfectionis spetiei, non potest esse in genere potestate.

Nec potest dici secundum, quod silicet sit tanquam in causa formali, quoniam sic sequeretur quod genus esset forma ad mate-f. 96r riam, quod / falsum est, cum Porphyrius dicat quod genus est sicut

---

[59] PL. *ap.* ALB. *Praedicab.* tr. 5, c. 4 (p. 96a); PL. *Phd.* 60b-c.
[60] EMP. *ap.* ALB. *Praedicab.* tr. 5, c. 4 (p. 96a); cf. EMP. *Frg.* 57 Diels (recens. Kranz, I, p. 333).
[61] Neque sequitur... in eodem esse: cf. ALB. *Praedicab.* tr. 5, c. 4 (p. 93b).
[62] Obicio... finis secundum rem: cf. ALB. *Praedicab.* tr. 5, c. 4 (p. 93b-94b).
[63] ARIST. *APo.* 2, 11 (94a. 20 - 95a. 9).

materia, et differentia sicut forma, speties autem sicut constituta ex materia et forma.[64] Esset etiam, si genus sit forma, ut qualitas essentialis, et ita predicaretur in quale et non in quid, quod est extra ea quę dicta sunt.

Neque dicendum est tertium, quia tunc differentię essent actu in genere, et ita opposita essent actu in eodem, quod est inconveniens supra adductum, quoniam omne agens, seu efficiens, agit per formam quę actu est in eo.

Nec tandem possumus dicere quartum, quod silicet talis potestas sit causę finalis, quia in natura idem est forma et finis secundum rem, ut etiam concedit Beatus Thomas Physicorum secundo,[65] quamvis differant secundum rationem causalitatis, quia finis dicitur secundum quod quiescit in ea forma motus moventis, vocatur autem forma secundum quod dat ei esse quod est secundum formam. Et ita videtur quod, si talis potestas generis non est potestas formalis, quod non sit etiam finalis. /

f. 96v   Unde nullo modo differentię sunt in potestate generis.

Franciscus:[66] Dicimus quod potestas generis est secundum causam formalem confusam et indistinctam, quę quidem potestas similis est potestati materię. Quia, sicut ex materia educuntur formę, non secundum quod est de se nuda, sed pro ut tales formę in ea sunt inchoatę, ita similiter differentię educuntur de genere, in quo sunt formali inchoatione. Quę quidem eductio fit tanquam ab efficiente, mediante lumine intellectus agentis; quod quidem lumen confusum producit ad distinctum. Et ideo dicitur in fine primi Physicorum[67] quod materia desiderat formam sicut fęmina masculum: non inquantum est femina, sed inquantum est inperfecta. Nec inperfectum est quod est impossibile ad perfectionem, sed potens perfici dicitur inperfectum; perfici autem non potest, in quo nihil aptitudinis ad perfectionem est. Aptitudo autem ista neccessario aliquid est perfectionis; aliter enim non disponeret ad perfectionem. Hec autem perfectio in genere est inchoatio illa formarum, ut iam f. 97r   diximus. Hoc ergo modo differentię sunt / in generis potestate.

---

[64] PORPH. *ap.* ALB. *Praedicab.* tr. 5, c. 4 (p. 94b); PORPH. *Isag.* p. 23, 15-16.
[65] THOM. AQ. *Phys.* 2, 11, 2.
[66] Dicimus... ad perfectionem: cf. ALB. *Praedicab.* tr. 5, c. 4 (pp. 96a-b).
[67] ARIST. *Phys.* 1, 9 (192a. 22-23); cf. ALB. *Praedicab.* tr. 5, c. 4 (p. 96b).

Angelus: Hanc tuam sententiam, Francisce, inpugnat Beatus Thomas egregie. Ipse enim in primo Physicorum contra Albertum Magnum intulit incohationem formarum in materia nequaquam esse ac in genere causę formalis, licet bene sint in ipsa materia dispositive et virtualiter.[68] Tu autem ais differentias esse in generis potestate tanquam in causa formali. Nescio te Thomistam an Albertistam predicem.

Franciscus: Ego, Angele, sequutus sum Thomam a puero. Neque tamen Alberti Magni sententię a nobis refellendę sint; perpauci profecto sunt pares Alberto.

Angelus: Quid igitur dicendum est ad ea quę dicunt contraria penitus?

Franciscus: Dicimus quod opinio Thomę non est Alberto contraria, nisi et voce et exteriori apparentia; ego autem non umbram et imaginem sequor, neque cum vulgo vado, qui rumoribus et contentione pascitur. Verum est enim quod Albertus inchoationem formę formaliter posuit, secundum tamen esse formale formabile, et non formatum. Hoc autem non negat Beatus Thomas, / qui inchoationem formarum posuit dispositive et virtualiter. Et ita nulla est contrarietas inter eos. Opinio ergo Alberti est quod differentię sint in generis potestate tanquam in causa formali, non quidem formata, sed formabili et indistincta; quod est idem quod infert Beatus Thomas, qui dicit quod sunt in genere virtualiter et dispositive.

f. 97*v*

Angelus: Adversantes sententias in amicitiam maximam redegisti.

Franciscus: Ergo qua ratione speties differentiis a genere habundet iam diximus. Superest nunc aliarum trium descriptionum ostendere sensus, quarum cognitio ad presentem disputationem pertinet.[69]

Dicamus igitur quo modo intelligere nos oporteat, cum ulterius de differentia dicunt quod est apta nata dividere ea quę sunt sub eodem genere. Potest autem istud sic exemplo ostendi, quoniam rationale et irrationale, quę opposite sunt differentię, hominem et

---

[68] Cf. THOM. AQ. *Phys.* 2, 1, 3.
[69] Dicamus... quod est animal: cf. ALB. *Praedicab.* tr. 5, cap. 7 (p. 104a).

equum ad se invicem dividunt, qui sub eodem sunt genere, quod est animal.

Quod dicunt ulterius, quod differentia est qua differunt a se f. 98r singula,[70] hęc descriptio ita / intelligenda est, ut ea quę differunt, ad se invicem suis differentiis differant. Singula enim proprias habent differentias, quibus a cęteris omnibus differunt, in quibus sunt oppositę differentie differentiis propriis. Sed id notandum est,[71] quod differentia essentialis est qua primo et per se differunt cuncta, aut quidem per formam, aut per materiam, aut per proprium esse formę in hac aut in illa materia.

Angelus: Differunt ne ea quę differentia sunt una an pluribus differenciis?

Franciscus: Una sola differentia ab omnibus differunt differentiam illam secum non comunicantibus, ut «rationali» differentia differt homo ab omnibus rationem cum homine haud comunicantibus, et «mortali» similiter. Ab hiis autem qui secum in una differentia comunicant, in aliis differt.

Angelus: Est quod infert mihi dubitationem. Nam cum singularia sint infinita, videntur singula differre ab infinitis, quod non apparet conveniens.

Franciscus: Licet singularia sint numero infinita ad nos, nullum tamen ex hoc inconveniens sequitur.

Angelus: Quin, ut videtur, maximum. /

f. 98v *Franciscus*: Tu ipsum ostende.

Angelus: Quoniam qui novit unum contrariorum diffinite, novit et reliquum. Homo autem suam qua ab omnibus differt differentiam novit; ergo novit infinitas singulorum differentias. Et ita uno noto quasi omnia novit, quod asserere est assurdum.

Franciscus: Dicimus id non esse inconveniens, ut cognoscat[t] omnia,

---

[t] cognoscat: cognoscant *cod.*

---

[70] Quod dicunt... differentiis propriis: cf. ALB. *Praedicab.* tr. 5, c. 8 (p. 105b).
[71] Sed id notandum est... non convenientia: cf. ALB. *Praedicab.* tr. 5, c. 8 (pp. 106b-107a).

inquantum[u] cum ipso non conveniunt. Hoc enim est nosse in universali et in potentia, et non proprie et secundum naturam propriam uniuscuiusque, secundum quod accipiuntur in aliquo uno universali et potentiali, pro ut silicet sunt cum eo non convenientia.

Angelus: Teneo.

Franciscus: Inducunt tandem subtiliorem omnibus preinductis differentię descriptionem,[72] eam quo ad intrinseca essentialia differentię speculantes, quę descriptio non convenit nisi differentię magis proprie, cum dicunt quod differentia est quę ad esse rei conducit et eius quod est esse rei pars est.

Est vero sensus huius descriptionis,[73] quod non quodlibet eorum dividentium quę sunt sub eodem genere est differentia, sed /
f. 99r   quod conducit ad esse. Quod exemplo patet. Quia non omne quod aptum natum est navigare per scientiam nauticam erit hominis differentia, quamquam soli conveniat homini, cuius etiam sit proprium. Dividimus enim animal dicentes «hę quidem sunt apta nata ad navigandum, illa vero minime». Sed hoc proprium quod est aptum natum esse ad navigandum non est essentiale principium, substantię completivum, neque pars eius essentialis, sed pocius aptitudo quedam eius. Ideoque proprium non est talis aptitudo, sicut est differentia specifica et substantialis. Et ideo manifestum est quod ad esse speciem conducit, et quod est pars esse illius rei quę simpliciter et perfectum habet esse, sicut speties. Conducit enim ad speciem, quę est individuorum, et est pars spetiei formalis, vel est pars esse rei, hoc est diffinitionis, quę dicit esse rei diffinitę. Diffinitio enim constat ex genere et differentia, sicut ex partibus.
f. 99v   Dicimus autem diffinitionem esse / de intrinsecis differentię eo quod intrinsecum et essentiale est differentię genus confusum et indistinctum ad specificum esse conducere, spetiem sub genere constituendo.

Et de differentia, quantum ad logicam intentionem spectat, hę, quę dicta sunt, ad sufficientiam dicta sint.

---

[u] inquantum: quantum *cod.*

---

[72] Inducunt tandem... rei pars est: cf. ALB. *Praedicab.* tr. 5, c. 9 (pp. 107b-108a).
[73] Est vero sensus... dicta sint: cf. ALB. *Praedicab.* tr. 5, c. 9 (pp. 110a-b).

De proprio et eius divisione, dubitationibus et solutionibus, quartum-decimum capitulum

Franciscus: De genere, spetie et differentia omnia hęc quę dicta sunt hactenus disputavimus; quę tria, ut diximus, cum de re essentialiter predicentur, proprium et accidens, quę accidentaliter predicantur, recto ordine antecedunt. Nunc de hiis duobus, silicet proprio et accidente, quid perypathetici phylosophi senserint dicere sequitur.

Horum autem oportet et ordinem et modum assignare, ut cognoscamus qua adinvicem componantur ratione. Ita vero ab alio alterum exceditur, ut a magis perfecto minus et ab optimo deterius. Proprium enim, quod ait Boecius,[1] a principiis spetiei / fluit eamque sequitur; at ex propriis individuis fluit accidens; speties autem individuis est prior, quare proprium est prius accidente. Sed preter hanc rationem, hęc est causa cur proprium accidens preeat: hoc quidem predicatur convertibiliter, non convertibiliter accidens. Diximus autem in superioribus idem precedere diversum, quemadmodum unum multa. Convenienter igitur quarto loco de proprio disputatur, cum a spetie fluat constituta per differentiam. Cum vero differentia sua natura speciem precedat naturaliter, etiam precedit proprium, sequens speciem.

Sunt vero plerique dubitantes an proprium a genere aut differentia veniat, ut nos etiam dicimus ipsum fluere a spetie et principiis suis; quę quidem dubitatio in aperto adeo est ut obscuritatis contineat nihil. At si dicamus,[2] secundum eos, proprium a genere esse et manare, quid aliud dicimus nisi quod sit, ad instar generis, confusum, et quod generis naturam sequatur, et quod eodem modo pre/dicetur? Quę omnia sunt falsa. Nam genus, secundum quod

f. 100r

f. 100v

---

[1] Boeth. *ap.* Alb. *Praedicab.* tr. 6, c. 1 (p. 111a).
[2] At si dicamus... per differentiam constitutę: cf. Alb. *Praedicab.* tr. 6, c. 1 (p. 111a).

genus, indistinctum est, ex quo non nascitur distinctio aliqua; omnis enim distinctio per actum fit. Confusum autem est genus et natura indeterminatum.

Eadem ratione, non potest dici quod a differentia veniat, secundum quod differentia est, quia ultima differentia est una, et ita proprium non esset nisi uno modo. Tum etiam, si aliarum differentiarum sequeretur naturam, tot etiam in se haberet respectus. Quę omnia haud vera sunt.

Est igitur, ut dicamus de proprio quod verum est, quod, cum sit quartum universale, manat de substantia spetiei per differentiam constitutę.

Angelus:[3] Videntur ista mihi, Francisce, contraria esse, ut dicamus aliquid et proprium esse et item universale. Nam id est proprium quod uni soli convenit, universale vero quod multis. Qua ratione ergo dicunt proprium esse universale?

Franciscus: Verum dicis. Secundum enim rationem nominum, proprium et universale videntur / esse repugnantia. Sed si inspiciamus ea diligentius, contradictio nulla invenietur. Quoniam et si proprium conveniat uni soli spetiei, convenit tamen sibi non absolute quidem, sed per inclinationem eius ad materiam individui; secundum quam inclinationem speties est comunicabilis multis, in quibus et de quibus est id solum speties, silicet cuius ipsum est proprium. Et hoc non est contra rationem universalis, quoniam ratio universalis proprii, quę est dici de multis, salvatur in pluribus individuis spetiei per ipsam speciem, qua mediante proprium individuis convenit.

Angelus: Intelligam exemplo melius, si des id.

Franciscus: Ita vero. Exempli causa, dicimus quoniam hoc proprium quod est esse risibile, cum hominis sit proprium, non sequitur speciem, silicet hominem, simpliciter et absolute, quia sic speties per modum unius, et non plurium, accipitur, si autem sic spetiem consequeretur, non esset utique proprium universale, cum, ut diximus, / universale sit de multis; sed speciem sequitur per rela-

f. 101r (margin, beside "prium et universale...")

f. 101v (margin, beside "diximus, / universale...")

---

[3] Videntur... non est contra rationem universalis: cf. ALB. *Praedicab.* tr. 6, c. 1 (p. 114a).

tionem eius ad individua, seu per respectum ad materiam in qua secundum naturam est. Predicatur ergo de spetie ut speties est multiplicata per sua individua, in quibus rationem multorum habet. Et ita, cum de spetie predicatur, de pluribus predicatur, et habet rationem predicabilis.

Angelus: Ex te itaque habeo individua eadem esse et spetiei et proprii, cum proprium de spetie predicetur secundum esse quod habet in suis individuis.

Franciscus: Ita ut intelligis est; proprium enim, si loquamur proprie, individuo caret, sed predicatur de individuo spetiei, spetiei participatione.

Angelus: Duo sunt, Francisce, quę hiis tuis dictis videntur esse contraria.[4] Primum est quoniam si, ut in Antepredicamentis Aristoteles inquit,[5] diversorum generum et non subalternatim positorum diversę sint speties et differentię, videtur etiam quod individua debeant esse diversa.

Secundum est quoniam si proprium non habet individua nisi spetiei, ergo non habet ea, quod optime sequitur, nisi per aliud. Cum autem individuum et particulare ad universa/le dicatur, videtur sequi quod non sit universale nisi per aliud. Itaque proprium erit universale per accidens, et ita non erunt quinque universalia per se, quę omnia sunt manifeste falsa.

f. 102r

Franciscus: Ad hęc duo dicimus quod eadem sunt individua seu subicibilia proprii et spetiei materialiter accepta, non autem si formaliter capiantur. Quoniam si individua capiantur pro ut terminant fluxum nature comunis, sic sunt subicibilia spetiei. Eadem vero considerata pro ut possunt informari quibusdam accidentibus, sic sunt subicibilia proprii.

Aliud etiam facile solvitur. Nam verum est quod proprium predicatur de spetie, cuius est proprium, inmediata predicatione. Sed, ut diximus, de ea non predicatur nisi ut respicit speciem pro ut est in materia et in particulari. Ideo predicatio proprii per se refertur ad individua et particularia. Itaque proprium per se, et non quidem per accidens, est universale.

---

4 Duo sunt... est universale: cf. ALB. *Praedicab.* tr. 6, c. 1 (p. 114a-b).
5 ARIST. *Cat.* 3 (1b. 16-20).

Angelus: Ex hiis quę de proprio colloquuti sumus, exterior habetur cognitio proprii; quid autem sit quo ad eius intraneam noticiam non dum dictum est. /

f. 102v *Franciscus*: Nulla est de re scientia refellenda, sive aut proxima rei sit aut distans. Hęc adduxi a te rogatus; a me ipso loquor nihil. Nunc ergo quid proprium sit attende.

Angelus: Te infensus servo.[6]

Franciscus: Proprium enim antiqui Perypathetici, ut ait Porphyrius,[7] quadrifariam dividunt; hoc est, quatuor modis de proprio fantur.

Primo ergo modo dicitur proprium quod inest alicui spetiei et non omni individuo eius, ut esse medicum vel geometram aut gramaticum, secundum artem.

Angelus: Cur proprium ita acceptum soli spetiei convenit, et non omni individuo?

Franciscus: Eo quod proprium isto modo consequitur principia propria spetiei, quę quidem principia soli spetiei conveniunt; igitur proprium, quod fluit ex ipsis principiis, soli convenit spetiei. Quod vero conveniat non omni individuo est quia fluit ab ipsis principiis contingenter, et non neccessario; ideo non convenit omni individuo eiusdem spetiei.

Angelus: Da exemplum.

Franciscus: Ut esse dyaleticum fluit ex principiis propriis hominis non neccessario, sed mediante et intellectu et voluntate, ut silicet f. 103r intellectus imperio voluntatis / ad studium applicatur, at voluntas libere applicat intellectum ad studium, qui in omnibus particularibus ad id non eodem modo inclinat; et inde est quod non omnes sunt geometre aut gramatici seu dyaletici.

Secundo modo dicitur proprium id quod convenit omni individuo alicuius spetiei et non soli tali spetiei, ut esse bipedem per naturam convenit omnibus hominibus perfectis, at non hominibus solum, sed avibus. Cuius causa est eo quod tale proprium conse-

---

[6] Ter *Andr.* 212.
[7] Porph. *Isag.* p. 19, 18.

quitur principia comunia, ideo convenit cum individuo; eo vero quod talia principia sunt comunia aliis spetiebus, ideo non solum uni spetiei convenit, sed multis.

Tertio modo dicitur proprium quod inest omni individuo unius spetiei et soli tali spetiei, sed non semper, idest pro quolibet tempore, ut canescere in senectute convenit omni homini, et homini soli, at non semper. Huius causa est eo quod principia talis proprii sunt adequata principiis talis spetiei, ideo dicitur convenire omni et soli; cum autem talia principia sint transmutabilia, ideo tale proprium non / convenit semper.

f. 103v

Quarto modo dicitur proprium quod convenit omni et soli et semper, hoc est convenit omni individuo alicuius spetiei et soli tali spetiei et pro quolibet tempore, ut esse risibile. Eius causa est eo quod eiuscemodi proprium consequitur principia spetiei adequate, et non sunt transmutabilia; inde est quod convenit omni et soli et semper.

Et accepto hoc ultimo modo proprio appellant proprie proprium, et est unum de quinque universalibus, cum sic excogitatum faciat predicabile distinctum ab aliis. Cęteri vero modi sub accidente pocius continentur.

Angelus: Contra hanc divisionem proprii videtur esse Aristoteles quinto Thopicorum.[8] Quoddam[a] enim est, inquit, proprium simpliciter (quod nos vocamus proprium quarto modo), quod quidem simpliciter et vere est proprium. Aliud est proprium quando, quod non ita vere proprium est, quia non semper convenit, sed quando, seu aliquando (et hoc dicimus tertio modo proprium). Tertio dicitur proprium ad aliud, quod solum est proprium secundum aliud, quia silicet / convenit vel soli et non omni, vel omni et non soli. Tres itaque videntur esse modi ipsius proprii. Aut ergo hęc divisio est mancha, aut illa Porphyrii superflua.

f. 104r

Franciscus: Dicimus quod tam ea quę est Aristotelis quam ea quę Porphyrii est sufficiens, verum sub tertio modo Aristoteles conprehendit primum et secundum modum divisionis Porphyrii. Primus

---

[a] Quoddam: Quodam *cod.*

---

[8] Cf. ARIST. *Top.* 5, 1 (128b. 34 - 129a. 5).

enim et secundus modus divisionis assignate a Porphyrio dicuntur per respectum ad aliud, ut esse medicum convenit soli spetiei humanẹ per comperationem ad animalia ratione carentia, et non convenit omni individuo per comperationem unius gramatici ad non gramaticum, ut ad mercennarium; esse etiam bipedem est proprium hominis si referatur ad quadripedia, ut ad asinum vel bovem.

Angelus: Divisio hẹc proprii, Francisce, qualis est divisio?

Franciscus: Analogi in analogata. Per prius enim proprium dicitur de proprie proprio, quod dictum est quarto modo, et deinde de cẹteris.

f. 104*v* *Angelus*: Quẹ est igitur diffinitio illa proprii, ut / in ratione predicabilis accipitur?

Franciscus: Cum dicitur quod proprium est quod inest omni et soli et semper, et conversim predicatur de re et non indicat quid est esse rei.

Angelus: De sensum huius diffinitionis.

Franciscus: Sensus est quoniam id quod hoc quarto modo dicitur proprium convertibiliter de re predicatur, ad aliorum predicabilium differentiam; cẹtera enim de subicibilibus non convertibiliter predicantur. Neque indicat simpliciter quid sit res nisi a posteriori, cum sit posterius spetie; a priori autem rem manifestare haudquaquam potest.

Angelus: Quid est indicare quod quid est rei?

Franciscus: Id dicimus, quod quid est res indicare, quod manifesta facit principia ingredientia esse essentiale rei.

Angelus: Quẹ sunt principia essentialia spetiei?

Franciscus: Genus et differentia. Ex hiis enim tanquam ex partibus essentialibus constituitur speties.

Angelus: Est ne aliquid quod ita explicet esse rei?

Franciscus: Est.

Angelus: Quid est illud, cum iam dictum sit quod non est proprium?

Franciscus: Id est diffinitio. Hęc enim inportat et genus et differentiam rei, ex quibus tota essentia aut esse spetiei essentiale constituitur. /

f. 105r *Angelus*: Potest ne cognosci quando diffinitio id faciat?

Franciscus: Cum diffinitio secundum ordinem colligit omnia substantialia rei, a prima potentia ipsius in qua esse rei inchoatum est usque ad ultimum actum eius in quo res iam est in esse perfecto secundum suam totam entitatem, tum dicimus eam quod quid est sive essentiam rei explicare.

Angelus: Arguo contra hoc. Nam cum diffinitio sit quoddam complexum ex naturis diversorum predicamentorum et predicabilium, videtur esse accidens extrinsecum a diffinito. Accidens vero eiusmodi non indicat quod quid est rei; igitur non videtur verum quod de diffinitione dictum est.

Franciscus: Dicimus quod diffinitio dupliciter considerari potest: primo materialiter, ex parte silicet vocis, et hoc modo est extrinseca a diffinito, neque sic essentiam diffiniti explicat. Secundo potest considerari ex parte significati, et sic non est accidens eius, eo quod significata diffinitionis sunt principia substantialia et intrin-
f. 105v seca diffiniti, quę silicet principia sunt / genus et speties. Hęc quidem simul accepta vocantur quod quid est seu quiditas spetiei, idest id ex quo esse substantiale spetiei consurgit.

Angelus: Videntur ergo diffinitio et quiditas in unum convenire.

Franciscus: Differunt solum ut signum et signatum; diffinitio enim est signum explicans quiditatem.

Angelus: Ultima etiam pars diffinitionis non videtur esse ad mentem Aristotelis, qui in De Anima codice inquit: «Accidentia[b] magnam partem conferunt ad cognoscendum quod quid est».[9] Ibi ve-

---

[b] Accidentia: Accidentiam *cod.*

---

[9] Arist. *ap.* Alb. *Praedicab.* tr. 1, c. 6 (p. 14a) *et ap.* Thom. Aq. *SCG.* 3, c. 56, 5; cf. Arist. *De An.* 1, 1 (402b. 21-22).

ro dicitur «et non indicat quid est esse rei». Quę opposita sunt omnino.

Franciscus: Dicimus quod Porphyrius intellexit proprium non ostendere esse rei a priori, ut facit diffinitio. Sed Aristoteles dicit quod accidentia conferunt multum ad cognoscendam substantiam a posteriori.

Angelus: Quod iste non sit sensus Aristotelis in hac sententia, ita ostendo. Cognitio intellectiva, ut primo Posteriorum Aristoteles inquit,[10] ex sensitiva oritur. Sed accidentia cognoscuntur cognitione sensitiva, / et illa est prior. Videtur quod accidentia valeant ad substantiam pernoscendam a priori.

f. 106r

Franciscus: Dicimus quod, si dicamus accidentia conducere ad cognitionem substantię a priori, hoc non est nisi per accidens, ut capitulo quinquagesimo quinto Thomas Aquinas tertio Adversus Gentes ait,[11] in quantum videlicet cognitio intellectiva oritur ex sensitiva. Nam licet cognitio sensitiva quo ad nos sit prior, non tamen simpliciter est prior.

Angelus: Replico. Nam entia mathematica non cognoscuntur a nobis per sensum, cum considerentur ut sunt a materia sensibili separata. Ergo neque cognitio sensitiva est prior, neque accidentia ad hęc cognoscenda faciunt, cum accidentia non habeant esse nisi in materia sensibili. Mihi ad hanc responde obiectionem, et tunc diffinitionem proprii optime intelligam.

Franciscus: Facile est dicere ad hoc. Quoniam illa Aristotelis auctoritas non tenet in mathematicis, sed in hiis quę considerantur secundum esse in materia generabili et corruptibili.[12] Ideo paulo ante diximus quod / cognitio sensitiva non est prior simpliciter.

f. 106v

Angelus: Nunc scio diffinitionem proprii esse convenientem. Sed id circa veniunt non nullę dubitationes, quas mea opera nequeo ad sumum intelligere.

Franciscus: Nisi scirem quantum firmitatis ad probandam cogno-

---

10 Cf. Arist. *APo.* 1, 31 (87b. 28 - 88a. 17).
11 Thom. Aq. *SCG.* 3, c. 56, 5.
12 Quoniam illa... corruptibili: Thom. Aq. *SCG.* 3, c. 56, 5.

scendamque veritatem dubitationes tuę habeant, eas a principio neglexissem. Fit enim, dubitantibus nobis de re omni, ut certioribus signis eligamus eam quam querimus veritatem, quę facile tum comprehenditur, si argumentata et excusa sit.

Angelus: Ego, eadem ratione confirmatus, mea omnia tecum confidenter comunico.

Franciscus: Probe agis! Dic igitur tu quod placet.

Angelus: Prima itaque dubitatio circa proprium est, an proprium sit accidens aut substantia. Secunda, an proprium convertibile cum eo sit, cuius est proprium. Tertia, an proprium, quod Aristoteles vocat propriam passionem, distinguatur realiter a suo subiecto nec ne. Quarta dubitatio est, an proprium fluat a principiis subiecti vel ne.

f. 107r *Franciscus*: Primo ergo utrum proprium / sit vel substantia vel accidens a te et ab aliis multis dubitatur.[c]

Quod proprium sit substantia ratione quidam videntur probare, ita arguentes.[13] Si proprium manat ex principiis spetiei, quod ait Boecius,[14] et principia spetiei substantię sint, cum ex substantiis non fiat nisi substantia, sic dicunt proprium substantiam esse.

Arguunt secundo fortius. Nam cum proprium de spetie predicetur, ut cum dicitur «homo est risibilis», in hac propositione subiectum est de ratione predicati, ut primo Posteriorum Aristoteles inquit.[15] Subiectum igitur huius propositionis secundum intellectum clausum est in predicato. At quicquid secundum intellectum in alio clausum est, per se et essentialiter convenit illi, et sic subiectum erit essentiale predicati principium. Quod autem per se et essentialiter est alicuius principium, est de ipsius essentia. Cum ergo subiectum sit substantia, oportet quod et predicatum eius, quod est proprium, substantia / sit.

f. 107v Tertio dicunt quod, cum proprium de spetie predicatur, speties

---

[c] Franciscus *post* dubitatur *add. cod.*

---

[13] Si proprium... esse predicabilia: cf. ALB. *Praedicab.* tr. 6, c. 1 (p. 112a-b).
[14] BOETH. *ap.* ALB. *Praedicab.* tr. 6, c. 1 (p. 111a).
[15] ARIST. *ap.* ALB. *Praedicab.* tr. 6, c. 1 (p. 113b).

dicitur causa proprii. Vel ergo, ut volunt, est causa per se et univoca, aut per accidens et equivoca. Si quidem dicatur quod sit
equivoca et per accidens, sequens est quod hęc propositio, «homo
est risibilis», non est per se; quod est falsum, cum sit in secundo
modo dicendi per se. Si vero sit univoca et per se causa, cum causa
univoca comunicet univocato et naturam et essentiam et nomen,
sequitur quod sit essentialis causa et de essentia predicati. Et ita,
cum subiectum sit substantia, predicatum erit substantia. Unde,
secundum eos, consequens est dicere quod proprium non sit proprium sed magis speties, et quatuor solum esse predicabilia.

Sed ad hęc omnia levissimum est respondere, si substantię et
accidentis multiplicitatem sciverimus. Ex ignorantia enim huius
falluntur proprium substantiam esse, cum sit accidens, ut Porphyrius ait.[16]

Tam igitur substantia quam etiam accidens duobus modis accipi possunt. Potest primo considerari substantia comuniter, pro
f. 108r quacunque / silicet essentia. Et hoc modo quicquid est de intellectu quiditativo alicuius, sive id predicetur in quale essentiale sive
accidentale, potest dici substantia, cum omnia talia sint de genere
substantię. Et hoc modo proprium potest dici substantia, qua ratione fortassis intelligunt qui dicunt proprium esse substantiam.
Nihil enim prohibet isto modo illud, quod est accidens, esse de
substantia seu de essentia alterius. Color enim, exempli causa, accidens est parietis, et tamen est de substantia albedinis.

Secundo potest accipi substantia pro ut facit unum predicamentum distinctum a predicamento accidentis. Et hoc modo proprium est accidens, cum ut sic non possit locari in predicamento
substantię.

Similiter de accidente dicendum est, quod potest primo considerari ut distinguitur contra substantiam, ut Phylosophus Methaphysice quinto dividit ens in substantiam et accidens.[17] Secundo
potest considerari accidens non ut dividitur contra substantiam
sed ut est unum de quinque universalibus. Et sic proprium non est
f. 108v accidens, immo contra id di/viditur, ut Porphyrius manifeste
ostendit.[18]

---

[16] Cf. Porph. *Isag.* p. 31, 7-12.
[17] Cf. Arist. *Metaph.* 5, 7 (1017a. 8 - b. 9).
[18] Cf. Porph. *Isag.* p. 31, 13-20.

Sic ergo dicimus quod, si de accidente proprie loquamur, proprium profecto accidens est. Et ita questio prima soluta remanet.

Angelus: Querebam secundo, utrum convertibiliter proprium diceretur vel non.

Franciscus: Ad hanc questionem, pro ut ad nos spectat, ita nunc respondeo. Proprium enim convertibiliter dici dupliciter intelligi potest: primo ut proprium dicatur esse idem cum eo cuius ipsum proprium est. Et hoc nullo modo concedendum est, ut latius dicemus in sequenti questione; sic enim oporteret nos dicere accidens esse substantiam, aut predicamenta non esse inpermixta, et unum esse realiter multa; quę omnia falsa sunt.

Secundo potest intelligi quod dicatur convertibiliter quantum ad naturalem concomitantiam. Et hoc modo dicimus quod dicitur convertibiliter. Posito enim homine ponitur risibile, et econverso; unum enim ad aliud habitudinem naturalem habet.

Angelus: Videtur ergo sequi quod, si unum ad reliquum neccessario sequitur, et quod ubi fuerit unum, sit reliquum; et quando unum, item alterum. / Et ita universaliter semper erunt simul.

f. 109r

Franciscus: Dicimus quod «aliqua duo sunt simul» potest dupliciter intelligi: uno modo quantum ad simultatem naturę, et hoc modo proprium et id cuius est non sunt simul, cum proprium sit accidens, quod secundum naturam posterius est substantia; secundo quantum ad simultatem temporis, et isto modo sunt simul.

Angelus: Est ne unum altero prius intelligibile?

Franciscus: Et prius et magis.

Angelus: Qua ratione id ostendis?

Franciscus: Quoniam aliquid esse prius intelligibile potest intelligi dupliciter: uno modo simpliciter, et hoc modo substantia, sive subiectum, est prius intelligibile quam proprium, cum sit accidens.

Secundo potest intelligi quo ad nos, et hoc dupliciter: primo ut conveniunt mente, et hoc modo unum altero prius non intelligitur; secundo ut considerentur secundum se in ordinem ad cognitionem nostram, et hoc modo proprium est prius intelligibile et magis.

Proprium enim, si non sit magis notum eo cuius proprium est, non est bene assignatum, ut in Thopicis patet.[19]

f. 109*v* *Angelus*: Oritur mihi contra hoc dubitatio. / Nam eadem sunt principia essendi et cognoscendi, quod ait Aristoteles Methaphysice secundo.[20] Sed principia essendi subiecti sunt principia passionis; igitur erunt etiam principia cognoscendi. Et ita quo ad nos videtur esse magis notum subiectum quam proprium.

Franciscus:[d] Dicimus quod substantia vel eius principia, si ducunt nos in cognitionem accidentis, hoc non est nisi a priori, non quidem a priori quo ad nos, sed secundum naturam.

Angelus: Ostendisti egregie quod in hac questione volebam. Res ipsa etiam, cum sua natura sit facilis, maiori haud eget expositione.

Franciscus: Ergo qua ratione proprium cum subiecto convertatur aut non satis cum sit dictum, sequitur tertiȩ questionis disputatio, utrum silicet proprium, aut passio propria, et subiectum realiter distinguantur,[e] aut sint idem et realiter non distinguantur.[f]

Est autem, in questione hac tertia, opinio una veritati contraria, et consequenter hiis qui defendunt ipsam veritatem. Illi enim dicunt quod subiectum et propria passio realiter non distinguntur; f. 110*r* veri autem Perypathetici oppositam viam in disputando / tenent, ut subiectum et propriam passionem realiter esse distincta omnino dicant, cum sint diversorum generum, quȩ, ut Aristoteles ait in primo Posteriorum,[21] realiter distincta sunt. Nobis autem non tantum licet Aristotelem imitari quam defendere veritatem et contrarios propulsare errores. Id nanque probant Perypathetici quod etiam Aristoteles vult; ea autem in quibus supposita fide Aristoteles minus recte sensisse fertur, noverunt Aristotelici, qui et phylosophi veri seu theologi, ostendere contraria esse veritati.

---

d Franciscus: A⟨ngelus⟩ *cod.*
e distinguatur: distinguantur *cod.*
f distinguatur: distinguantur *cod.*

---

19 ARIST. *Top.* 5, 2 (129b. 21-29).
20 Cf. ARIST. *Metaph.* 2, 1 (993b. 23-31).
21 Cf. ARIST. *APo.* 1, 7 (75a. 38 - b. 20).

Francisci Thomae

Itaque in hac questione te iudicem constituo, ut noscas utrum verum sit quod a subiecto passio non distinguatur realiter, ut contraria opinio probat, vel distinguatur, ut nos volumus, vel non.

Angelus: Non audita parte, Francisce, tam quę defendit quam quę offendit et perturbat concordiam, nihil recti a quoquam iudicari aut secerni potest.

Franciscus: Rationes eorum tibi, pro ut sunt, quam vere exponam; ostendamque quam detestandi sint, cum a vero penitus recedant, f. 110v qui / etiam propriam defensionem ignorare videantur.

Sic ergo primo argumentantur ad substinendam probandamque falsitatem, accipientes suę opinionis fundamentum ex Aristotele quarto suę Methaphysicę non sanę intellecto, ubi inquit: «Ea quę eadem generatione generantur et eadem corruptione corrumpuntur sunt idem realiter», et si id sub aliis verbis dicat.[22] Sed subiectum cum propria passione eadem generatione et generantur et intereunt. Ergo, ut dicunt, non sunt distincta realiter.

Secundo inducunt ad suę opinionis confirmationem articulum parisiensem, qui ait quod illa quę sunt distincta realiter, Deus potest ea separare et separatim conservare.[23] Dicunt igitur, si passio et subiectum sunt distincta realiter, poterit Deus creare hominem qui non sit intellectualis, cum intelligere sit naturalis passio animę intellectivę. Hoc autem videtur esse minus conveniens. Non ergo realiter distinguntur.

Heę due sunt meliores eorum rationes, in quibus fortassis apud f. 111r aliquos est aliqua, / licet tenuis, apparentia.

Angelus: Videntur mihi, Francisce, eiuscemodi rationes multum probabiles, cum ex optimo sint fundamento ortę; neque aliquid adversus eos invenio. Credo itaque huiuscę opinionis esse quam multos. Tu autem quid?

Franciscus: Credo te scire quoniam omnibus comune est opinari, at recte intelligere et opinari paucorum est.

Angelus: Quid igitur Aristoteles in questione ait?

---

[22] Cf. ARIST. *Metaph.* 5, 9 (1017b. 27 - 1018 a. 9).
[23] Cf. HISSETTE, *Enquête*, no. 17, pp. 45-49.

Franciscus: Quod subiectum et propria passio sunt realiter distincta.

Angelus: Qui contra sentiunt, id ex eodem capite obiciunt. Non credo Aristotelem se ipsum inficiare.

Franciscus: Nunquam!

Angelus: Quomodo igitur quod illi affirmant vos negatis?

Franciscus: Eo quod non sumunt de questione verum sensum.

Angelus: Tu hoc dicis; idem illi de te predicant!

Franciscus: Quid tantis inmoramur, cum sis tu institutus iustissimus iudex? Me audito, iudicium integrum dabis.

Angelus: Re vera, id in medium sine ullo dolo feram. Tu tamen dic prius quid animi sis.

Franciscus: Dicimus – tu attende –

Angelus: Audio non segniter.[g]

f. 111*v* *Franciscus*:[h] – quod illa quę / eadem generatione numero generantur et corruptione eadem numero corrumpuntur et desinunt, sunt eadem realiter, modo generentur et corrumpantur eodem modo.

Angelus: Hoc non intelligo. Te hortor, si unquam facilis fuisti, maxime nunc sis, atque, ommissa circuitione, ad rem veni.

Franciscus: Faciam ut precipis; nudabo animam vestesque reponam.

Angelus: Sic optime facies.

Franciscus: Ergo id annotare debes, quod generari aliquid[i] dicitur tripliciter: uno modo per accidens, quemadmodum generatur accidens ad sui subiecti generationem; secundo modo per alterum, ut generantur universalia ad generationem suppositorum; tertio modo per se, et hoc potest intelligi dupliciter: aut proprie, sicut id quod

---

[g] tu-segniter: (tu attende. A: Audio non segniter,) *cod.*
[h] Franciscus *om. cod.*
[i] perse *post* aliquid *del. cod.*

generatur, ut est compositum; aut sicut id quo, et ita essentia vel esse generari dicuntur.

Unde si aliqua sint, quę eadem generatione generentur diversimode – unum silicet per se, aliud vero per accidens; unum primo, aliud concomitative; unum ut quod, aliud ut quo –, non est quod talia sint eadem realiter omnino[j] neccessarium. Verum si eadem generatione generantur / et eodem modo, ita quod unum non supponat aliud, illa erunt eadem realiter. Et iste est verus sensus Aristotelis.

Angelus: Applica hęc dicta ad questionem.

Franciscus: Dicimus quod propter hanc auctoritatem Aristotelis non est neccesse dicere subiectum et propriam passionem esse idem realiter. Quoniam, licet subiectum et passio eadem generatione generentur, non tamen eodem modo, quia unum generatur per se et primo, aliud vero per accidens et concomitative; concomitatur enim passio proprium subiectum.

Angelus: Solvisti peregregie primam rationem. Sed ad articulum parisiensem quid?

Franciscus: Etiam diximus. Articulus enim ille intelligitur, modo illa realiter distincta non habeant neccessariam habitudinem adinvicem. Quę vero ita se habent ut sese naturaliter sequantur et neccessario, ea non potest Deus separare et separata preservare.

Angelus: Tu igitur minuis Dei omnipotentiam, si dicas Deum non posse creare hominem sine propria passione; quod est maximum inconveniens.

Franciscus: Non negamus omnipotentiam Dei, quoniam, / ut in De Celo et Mundo Comentator ait, et Thomas Aquinas in Questione De Potentia,[24] non ideo Deus dicitur omnipotens eo quod possit repugnantia facere; ad talia enim non extendit divina potentia, sed ad omnia quę contradictionem non implicant. Unde, si non possit facere hominem sine intellectiva potentia, non est quod sit aliquo

f. 112r (margin)
f. 112v (margin)

---

[j] omnino: omino *cod.*

---

[24] THOM. AQ. *QDP*. q. 5, a. 2, resp.; cf. q. 2, a. 10, ad 2.

modo impotens, sed provenit id non posse ex parte rei factę, quę id non patitur, cum sibi repugnet.

Angelus: Adeo, Francisce, aperta sunt quę ais, ut non parum admirer quo modo in contrariam viam illi superiores prolapsi sint, nisi id proterve substineant.

Franciscus: Tenes ne quod dixi?

Angelus: Si cetera animantia ab homine, in quibus nullus inest scientię usus, istuc ipsum audivissent, ut possent melius, id confirmarent.

Franciscus: Vales igitur tuum iudicium publicare, ut tua censura opinio illorum pereat, eadem nostra vivat.

Angelus: Meo non opus est neque iudicio neque testimonio; res ipsa se optime omnium probat. Sed ad eam opinionem sequitur ne impossibile aliquod?

f. 113r *Franciscus*: Satis est nobis, / Angele, scivisse veritatem. Quamobrem id nunc interrogas?

Angelus: Ut, si exercitationis gratia eam substineam, quid defendam sciam.

Franciscus: Non unum impossibile solum sed multa ad hanc eorum opinionem sequuntur; substineres itaque impossibile.

Angelus: Quę nam sunt quę sequuntur impossibilia?

Franciscus: Sequeretur primo quod duo contradictoria essent simul vera, quod est inconveniens maximum.

Angelus: Quomodo ostendis istud?

Franciscus: Quia si ista propositio, «qualitas est substantia», est vera, ut ipsi volunt, et ista etiam sit vera secundum Aristotelem, «nulla qualitas est substantia», tunc duo contradictoria erunt simul vera.

Angelus: Ubi nam Phylosophus hoc, quod silicet dicis, quod nulla qualitas est substantia?

13

Franciscus: In primo De Anima.[25] «Nulla est» inquit «verior propositio quam illa, in qua unum predicamentum ab alio removetur». Proprium vero cum sit accidens, aut propria passio cum sit qualitas, non est subiectum sive substantia, quin realiter distinguntur.

Adhuc sequeretur, si propria passio dicatur esse eadem cum f. 113*v* substantia, quod nulli accideret, neque etiam / esset, accidens, quia, ut primo Physicorum Aristoteles ait,[26] quod uni est accidens, nulli est substantia. Et ita oporteret nos dicere quod propria passio non sit qualitas, cum qualitas sit accidens, secundum omnes Perypatheticos.

Angelus: Satis est mihi ostensum quomodo eiuscemodi impossibilia sequantur; alia omitte. Iam fecisti me tuę opinionis defensorem acerrimum. Nescio profecto quid eos tam vehementer commoveat, ut non videant inconvenientia hęc ex opinione sua sequi.

Franciscus: Proprium ergo et subiectum eadem realiter non esse, sed inter se distincta, brevi disputatione a nobis explicatum est.

Angelus: Superest postremo, Francisce, in hoc capitulo, eam questionem investigare que superius quarto est posita loco, utrum silicet a principiis subiecti proprium fluat an ne.

Franciscus: In hac vero questione is erit ad cognoscendam occultam veritatem modus: prius inducam rationes multorum qui contra sentiunt; deinde quam sint a veritate disconvenientes ostendam; tertio argumenta inducta solvemus. /

f. 114*r*   Sunt ergo aliqui primo, qui proprium a subiecto oriri et manare omnino negant, causam argumentandi accipientes ex proprii et subiecti, quam vident adinvicem habere, oppositione. Ut vero eorum ipsorum rationes cognoscantur, sub forma ita argumentantur. Unum oppositorum ab altero neque sequi neque manare potest ullo modo. At proprium et subiectum opposita esse constat; sunt enim diversorum predicamentorum naturę, quę hac naturali lege sese certo sequuntur ordine, ut tamen inpermixta et distincta maneant, quod ait Temistius. Non igitur possibile est aliud ex alio aut sequi aut fluere.

---

[25] Cf. Arist. *De An.* 1, 5 (410a. 13-22).
[26] Cf. Arist. *Phys.* 1, 7 (190a. 13 - 191a. 22); 1, 9 (191b. 35 - 192a. 34).

Arguunt secundo fortius. Nam quicquid ab alio est, iam causa illius est quod est ab eo. Non est autem causa proprii subiectum, ut volunt, cum causa tempore suum effectum precedat; proprium vero et subiectum, ut in superioribus est ostensum, simul tempore sunt. Si igitur, inquiunt, dicamus proprii subiectum esse causam, f. 114*v* ex ostensa ypothesi sequens est dicere «tum aliquid / erit, quando non dum erit», et eodem modo idem sui esse causam, cum tam proprium quam subiectum eadem generentur generatione, ex qua videntur inseperata stare. Ut igitur huiusmodi errores non affirment, dicunt consequens esse ut dicamus proprium a subiecto nequaquam venire aut manare.

Quidam vero alii, et si non eodem modo, tamen in eundem errorem incidunt, existimantes id quod affectant inexpugnabiliter demonstrare. Dicunt enim proprium, et generaliter omnes qualitates formam substantialem consequentes, ab eo esse a quo forma illa esse habet, id confirmantes ex dicto Commentatoris in De Celo et Mundo: «Dans formam» inquit «dat omnia consequentia formam illam». Sequens ergo est ut proprium non sit a subiecto, sed ab eo a quo ipsum subiectum est. Sunt vero omnia a primo conditore, qui est Deus, a quo omnia esse habent, et quod aut non talia aut talia sint disponit. Proprium itaque a subiecto nullo modo est. /

f. 115*r*   Adhuc ita arguunt. Emanatio motum quendam importat. Probat autem Aristoteles in libro Physicorum a se ipso nihil moveri.[27] Non igitur a subiecto potest esse proprium, nisi dicamus manifeste contra Aristotelem et comunem omnium opinionem.

Atque huc usque disputatio eorum venit, quantum ad logicam facultatem spectat. Sed quod omnes inducte utriusque opinionis rationes sint penitus false non est difficile probare.

Omitto vero multa testimonia ad hoc ostendendum, sed satis erit nobis Aristotelis et Beati Thome doctrina. Primo enim Physicorum «Materia» inquit «subiecta forme causa est omnium accidentium que sunt in subiecto».[28] Ostensum est autem in huius capituli prima questione proprium accidens esse, quamvis hoc sit satis per se notum.

Commentator etiam et Albertus Magnus et Liconiensis in Posteriorum primo idem videntur dicere manifeste: «Subiectum

---

[27] Cf. ARIST. *Phys.* 8, 4 (254b. 7 - 256a. 3).
[28] Cf. ARIST. *Phys.* 1, 7 (190b. 10 - 191a. 22).

enim» inquiunt «se habet in duplici genere, causę materialis silicet et efficientis respectu proprię passionis».[29] Planior profecto eorum sententia esse nequit.

f. 115v   Sed vi/deamus quid Thomas Aquinas sentiat, cui magis credimus, atque ubi et qua ratione ostendat proprium utrum a principiis subiecti sit. Ita enim Prima Parte, questione septuagesima sexta, articulo sexto, ait: «Subiectum est causa proprii accidentis, et finalis, et quodammodo activa, et etiam materialis, inquantum est susceptivum accidentis».[30]

At in primo Sententiarum, distinctione decima et septima, questione prima, articulo secundo, ad secundum, de caritate disputans, ita ad nostram dubitationem dicit: «Subiectum diversimode se habet ad diversa accidentia». «Quedam» inquit «sunt accidentia naturalia, quę causantur ex principiis subiecti, et hoc dupliciter; quia vel causantur ex principiis spetiei, et sic sunt proprię passiones, et quę sequuntur totam spetiem; vel ex principiis individui, et sic sunt accidentia comunia consequentia principia naturalia individui».[31]

Paulo inferius annotandum dicit quod «omnibus accidentibus, comuniter loquendo, subiectum est causa quodam modo, inquantum silicet accidentia in esse subiecti substantificantur; non tamen ita quod ex principiis subiecti accidentia omnia educantur».[32]

f. 116r   In Questionibus / vero De Anima Disputatis, articulo duodecimo,[k] ad septimum, hoc ipsum peregregie confirmat: «Tria» inquit «sunt genera accidentium: quedam enim causantur ex principiis spetiei, et dicuntur propria, sicut risibile homini; quedam causantur ex principiis individui, et hoc dupliciter, quia vel habent causam permanentem in subiecto, et hec sunt accidentia inseparabilia, sicut feminum et masculinum; quędam vero habent causam non semper permanentem in subiecto, et hęc sunt accidentia separabilia, ut sedere et ambulare».[33]

---

[k] duodecimo: duodecimum *cod.*

---

[29] Cf. Alb. *Post. An.* tr. 1, c. 4, (p. 146); Gross. *Post. An.* 1, 4, 31-79 (pp. 31-79).
[30] Thom. Aq. *ST.* 1, q. 77, a. 6, ad 2.
[31] Thom. Aq. *1 Sent.* d. 17, q. 1, a. 2, ad 2.
[32] Thom. Aq. *ibid.*
[33] Thom. Aq. *QDA.* a. 12, ad 7.

Sunt hec, Angele, quam limpidissima. Aristoteles etiam nono suę Primę Phylosophyę ait: «Omne accidens a substantia causatur, et stabilitur et ordinatur ab ipsa, et sine ipsa est fluens et indeterminatum».[34] Nullus itaque restat ambigendi locus.

Angelus: Quamvis, Francisce, hęc testimonia quę adduxisti sint et doctrina et auctoritate prestantissima, tamen non parva venit contra Thomam in mentem obiectio. Nam contrarium eorum in De f. 116*v* Ente et Essentia opusculo docet, quę tu / in tot locis eundem ais scripsisse. Sic enim in eo codice argumentatur. Omne quod advenit alicui vel est causatum ex principiis nature suę, sicut risibile in homine, vel advenit ab aliquo principio extrinseco, sicut lumen in aere ex influentia solis. Sed non dici ut ipsum esse sit causatum ab ipsa forma sive essentia – dico sicut a causa efficiente – tum quia idem esset causa sui ipsius, tum quia aliqua res se ipsam in esse produceret, quod est impossibile.[35]

Hinc ego contra superiora dicta Thomę arguo. Si esse non est a forma tanquam a causa efficiente, multo minus accidentia alia sunt ab ipsa, seu a materia et forma, tanquam a causis efficientibus, cum nihil sit tam intrinsecum formę quam ipsum esse; sepę enim ob hoc dicimus quod formę effectus est esse. Aut ergo ea quę de Beato Thoma dicta sunt superius falsa sunt, aut suę sententię in diversis locis positę sese interimunt et contaminantur. Utrumve dixeris, te contra concludo, Francisce.

Franciscus: Videtur sepę Beatus Thomas sibi primo aspectu contra-f. 117*r* rius; at si diligentius eum / atque quod docet inspexeris, nullam comperies contrarietatem in eo. Quod ergo facile est scire. Esse enim a forma non causari intelligit tanquam a causa remota et prima omnium entium, quę Deus est, a quo omnia esse habent et viventia vivere. Non tamen negat ipsum esse causari a forma atque a causa proxima.

Angelus: Ergo, ut ipse concludit, consequens est ut idem sit sui ipsius causa.

Franciscus: Verum est, si id quod est «causa est» ab ea esset tan-

---

[34] Cf. Arist. *Metaph.* 6, 2 (1026a. 33 - 1027a. 28).
[35] Cf. Thom. Aq. *DEE.* c. 4, 127-135 (ed. Leonin.).

quam ab efficiente, ex quo ipsa etiam causa haberet esse simpliciter. Non autem id sequitur, si ab ea producatur per naturalem consequentiam.

Angelus: Non intelligo qua ratione proprium a subiecto sit atque a causa.

Franciscus: Eo quod ex unione formę cum materia resultat et sequitur propria passio, et cetera accidentia quę ex principiis spetiei causantur. Accidentia vero comunia, quę causantur ex principiis individui, oriuntur et sequuntur ex diversa ęlementorum commixtione.

Angelus: Quomodo igitur, si ad esse subiecti sequitur proprium, f. 117v subiectum / dicitur proprii causa?

Franciscus: Quia, ut Boecius ait, est occasio essendi proprii, et substantificat ipsum, sicut cętera accidentia.

Angelus: Da exemplum, cuius similitudine proprium a subiecto oriatur.

Franciscus: Sicut a sole radius et odor a flore et ab igne calor. Horum enim omnium subiectis positis, cętera sequuuntur.

Angelus: Exemplum hoc, Francisce, ostendit quomodo unum ex alio sequitur. Da nunc exemplum quomodo subiectum cooperetur ad proprii productionem ita quod causa dici possit.

Franciscus: Quoniam eclipsari est propria passio lunę, licet ab extrinseco sit, ut ab interpositione terrę inter solem et lunam, tamen aliquid luna ad hanc passionem operatur, eo quod si luna, quod aiunt astronomi, semper quiesceret extra capud aut caudam draconis, luna tunc haud eclipsaretur.

Angelus: Quando causatur lunę eclipsis?

Franciscus: Ut narrant, cum sol est in capite aut in cauda draconis et luna sit ex opposita parte.

Angelus: Adhuc videtur venire contra hoc id quod comuniter dicif. 118r tur, videlicet quod nihil est in potentia et / in actu respectu eiusdem. Modo si subiectum sit aliquo modo causa sui proprii, idem erit in actu et in potentia respectu eiusdem.

— 192 —

Franciscus: Dicunt aliqui quod non est inconveniens dicere quod aliquid sit simul in actu et in potentia coniuncta actui, ut nono Methaphysic̨e patet.[36] Non autem dicimus quod subiectum sit simul in actu et in potentia, nisi ad diversa comperatum. Subiectum enim, inquantum est in potentia, est susceptivum proprii, et se habet in genere caus̨e materialis; inquantum vero actu est, est illius productivum, et se habet in genere cause efficientis.

Angelus: Ergo idem erit agens et paciens, et per consequens idem erit agere et pati, et facere et factum esse.

Franciscus: Respectu diversorum non est inconveniens, ut mater dicitur principium passivum generationis, et tamen aliquid agit; sed dicitur passivum quia recipit virtutem ab agente, et dicitur agere inquantum fovet et nutrit. Nec etiam est inconveniens si dicamus esse idem agere / quod pati, si loquamur de passione perfectiva, qua ratione Aristoteles in De Anima dixit intelligere esse quoddam pati, cum tamen intelligere sit actio.[37] Sic ergo dicimus quod subiectum, inquantum est receptivum proprii, est materialis causa.

Angelus: Quid diceres, Francisce, si tibi obiciam quod Aristoteles in secundo Physicorum ait? «Materia» inquit «et efficiens non coincidunt nec in idem numero nec in idem spetie».[38] Videtur ergo quod, si proprium se habet in ratione materįe, quod non possit esse efficiens causa.

Franciscus: Dicimus verum esse quod materia et efficiens non coincidunt in idem numero, si loquamur de materia ex qua; non autem loquendo de materia in qua. Neque valet in hiis qųe aut naturaliter sequuntur spetiem, ut risibile hominem, aut in hiis qųe causantur secundum[1] complexionem subiectorum, ut albedo et nigredo, qųe causantur secundum commixtionem qualitatum primarum in subiecto in quo sunt. Idem enim respectu horum potest esse et ef-

f. 118*v*

---

[1] comixtionem primarum qualitatum in subiecto ut albedo et nigredo *post* secundum *del. cod.*

---

[36] ARIST. *Metaph.* 9, 3 (1046b. 29 - 1047b. 2).
[37] Cf. ARIST. *De An.* 3, 5 (430a. 10-25).
[38] Cf. ARIST. *Phys.* 2, 7 (198a. 14 - b. 9).

f. 119r ficiens et paciens, ut iam diximus: efficiens / quidem inquantum est eorum productivum, patiens vero ut eorum susceptivum.

Angelus: Non potuit, Francisce, hęc questio, ut arbitror, ulterius quam deducta sit progredi. Sed, ea a te optime disputata, quam sit eorum ipsorum causa iniusta, qui contrarium sentiunt, plane intellexi. Ego itaque, ut me esse ostendam et veritatis et tuorum doctorum defensorem, horum emulari exopto negligentiam pocius quam illorum, ut terentianum illud, obscuram diligentiam.[39]

Franciscus: Sapis, Angele, si hoc ais simplici corde. Nam qui eorum opiniones sequuntur, aliud nihil agunt ut, non intelligendo, veritatem et quicquid in rebus melius est occultent.

Angelus: Ego eos unquam sequar?

Franciscus: Si id facias, Angele, mihi fidissimo crede, peniteat te extemplo opus est. Te oblecta aristotelicis sententiis et doctrina probata ac gravi Thomę, si aliquando te ipsum animumque huic nostro studio accomodaveris. Cętera mitte.

f. 119v *Angelus*: Ad hanc rem mihi non opus est persuasione; / te sequor quam existimes multo libentius. Sed ad eorum argumenta quid?

Franciscus: Ea tandem refellamus pie; nihilhominus eis indulgeamus.

Ad primam ergo rationem primę opinionis dicimus quod proprium et subiectum opponuntur tanquam inperfectum et perfectum. Quę autem ita opponuntur, unum potest ab alio procedere, ut procedit a substantia accidens ut a perfectiori, et una anime potentia ex alia. Itaque ea ratio concludit nihil.

Quod etiam secundo dicunt, quod proprium non sit causa accidentis, eo quod causa tempore precedit suum effectum, subiectum autem suam passionem haud precedit, dicitur quod duplex est causa efficiens: una quę suum effectum producit per naturalem transmutationem, ut ignis dicitur causa effectiva caloris aquę; et hoc modo causa tempore suum effectum precedit. Alia est causa productiva sui effectus naturali concomitantia, eo quod ad eam neccessario effectus sequitur, quo modo subiectum est causa efficiens ipsius passionis. Et hoc modo non oportet tempore precedere

---

[39] Cf. TER. *Andr.* 20-21.

f. 120r effectum; / inciderunt enim, volentes propriam opinionem defendere, in laqueum equivocationis.

Sed hactenus ad opinionem primam. Secunde vero opinionis celerius solvuntur. Cum enim dicunt «Dans dat cetera sequentia ad formam», dicimus omnia dari a datore forme substantialis tanquam a prima causa et remota. Sunt tamen accidentia a subiecto et ex eius principiis, ut a materia et forma, tanquam a causis proximis, ut diximus.

Neque quod contra nos secundo inducunt est verum. Accidentia enim maxime propria non sunt a principiis subiecti per transmutationem aut motum, sed per naturalem consequentiam, ut etiam luculentissime ante ostendimus.

Angelus: Nunc perfecta est, Francisce, disputatio nostra. Libet iam ad reliqua transire.

Franciscus: De proprio itaque, quantum nostra intererat, tantum dictum sit.

De accidente et eius divisione, dubitationibus et responsionibus, capitulum quintum decimum

Franciscus: Sequitur quinto ut de accidente, quod est inter universa ultimum, dicere incipiamus, ex cuius cognitione non minor utilitas, quam ex / aliis fortassis habuerimus, nobis tribuitur. Sepę etiam de eo dyaletici disputant, cuius multiplices ac varias questiones componunt; ex quibus omnibus quę nobis meliores visę sunt, eas in nostram familiarem disputationem inducam, ut et huius operis fructus ab omnibus pernoscatur, et maxime a te suscipiatur.

f. 120v

Ipsum itaque accidens sub hiis notulis Porphyrius diffinire videtur: «Accidens est quod adest et abest preter subiecti corruptionem».[1]

Huius diffinitionis est sensus, accidens est universale quod de subiecto predicatur[a] non essentialiter, et ideo potest inesse subiecto et ab eodem deesse, seu «abesse», ut ipsius vocabulis utar; quod sequitur principia individui, cuius ad ea quę determinata sunt et ordo et distinctio habetur. Eo enim quod individuum sequitur, quod est naturaliter post spetiem, etiam sequitur proprium, cum neccessario proprium spetiem sequatur; est enim proprium accidens spetiei. Distinguitur autem a cęteris eo quod de individuis accidentaliter predicatur, non convertibiliter; comunicatur enim multis, quamobrem haud convertibiliter dicitur, ut proprium ideo ab ipso distinguitur.

Angelus: Distingunt dyaletici, Francisce, in comune et proprium. Sub qua ergo ratione dicitur esse univer/sale quintum distinctum a cęteris?

f. 121r

---

[a] predicatur: prediatur *cod.*

---

[1] PORPH. *Isag.* p. 20, 7-8.

Franciscus: Secundum quod fluit a principiis individui dicitur ab aliis esse distinctum.

Angelus: Accidens, quod ita ab individuo manat, est ne comune vel proprium?

Franciscus: Comune, cum et indifferenter causari possit a pluribus causis, et conveniat pluribus spetiebus.

Angelus: Ostendo, Francisce, quod, licet accidens ita fluat ab individuo, non distinguatur a proprio. Nam quicquid est, aut est substantia aut accidens. Sed proprium non est substantia, igitur videtur quod sit accidens; et ita accidens a proprio non erit distinctum; et sic non erit comune accidens, quod diffinitur.

Franciscus: Beatus Thomas Prima Parte, questione septuagesima et septima, ita respondet.[2] Accidens potest accipi dupliciter: uno modo secundum quod dividitur contra substantiam, et sic nihil potest esse medium inter substantiam et accidens, quia dividuntur secundum affirmationem et negationem, silicet secundum esse et non esse in subiecto. Et hoc modo proprium non distinguitur ab accidente, cum proprium sic sit accidens. Alio modo accipitur secundum quod est unum de quinque predicabilibus, et sic aliquid est f. 121*v* medium inter / substantiam et accidens, quia ad substantiam pertinet quicquid est essentiale rei. Proprium autem, cum causetur ex principiis essentialibus rei, mediat inter accidens et substantiam, et facit ab accidente distinctum predicabile.

Angelus: Hęc distinctio, Francisce, non videtur diluere dubium mentis, quoniam neque sic accidens consideratum potest esse universale.

Franciscus: Qua de causa?

Angelus: Eo quia, ut in primo determinatum est, universale est incorruptibile et ubique et semper, accidens vero corruptibile est, cum possit preter subiecti corruptionem abesse. Est etiam, contra rationem universalis, hic et nunc, ut in subiecto in quo est. Et ita, cum sit variabile et transmutabile, non potest, quovis modo consideretur, dici unum de quinque universalibus.

---

[2] THOM. AQ. *ST.* 1, q. 77, a. 1, ad 5.

Franciscus: Dicimus quod accidens, secundum propriam rationem et essentiam consideratum, neque abest neque est corruptibile, sicut neque hic neque nunc. Eo vero inspecto secundum esse quod habet in particulari, isto modo est corruptibile, et hic et nunc.

Angelus: Hec tua responsio est mihi grandiuscula questio.

Franciscus: Quamobrem?

f. 122r *Angelus*: Eo quod diffinitio / quę superius de accidente data est, ni fallor, non est accidentis considerati secundum esse particulare huius aut illius individui, sed secundum illius universalem rationem; alias non esset de multis et in multis. Et tamen secundum hanc universalem eius rationem dictum est quod adest et abest. Ergo videtur quod, utroque modo habitum, sit corruptibile.

Franciscus: Dicimus quod diffinitio[b] illa accidentis ita intelligenda est, quia, cum dicitur quod adest, intelligitur idest quod natum est accidentaliter affirmari de subiecto; et abest, hoc est quia natum est vere negari ab eodem subiecto. Unde abesse non ducitur ad[c] actum nisi in particulari, in se autem minime, quemadmodum etiam dicimus quod ratio corruptibilis est incorruptibilis, sed id cui esse corruptibile convenit non est incorruptibile. Eodem modo dicitur quod ratio huius, quod est adesse et abesse, est vere incorruptibilis, sed cui convenit abesse et adesse non est incorruptibilis.

Angelus: Sunt ne accidentis alię diffinitiones?

Franciscus: Duę.

Angelus: Quę nam?

Franciscus: Prima est «accidens est quod contingit eidem inesse et
f. 122v non inesse».[3] Secunda est «accidens / est quod neque est genus neque speties neque differentia nec proprium, semper autem est in subiecto subsistens».[4]

---

b diffinitio: diffinito *cod.*
c ad *lect. dub.*

---

3 Cf. PORPH. *Isag.* p. 20, 13.
4 Cf. PORPH. *Isag.* p. 20, 13-15.

Angelus: Da sensum utriusque diffinitionis.

Franciscus: Sensus primę diffinitionis est eo quod illud, quod inest subiecto per causam contingentem et non essentialem, contingit eidem inesse et non inesse. Cum enim dicitur «contingit», subintelligitur quod contingenter advenit et per causam accidentalem, quę nata est abesse et permutari.

Secundę vero diffinitionis sensus est quoniam accidens, secundum comperationem quam habet ad subiectum, nec est genus nec aliorum aliquod, quod secundum sui naturam, quam diu est, aptum natum est esse in subiecto, quamvis semper non actualiter existat, ut de accidentibus in sacramento altaris credimus.

Angelus: Cur accidens per privationem pocius aliorum manifestatur quam alia predicabilia?

Franciscus: Potest ita responderi. Quia, cum ipsum accidens sit ultimum predicabilium, ut dictum est, quodlibet eorum est excogitatum et notificatum ante notificationem accidentis. Itaque diffinitio eius ex nocioribus est, cum per eorum privationem diffinitur.
f. 123r Non poterant autem cętera ita / per privationem diffiniri; fuisset enim eorum diffinitio assignata per ignota, quod quidem extra diffinitionis officium est.

Angelus: Tres igitur videntur esse accidentis diffinitiones.

Franciscus: Ita, secundum quod antiqui de accidente loquuti sunt. Ex quibus infertur accidentis divisio, cum dicimus accidentium hoc quidem separabile esse, inseparabile illud.

Angelus: Quo pacto intelligendum est separabile vel inseparabile esse?

Franciscus: Dicitur separabile eo quod aptum natum sit a subiecto seiungi, ut sunt hęc accidentia, dormire et sedere. Quod opus est intelligere non quidem per realem separationem, remanente silicet utroque extremorum, nisi id fieret dispensatione divina, sed per corruptionem eius. Potest enim tale accidens corrumpi et separari, cum non habeat causam stantem et formaliter radicatam in subiecto.

Sed inseparabile dicitur eo quod cum difficultate a subiecto separari possit, sicut est nigredo in corvo, quę radicata est in complexione corvi, quę complexio ab eo non potest faciliter separari. Unde nigrum accidens est inseparabile corvo et Ethiopi, utrisque tamen / accidit. Potest enim subintelligi corvus albus et Ethiops nitens colore pręter corruptionem subiecti; immo, potest intelligi corvus absque hoc, quod intelligamus aliquid accidentium eius.

f. 123v

Et hęc pro explanatione accidentis, quo ad sui tam diffinitionem quam divisionem, commemorata sint.

Angelus: Aliquę mihi, Francisce, super hac accidentis disputatione se ingerunt dubitationes, de quibus mihi licet prius interrogare quam tuo labori finem statuas.

Franciscus: Facinus quod solum tui gratia susceptum est id iure vult, quod, quę tibi dubia[d] sunt, certa ego efficiam. Tu igitur interroga sine metu; nam ipse ego tuus sum.

Angelus: Prima itaque dubitatio est, an accidens possit a subiecto separari, cum dictum sit quod eius esse sit in subiecto esse, nec ne. Secunda, an quicquid advenit subiecto post eius esse completum, sit accidens. Tertia dubitatio, an accidens possit esse obiectum intellectus. Quarta est, an accidentis essentia absoluta sit a subiecto.

Franciscus: Ad primam questionem, aliqui videntur velle accidens posse a subiecto separari, ita primo ar/gumentantes, quoniam accidens, quod ait Porphyrius,[5] potest abesse, et distinguitur realiter, a substantia; igitur unum ab alio separari poterit.

f. 124r

Confirmant id secundo, tum quia accidens est ens per se, ut quinto Methaphysicę Aristoteles inquit,[6] tum ex eo quod in sacramento apparet, in quo, secundum fidem, accidentia sunt sine subiecto.

Nos autem, oppositum sentientes, qua ratione accidens non sit extra substantiam separabile ita declaramus. Accidens enim esse a subiecto separabile dupliciter intelligi potest: aut ipso accidente remanente, aut vero ipso non remanente in esse. Si dicatur secundum, sic accidens est a substantia separabile. Si vero primo modo

---

d dubia: dua *cod.*

---

5 Cf. Porph. *Isag.* p. 20, 7-8.
6 Cf. Arist. *Metaph.* 5, 30 (1025a. 14-34).

intelligamus, hoc esse potest dupliciter: aut loquendo naturaliter aut supernaturaliter. Si primum, ita accidens a subiecto haud est separabile, quoniam, ut ipsi etiam volebant, accidentis esse est inesse. Si secundo modo, hoc etiam est dupliciter: primo loquendo quantum ad aptitudinem ipsius essendi in subiecto, secundo quan-
f. 124v tum ad actum existendi. Primo modo accidens non est / separabile a substantia, eo quod contradictionem implicat diffinitionem sepa-rari de diffinito. Si secundo modo, hoc adhuc dupliciter intelligi-tur, vel de proprio aut comuni accidente loquendo. Si primum, sic accidens non potest separari a substantia. Si secundum, sic potest separari a substantia, ut in sacramento altaris videtur.

Angelus: Solvisti paucis inductas omnes rationes. Sed alia occurrit obiectio. Nam idem non potest a seipso separari quacunque poten-tia. Substantia vero et accidens idem sunt, cum sint idem numero, ut Thopicorum primo Aristoteles probat.[7] Non igitur unum ab alio separatur.

Franciscus: Dicimus quod substantia et accidens sunt idem nume-ro, idest accidente, non autem idem numero essentialiter. Unde quę sunt idem numero accidente necessario differunt, et unum ab alio potest separari, eo modo quo dictum est. Et hęc sufficiant ad questionem.

Dubitatum est deinde a te utrum quod contingit rei post com-pletum esse eius sit aut accidens aut substantia. Quod sit accidens
f. 125r primo potest ita ostendi. Aut erit / accidens aut substantia quod rei advenit postquam completa est secundum suum proprium esse. Si quidem non sit accidens, igitur erit substantia. Non ergo, ut supponebatur, cui advenit completum erat; substantia enim adesse rei simpliciter facit. Melius est ergo dicere quod sit accidens.

Adhuc, si tale esset substantia, essent in eodem per consequens plures formę substantiales, quod veri Perypathetici negant.

Videtur etiam ex modo[e] dicendi quod eo quod advenit enti iam in actu sit accidens, cum non det simpliciter esse, sed aut qua-le aut quantum.

---

[e] ex modo: exmodi *cod.*

---

[7] Cf. ARIST. *Top.* 1, 7 (103a. 6-39).

Is itaque rationibus atque aliis non nulli commoventur ut dicant id omnino esse accidens, quod advenit rei post eius esse completum.

Angelus: Videtur mihi, Francisce, opinio istorum non esse vera, qui ita sentiunt. Nam indumentum advenit homini post eius esse completum, nec tamen est accidens sed substantia. Itaque quomodo istud possit fieri, facile comprehendere nequeo; res enim sua natura ambigua est et aliquid habens ardui. / Tu vero quid?

f. 125v

Franciscus: Non potest, Angele, ad propositam questionem fieri simplici responsione satis, sed distinctione opus est.

Angelus: Hoc quomodo bene intelligendum sit, audire expecto.

Franciscus: Dicimus igitur quod illud quod advenit alicui post eius esse completum aut assumitur ad participationem ipsius esse substantialis, aut non. Si dicatur primum, tunc illud, quod advenit rei existenti in completo esse, neque erit accidens neque accidentaliter adveniens.

Angelus: Da exemplum.

Franciscus: Sicut corpus animę advenit per se subsistenti, non tamen est accidens eius, cum in consortium esse illius trahatur, cui advenire dicitur.
  Si vero id quod superadvenit non assumatur ad participationem esse substantialis, tum neccesse est quod aut adveniat ut forma inherens, aut non. Si non advenit ut forma inherens, accidentaliter adveniet, quamvis non sit accidens eius.

Angelus: Da exemplum.

Franciscus: Ut indumentum advenit homini, neque ut participat esse substantiale ipsius, neque ut forma inherens. Ideo / accidentaliter advenit, quamvis non sit accidens.
  Si vero adveniat ut forma inherens, non quidem ad participationem esse substantialis, tunc eiuscemodi adveniens accidentaliter adveniet – unius enim rei non possunt esse plura substantialia esse –, et erit etiam accidens.

f. 126r

Angelus: Solvisti questionis scrupulum.

Franciscus: Licet ergo tertiam questionem disputare.

Angelus: Tertio, an accidens poterat dici intellectus obiectum aut non, scire cupio.

Franciscus: Neque ad hanc questionem, Angele, una responsio danda est, nisi haud existimemus nobis insidias nostra opera parari. Quin potius in omni disputatione illud maxima diligentia observandum est, ut arte nostra ita astute utamur, quod rationes adversariorum prius diluamus, si possibile sit, quam loqui ceperint.

Angelus: Istuc probo, quando cum adversario etiam qua possumus calliditate uti liceat.

Franciscus: Hoc ergo pacto ad eam dices. Quod aliquid possit dici
f. 126v obiectum intellectus nostri sex / potest intelligi modis: vel loquendo quo ad comunitatem obiecti, et ita eius est obiectum intellectus, cum primo occurrat intellectui; vel quo ad perfectionem, et sic Deus est obiectum, qui rebus creatis in perfectione nullo possit modo comperari; vel loquendo quo ad informationem, et sic est speties intelligibilis; vel causalitatem, et sic est sensibile accidens; vel loquendo quo ad inmutationem, et sic fantasmata sunt intellectus obiectum, neccesse est enim, quod ait Aristoteles, intelligentem prius fantasma speculari; vel loquendo quo ad eius adequationem, et hoc pacto quod quid est, sive substantia, est obiectum intellectus coniuncti, at quiditas substantię spiritualis est obiectum intellectus separati, silicet angeli.

Angelus: Quomodo accidens possit esse obiectum intellectus intelligo, sed an prius ceteris non explicasti.

Franciscus: Dicimus quod accidens sensibile prius etiam potest esse obiectum, non ideo quia prius ab intellectu apprehendatur, sed /
f. 127r quasi prius apprehensum aliqua potentia sensitiva, quę quidem causa naturalis est cognitionis intellective.

Angelus: Satisfecisti mihi perabunde.

Franciscus: Querebatur tandem an accidentis essentia sit absoluta a subiecto.

Angelus: Id silicet querebam.

Franciscus: Dicimus igitur respondentes cum Porphyrio quod, cum accidentis esse sit subiecto inesse, essentia eius a subiecto haud ab-

14

soluta est.[8] Eius vero ratio esse poterit, quoniam, si accidens essentiam absolutam haberet, sequeretur statim quod ens esset genus ad substantiam et accidens; hoc autem Methaphysice tertio improbatur.[9] Ens enim ideo videtur quod non possit esse genus, eo quod non dicitur de substantia et accidente univoce, sed analogicę et secundum prius et posterius; de ratione autem generis exigitur ut de inferioribus univoce et equaliter predicetur. At substantię et accidentis essentię non heedem sunt, sed substantię est essentia absoluta et per se, accidentis per aliud, ut per substantiam, eo quod ac-

f. 127v cidens a substantia pendet. Ne ergo dicamus incon/veniens a Phylosopho redargutum, silicet quod ens sit genus, oportet dicere accidens dependens esse omnino, et nullo modo absolutum.

Angelus: Videtur Aristoteles contrarius hiis dictis; ens enim per se Methaphysicę quinto in substantiam et accidens dividit.[10] Igitur videtur quod accidens sit ens absolutum; per se enim et absolutum esse haud disconveniunt.

Franciscus: Dicimus quod Aristoteles in divisione entis non capit ens per se pro ente absoluto, sed pro eo quod est ens per aliquam essentiam sibi debitam, sive absoluta fuerit sive dependens. Nam neque substantia, proprie loquendo, est absolutum ens, cum sit a primo principio creaturarum, quod est Deus. Nihil certe in rebus creatis adeo et per se et absolutum esse potest, quod non intelligatur cum relatione sui ad Deum. Itaque, quamvis accidens sit ens per se, ita ut diximus, non tamen dicitur a substantia absolutum seu independens.

Angelus: Hęc, Francisce, ut alia, sunt perpulchre dicta.

f. 128r *Franciscus*: Solutis ergo de accidente questioni/bus, ad reliquam partem nostri instituti venio.

---

8 Cf. Porph. *Isag.* p. 20, 7-15.
9 Arist. *Metaph.* 3, 3 (998b. 22 - 999a. 1).
10 Cf. Arist. *Metaph.* 5, 7 (1017a. 8 - b. 9).

De convenientia et differentia universalium, capitulum ultimum

Franciscus: Superest postremo de universalibus dicere, convenientiam eorum et differentiam deinde ostendentes, cum perspicuum sit iam ex superioribus quid est eorum quodlibet, aut quomodo in questiones multiplices, haud revera inutiles, deduci possint. Hęc autem omnia, quę de eis absolute dicta sunt, ita accomodate diximus, ne logici negocii metas preterisse iudicemur; reliqua vero quę sequuntur comperatione et in respectu determinanda sunt. Rerum enim, ut scis, consideratio libera earum servilem considerationem precedit, cum etiam in ordine ad aliud nihil cognoscatur, si id contingat ignoratum esse secundum se. At primo de eorum convenientia quam differentia est dicendum, cum convenientia sit ut habitus, ut privatio differentia; habitus vero privationem precedit, ut cecitatem visus. /

f. 128*v* Convenientiam ergo eorum Perypathetici assignantes inquiunt: «Comune quidem est omnibus quinque predicabilibus, quod in eis est ex eo quod universalia sunt, de pluribus predicari».[1] Hoc autem eis convenire neccesse est, quoniam universale, quod est genus ipsorum, eo diffinitur, quod universale est quod est in multis et de multis. Eo quidem quod in multis est, contingit quod de multis predicatur; at de multis esse est idem quod predicari de multis. Cętera, Angele, quę de convenientia eorum fortassis dici possent, plana ita sunt, quod expositione non egent.

Predicabilium vero differentię ab eo sumuntur, quod habent diversum modum predicandi de inferioribus. Quoniam, ut in antehabitis diximus, genus differt a cęteris et cum omnibus una et seorsum acceptis. Una quidem ac simul, eo quod de pluribus prędicatur, de paucioribus alia; hęc enim quę genere posteriora sunt, de quibus omnibus predicatur, predicatur ipsum. Seorsum vero ita.

f. 129*r* Nam a spetie differt / eo quod de pluribus differentibus spetie pre-

---

[1] Cf. PORPH. *Isag.* p. 21, 2-3.

dicatur; a differentia quia in quid predicatur, ea in quale; a proprio quia non predicatur convertibiliter, et superioribus modis; ab accidente et dictis modis et quia per se predicatur.

Speties autem a genere differt quia hęc de quibus predicantur ambo inmediate, mediate illud; a differentia differt quia speties in quid, ea minime; a proprio quia tanquam de substantiali predicatione, non illud; ab accidente, ac intrinsecum ab extrinseco.

Differentia vero a genere et spetie, quia ea in quid, hęc in quale; a proprio differt et ab accidente, eo quod differentia in quale essentiale, proprium et accidens in quale accidentale.

Proprium vero a genere, spetie, differentia differt, quia predicantur omnia tanquam essentialia, non autem proprium; ab accidente, quod hoc quidem convertibiliter, non convertibiliter illud.

Sed accidens quomodo ab omnibus differat, ex hiis potest planum esse.

Angelus: Sunt hęc dicta de differentia et convenientia universalium sua natura in promptu.

f. 129*v* *Franciscus*: Hęc ergo, quę de eorum / amicitia et lite et paucis et currenti calamo exposuimus, nobis sufficiant.

Operis conclusio, et de neccessitate eloquentię ad dyaleticam et dyale-
tice nostre maxima ad omnes artes

Hęc tecum, Angele, hactenus paucis et familiarius fortassis
quam decuit pro amplitudine tuę dignitatis quamque Porphyrius
ad Grisarorium peroraverit[1] atque latius multum, singulari tibi af-
fectus tum amicitia tum ea quę me maxime commovet caritate di-
sputavi; neque id sine ingenti voluptate, quanquam facies in scribendum rescribendumque subpalluerit, factum putes. Quibus si
pro tua erga me fide et devocione attentas aures mentemque pre-
stiteris, quod et facere debes, haud secus dyaleticus precipuus eva-
des atque cęteri, qui omnem vitam in hac arte preclarissima penitus consumpserunt. In te enim multa, amice, esse conspicio, quę
haud omnes possident, quę ve ad hanc disciplinam ediscendam
f. 130r plurimum conferre arbitror. Qui vero et eloquen/tiam et dicendi
facundiam ex toto floccipendunt, ut non nullę ignavę pecudes faciunt, neque artem dyaleticam scire neque bene intelligere possint
neccesse est. Artibus enim illustrantur artes, ut etiam ingenium ingenio crescit et ferro ut ferrum acuitur, atque sese mutuo, sicut a
principio ordinatę sunt, maxime iuvant. Ego vero eloquentiam
ipsam ita cuique neccessariam esse existimo, ut viventibus alimen-
ta et egris medicina, et si adhuc nullus rivus ex illo fonte oratorię
politissimo ad nos usque venerit. Qua quantum cęteris prestes, in-
vidorum etiam testimonio, si recte iudicarint, noverunt pene omnes. Accedit ad hanc tuam eloquentiam copiosissimam maximus
grecarum litterarum splendor, quę litterę ad omnem artem pernoscendam quantum nobis prestent, tu certe, quem eiuscemodi peritia et ingenio ferunt splendidissimum,[a] et iudicare vales et melius
longe persuadere.

---

[a] splendidissimum: splendissimum *cod.*

---

[1] Cf. PORPH. *Isag.* p. 5, 1.

Idcirco, cum sis eis artibus eruditissimus meo atque omnium
f. 130v iudicio, eius/modi precepta spernere haud debes quia hominis fratris sunt, aut vero quod non pompatice et a magno ingenio dicta
sint. Sed ita existimes velim, te ab eo ea accepisse, qui tibi affici-
tur et ardenti caritate et pre ceteris deditissimus est. Nec te latet
omnis artes suis ac certis constare et terminis et vocabulis, que si
ex frontis arbitrio mutentur, consequens est nos in multos errores
et in antiquum caos incidere et labi. Non enim hec in presentia-
rum conscripsi ut tibi ad eloquentiam conducant, qua tantopere,
ut diximus, a puero floruisti, sed ad disputationem pocius et argu-
mentationem preparandam.

Fortasse mireris quod tantum laborem sim ausus. Num credis
patiar desiderium tuum extingui, aut quod cepisti mea opera peri-
re? Quam ob rem, mi suavissime Angele, si hec que scripsimus,
quanquam ne magna sint, diligenter tenueris, ex multis huius facultatis quedam alia non minus utilia, sed que sequi ad hec neccessa-
sario videntur, litteris mandare curabo. Tu interim, ut cepisti, hec
studia cupidissime complectere!

EDITIONS OF MEDIEVAL AUTHORS
CITED IN THE NOTES

With the exception of Porphyrius, who is cited in Boethius's translation (listed below), references to classical Greek and Latin sources follow the conventions of Liddell and Scott and the *Thesaurus Linguae Latinae* respectively, with slight modifications in some cases.

ALB.	*Cael.*	ALBERTUS MAGNUS, *De caelo et mundo*, ed. P. HOSSFELD, Münster 1971.
	De An.	ALBERTUS MAGNUS, *De anima*, ed. C. STROICK, Münster 1968.
	Div.	ALBERTUS MAGNUS, *Commentarii in librum Boethii De divisione*, ed. P. M. DE LOE, Bonn 1913.
	Metaph.	ALBERTUS MAGNUS, *Metaphysica*, ed. B. GEYER, 2 vols, Münster 1960-1964.
	Post. An.	ALBERTUS MAGNUS, *Posteriora analytica*, in ID., *Opera omnia*, 38 vols, Paris 1890-1899, II, pp. 1-232.
	Praedicab.	ALBERTUS MAGNUS, *Liber I de praedicabilibus*, in ID., *Opera omnia*, cit., I, pp. 1-148.
	Top.	ALBERTUS MAGNUS, *In Topica*, in ID., *Opera omnia*, cit., II, pp. 233-524.
ALGAZ.	*Metaph.*	*Algazel's Metaphysics: A Medieval Translation*, ed. J. T. MUCKLE, Toronto 1933.
AVERR.	*Comm Magn.*	AVERROES CORDUBENSIS, *Commentarium magnum in Aristotelis De anima libros*, ed. F. S. Crawford, Cambridge, Mass. 1953.
	Metaph.	AVERROES, *In Metaphysica commentarii*, in ARISTOTELES, *Opera*, 12 vols in 14, Venice 1562-1574 (repr. Frankfurt am Main 1962), VIII, ff. 1r-355v.
	Porph.	AVERROES, *In Porphyrium commentarium*, in ARISTOTELES, *Opera*, cit., I, ff. 1r-22r.
AVIC.	*De An.*	AVICENNA LATINUS, *Liber de anima seu sextus de naturalibus*, ed. S. Van Riet, 2 vols, Louvain and Leiden, 1968-1972.

	Log.	AVICENNA, *Logyca*, in ID., *Opera*, Venice 1508 (repr. Frankfurt am Main 1961), first part, ff. 2r-12v.
	Philos.	AVICENNA LATINUS, *Liber de philosophia prima sive scientia divina*, ed. S. VAN RIET, 3 vols, Louvain and Leiden 1977-1983.
	Suffic.	AVICENNA, *Sufficientia*, in ID., *Opera*, cit., first part, ff. 13r-36v.
GROSS.	*Post An.*	ROBERT GROSSETESTE, *Commentarius in Posteriorum Analyticorum libros*, ed. P. ROSSI, Florence 1981.
HISSETTE	*Enquête*	R. HISSETTE, *Enquête sur les 219 articles condamnés à Paris le 7 mars 1277*, Louvain and Paris 1977.
Lib. de Causis		*Liber de causis*, ed. A. PATTIN, Louvain 1966.
Lib. Sex Princ.		*Anonymi fragmentum vulgo vocatum 'Liber Sex Principiorum'*, in *Aristoteles Latinus*, ed. L. MINIO-PALUELLO, I. 6-7, Bruges and Paris 1966, pp. 35-59.
PORPH.	*Isag.*	*Porphyrii Isagoge, Translatio Boethii*, in *Aristoteles Latinus*, cit., I. 6-7, pp. 1-31.
THOM. AQU.	*Cael.*	THOMAS AQUINAS, *In Aristotelis librum De caelo et mundo expositio*, in ID., *In Aristotelis libros De caelo et mundo, De generatione et corruptione, Meteorologicorum expositio*, ed. R. M. SPIAZZI, Turin and Rome, 1952.
	DEE.	THOMAS AQUINAS, *De ente et essentia*, in ID., *Opera omnia iussu Leonis XIII P. M. edita*, XLIII, Rome 1976, pp. 369-381.
	De Fallac.	THOMAS AQUINAS, *De fallaciis*, in ID., *Opera omnia*, XLIII, cit., pp. 403-418.
	Metaph.	THOMAS AQUINAS, *In duodecim libros Metaphysicorum Aristotelis expositio*, ed. M.-R. CATHALA and R. M. SPIAZZI, Turin 1977.
	Periherm.	THOMAS AQUINAS, *In libros Peri Hermeneias expositio*, in ID., *In Aristotelis libros Peri Hermeneias et Posteriorum Analyticorum expositio*, ed. R. M. SPIAZZI, Turin 1964, pp. 5-144.
	Phys.	THOMAS AQUINAS, *In octo libros Physicorum Aristotelis expositio*, ed. M. MAGGIOLI, Turin 1965.
	Post. An.	THOMAS AQUINAS, *In libros Posteriorum Analyticorum expositio*, in ID., *In Aristotelis libros Peri hermeneias*, cit., pp. 147-404.

Editions of medieval authors cited in the notes

	QDA.	THOMAS AQUINAS, *Quaestio disputata de anima*, in ID., *Quaestiones disputatae*, II, ed. P. BAZZI, M. CALCATERRA, T.S. CENTI, E. ODETTO and P. M. PESSION, Turin and Rome 1965, pp. 281-362.
	QDP.	THOMAS AQUINAS, *Quaestiones disputatae de potentia*, in ID., *Quaestiones disputatae*, II, cit., pp. 7-276.
	QDV.	THOMAS AQUINAS, *Quaestiones disputatae de veritate*, in ID., *Quaestiones disputatae*, I, ed. R. M. SPIAZZI, Turin and Rome 1964.
	SCG.	THOMAS AQUINAS, *Liber de veritate Catholicae fidei contra errores infedelium qui dicitur Summa contra Gentiles*, ed. P. MARC, C. PERA and P. CARAMELLI, 2 vols, Turin, Rome and Paris 1961-1967.
	Sent.	THOMAS AQUINAS, *In quattuor libros Sententiarum*, in ID., *Opera Omnia, Indicis Thomistici supplementum*, ed R. BUSA, 7 vols, Stuttgart and Bad Cannstatt 1980, I.
	ST.	THOMAS AQUINAS, *Summa theologiae*, ed. P. CARAMELLI, 3 vols, Turin 1962-1963.
PS.-THOM. AQ.	*De Nat. Syll.*	PS.-THOMAS AQUINAS, *De natura syllogismi*, in ID., *Opuscula omnia*, V, *Opuscula spuria*, ed. P. MANDONNET, Paris 1927, pp. 163-170.

INDEX OF SOURCES CITED IN THE NOTES

Index of sources cited in the notes

Ethica Nicomachea

1, 1 (1094b. 11-12): p. 152
7, 1 (1145a. 15-33): p. 142
7, 6 (1147b. 20 - 1148a. 22): p. 131

De Generatione Animalium

2, 4 (739b. 34 - 740a. 24): p. 64

De Interpretatione

1 (16a. 10-13): p. 62
11-12 (21a. 34 - 23a. 26): p. 162

Metaphysica

1, 1 (980b. 25-28): p. 58
2, 1 (993b. 20-31): p. 82
2, 1 (993b. 23-31): p. 183
2, 2 (993b. 30-31): p. 66
3, 1 (995a. 24-25): p. 70
3, 2 (996b. 9-25): p. 55
3, 3 (998a. 20 - 999a. 23): p. 158
3, 3 (998b. 15 - 999a. 14): p. 72
3, 3 (998b. 22 - 999a. 1): p. 204
3, 3 (998b. 24-25): p. 158
4, 1-4 (1003a. 21 - 1009a. 5): p. 56
4, 2 (1004b. 17-20): p. 60
4, 4 (1006b. 29-30): p. 155
4, 5 (1010b. 37 - 1011a. 1): p. 104
5, 6 (1016a. 24-32): p. 132
5, 6 (1016a. 30-32): p. 132
5, 6 (1016b. 17-21): p. 104
5, 7 (1017a. 7 - b. 9): p. 53
5, 7 (1017a. 8 - b. 9): pp. 181, 204
5, 9 (1017b. 27 - 1018a. 9): p. 184
5, 13 (1020a. 7-32): p. 72
5, 17 (1022a. 4-5): p. 71
5, 17 (1022a. 4-13): p. 74
5, 30 (1025a. 14-34): p. 200
6, 2 (1026a. 33 - 1027a. 28): p. 191
7, 1 (1028a. 30-31): p. 104
7, 3 (1028b. 33-35): p. 66
7, 4 (1030b. 4-6): p. 75
7, 5 (1031a. 1-2): pp. 71, 75
7, 12 (1038a. 19-20): p. 145
7, 13 (1038b. 1 - 1039a. 23): p. 66
7, 15 (1039b. 27 - 1040a. 8): p. 113
7, 16 (1040b. 26-27): p. 94

8, 1 (1042a. 13-14): p. 66
8, 3 (1043b. 34): p. 71
8, 3 (1043a. 29 - b. 32): p. 57
9, 3 (1046b. 29 - 1047b. 2): p. 193
9, 6 (1048a. 31 - b. 9): p. 64
9, 9 (1051a. 22-33): p. 66
9, 9 (1051a. 32-33): p. 104
12, 7 (1073a. 5-13): p. 63

Physica

1, 1 (184a. 10-12): pp. 51, 52
1, 1 (184a. 16-18): p. 63
1, 1 (184a. 16-21): p. 134
1, 1 (184a. 21-26): p. 87
1, 1 (184a. 22 - 184b. 13): p. 63
1, 1 (184b. 12-14): p. 56
1, 2 (185a. 27 - 185b. 19): p. 72
1, 7 (190a. 13 - 191a. 22): p. 188
1, 7 (190b. 10 - 191a. 22): p. 189
1, 8 (192a. 13-14): p. 108
1, 9 (191b. 35 - 192a. 34): p. 188
1, 9 (192a. 22-23): p. 168
2, 2 (194a. 35-36): p. 157
2, 7 (198a. 14 - b. 9): p. 193
3, 6 (206a. 14 - 207a. 32): p. 128
8, 4 (254b. 7 - 256a. 3): p. 189

Sophistici Elenchi

5 (167a. 36-39): p. 133

Topica

1, 5 (101b. 35 - 102a. 15): p. 153
1, 5 (101b.39): p. 70
1, 5 (101b. 39 - 102b. 17): p. 73
1, 7 (103a. 6-39): p. 201
2, 7 (113a. 29-30): p. 98
4, 2 (123a. 1-10): p. 159
4, 3 (123a. 30-32): p. 116
5, 1 (128b. 34 - 129a. 5): p. 176
5, 2 (129b. 21-29): p. 183
6, 6 (144a. 31 - b. 3): p. 158
7, 1 (152a. 5-30): p. 127

ap. Alberti Magni Librum De Praedicabilibus

tr. 1, c. 6 (p. 14a): p. 178
tr. 2, c. 3 (p. 21a): p. 81

Index of sources cited in the notes

In Topica Ciceronis (PL 64)
1, p. 1050 A: p. 68

De Trinitate (PL 64)
1-4, p. 1249-1253: p. 150

ap. Alberti Magni Librum De Praedica-bilibus
tr. 2, c. 1 (p. 18a): p. 80
tr. 2, c. 3 (p. 21a): p. 81
tr. 5, c. 6 (p. 100b): p. 145
tr. 6, c. 1 (p. 111a): p. 172

CHALCIDIUS

Translatio (Waszink)
p. 21, 4 sqq.: p. 153
p. 35, 9-10: p. 153

CICERO

De Finibus
2, 45: p. 55

De Officiis
1, 7: p. 54
1, 22: p. 55
1, 38: p. 53

Paradoxa Stoica
2: p. 79

EMPEDOCLES

Fragmenta (Diels, recens. Kranz)
57 (vol. I, p. 333): p. 167

ap. Alberti Magni Librum De Praedica-bilibus
tr. 5, c. 4 (p. 96a): p. 167

GREGORIUS MAGNUS

Homiliae in Evangelia (PL 76)
1, 10, p. 1110: p. 155

GROSSETESTE

In Posteriora Analytica (Rossi)
1, 4, 31-79 (pp. 31-79): p. 190

HISSETTE

Enquête sur les 219 articles
no. 17, pp. 45-49: p. 184

JOHANNES DAMASCENUS

De Fide Orthodoxa (PG 94)
2, 3, p. 865: p. 156

De Fide Orthodoxa, ex transl. Burg. (Buytaert)
p. 69, 11: p. 156

LACTANTIUS

Institutiones
4, 3, 20: p. 86

LIBER DE CAUSIS (Pattin, Minio-Pa-luello)
191: p. 98
198: p. 98

LIBER SEX PRINCIPIORUM (Minio-Pa-luello)
1-4: p. 72
9: p. 99

OTTO

Die Sprichwörter und sprichwörtlichen Redensarten der Römer
p. 59: pp. 61, 126
pp. 112-113: p. 89

OVIDIUS

Metamorphoses
1, 5-7: p. 109
2, 58: p. 63
6, 469: p. 156
6, 694: p. 156
10, 519: p. 89
15, 473: p. 73

PERSIUS

Satirae
1, 106: p. 82

15

Index of sources cited in the notes

GENERAL INDEX

The titles of works cited in the text of the *De negocio logico* are here given in the form used by the author, though with modernized spelling. For citations of these works in the notes, see the Index of Sources.

accident, 37
  separable and inseparable, 138, 199-200
  two senses of, 181, 197
  primary definition of, 196
  how it differs from the other universals, 196-197, 206
  whether common or proper, 196-197
  whether or not a universal, 197-198
  two further definitions of, 198-199
  division of, 199-200
  four questions concerning, 200
  whether separable from the subject, 200-201
  whether it is what happens to the subject after its completion, 201-202
  whether it can be the object of the intellect, 203
  whether its essence is independent of the subject, 203-204
Aesculapius, 154
Albertista, 169
Alberto-Thomism, 17, 169
Albertus Magnus, 17-18, 32, 40, 43, 49, 51, 87, 94-96, 98, 107, 124-125, 136, 143, 147, 154, 156, 167, 169
  Politian's admiration of, 18
  logic of, 37
  influence on the *De negocio logico*, 37-40

  follows Aristotle, 94
  authority of, 169
  apparent disagreement with Thomas Aquinas, 169
  Works cited in the Introduction:
    Liber de Praedicabilibus, 38, 40
  Works cited in the *De negocio logico*:
    De Caelo et Mundo, 153
    Divisiones, 68
    Posteriora, lib. 1: 189
    Topica, lib. 1: 75
Alexander of Aphrodisias, 29-30
Alfarabi, 37-38, 96, 147, 154
Algazel, 37-38, 81
Altamura A., 5
Ambrogini Angelo, 4. *See also* Politian
Ammonius, 29-30
Anawati G.C., 38
Andrea de Fivicano, 6
angels
  how their nature can be multiplied, 116-117
  in what sense rational beings, 155-156
  definition of, 156
  perfection of, 157
Angelus (character in the *De negocio logico*), 16, 19, 21-22, 33-36, 39-40; and *passim*.
Antisberus, 29-30
Antonius Lodovicus medicus Olisponensis, 11

humanism
  and scholasticism, 16-23
  importance for study of logic, 28

ideas, 78, 93
idiomatic expressions, 20
imagery, 20
individual, 128-130
  of species and property the same, 173-174
induction, 59
intentions, first and second, 69
  defined, 77-78
  how second arises from first, 78-79
  which defined in the definition of genus, 112-114
  impossible to define singly, 113
Islamic philosophers, 37
  in Aquinas and Albertus Magnus, 37-38

Jeudy A., 38
Job, 71
John of Damascus, 38, 156

Kaeppeli T., 6, 9
knowledge
  proceeds from cause to effect, 52
  processes of, 52-53
  confused and simple, 54, 63
  a posteriori and *a priori*, 55
  four things that can be known about a thing, 56-57
  two ways in which confused precedes simple, 64-65
  confused and simple, three ways of considering, 65
  achieved by definition and division, 68
  of particulars achieved through senses, 78
Kristeller P.O., 11, 17, 25

Lachance L., 37
Lactantius, *Institutiones* of, 20

Lattanzi Roselli R., 25
Lazzari E., 25
Leonardi C., 7
Liber de Causis, 37, 98
Liber de Praedicabilibus, 38
Liber Sex Principiorum, 37
Lodovico da Ferrara, 8
logic
  Politian's interest in, 4
  and rhetoric, 18-19, 207
  importance of, 49, 102
  why necessary, 58
  definition of, 59
  how logical reasoning proceeds, 59
  four kinds of logical reasoning, 59-60
  subject-matter of, 60
  aim of, 60
  importance of syllogism in, 60
  proceeds from known to unknown, 60
  three parts of, 61
  books of *Organon* concerned with, 62
  begins from terms, 62-67
  concerns second intentions plus first, 77, 113
  queen of all disciplines, 102
  questions going beyond, 158
Lo Monaco F., 25
Louvain, Catholic University of, 11
Luchini Alessandro, 8

Maïer I., 34
Mantua, 15
manuscripts:
  Florence, BNC II, IX, 109: 3-5, 40-43
  Florence, BNC Conv. Soppr. A. 8. 493: 7, 41
  Florence, BNC Conv. Soppr. F. 6. 294: 11-12, 41-42
  Florence, S. Maria Novella: V. Borghigiani, *Cronaca annalistica del convento di S. Maria Novella*: 8-9
  Rome, AGOP XIV, 15: 9

General index

Plato, 35, 38, 49, 54, 82, 84, 92-95, 97-98, 128, 130, 153
logic of, 28
whether fallible, 93
Franciscus's and Angelus's opinions of, 94
attack on by Aristotle, 94
Works cited in the Introduction:
  Charmides, 25
Works cited in the *De negocio lo-gico*:
  Phaedo, 167
  Timaeus, 153
Pluto, 154
Poccianti M., 5, 10-11, 42
Politian
  prior of S. Paolo, 4
  interest in logic, 4, 23-25, 49
  absence from Florence in 1479-1480, 14
  beginning of his lecturing career, 15
  friendship with Francesco di Tommaso, 16
  attacks on the scholastics, 26-27
  his account of his logical training, 30-31
  probable allusion to Francesco di Tommaso by, 30-31
  studies under the scholastics, 30-32
  influence of scholasticism on, 33
  ecclesiastical career of, 34-35
  and Platonism, 35
  and Stoicism, 35-36
  and Thomism, 36
  Works:
    Dialectica, 24
    Lamia, 24, 28
    Miscellanea I, 18
    Miscellanea II, 18, 24, 27, 30
    Praelectio de dialectica, 24, 27-32
    prolusion on Suetonius, 26-27, 32
    translation of Plato's Charmides, 25
    translation and defence of Epicte-tus's Enchiridion, 25, 35

Politianus Angelus, various bearers of name, 4
Pomaro G., 7, 12, 42
Possevino A., 5
potency and aptitude distinguished, 118
Prantl C., 18, 23, 25, 30, 37
predicables see universals
predicament
  defined as order of predicables, 77
predication
  per se, in first and second manner, 159
  per accidens, three ways in which possible, 160
  per accidens, two senses of, 160-161
property, 37
  and accident, order of precedence between, 172
  does not derive from genus or differentia, 172-173
  in what sense a universal, 173-175
  fourfold division of, 175-176
  Aristotle's threefold division of, how compatible with Porphyry's, 176-177
  definition of as a universal, 177-179
  four doubts concerning, 180
  whether a substance or an accident, 180
  whether convertible with subject, 182-183
  whether really distinct from subject, 183-188
  whether it flows from the principles of the subject, 188-195
  how it differs from the other universals, 206
proverbs, 20
Ptolemy, 38
  Quadripartita, 107
Pythagoras, 92, 93

question
  four possible questions about any thing, 56-57

— 228 —

CONTENTS

Contents

Finito di stampare nel mese di settembre 1995
dalla TIBERGRAPH s.r.l. - Città di Castello (PG)

PUBBLICAZIONI

ISTITUTO NAZIONALE DI STUDI SUL RINASCIMENTO

Palazzo Strozzi - Firenze

LUIGI ANGELINI, *Le opere in Venezia di Mauro Codussi*. 1945, pp. 134 con 134 tavv. f.t.

BASTIANO ARDITI, *Diario di Firenze e di altre parti della cristianità (1574-1579)*. A cura di R. Cantagalli. 1970, pp. XXX-246.

COSTANTINO BARONI, *L'architettura lombarda da Bramante al Richini. Questioni di metodo*. 1941, pp. 140 con 199 tavv. f.t.

SERGIO CAMERANI, *Bibliografia medicea (Saggio)*. 1940, pp. 68.

GIUSEPPE CAMMELLI, *I dotti bizantini e le origini dell'Umanesimo. I: Manuele Crisolora; II: Giovanni Argiropulo; III: Demetrio Calcondila*. 1941-1954, 3 voll., pp. 228 con 4 tavv. f.t., 224 con 7 tavv. f.t., 154 con 5 tavv. f.t.

SALVATORE I. CAMPOREALE, *Lorenzo Valla. Umanesimo e teologia*. 1972, pp. X-554.

ANNIBAL CARO, *Lettere familiari*. A cura di A. Greco. 1957-1961, 3 voll., pp. XXVI-366 con 4 tavv. f.t., 340, 364.

VITTORIO CIAN, *Umanesimo e Rinascimento*. 1941, pp. IV-180.

«Contratti di compre di beni» di Poggio Bracciolini. A cura di R. Ristori. 1983, pp. XXX-172 n.n.

AMINTORE FANFANI, *Preparazione all'attività economica nei secoli XIV-XVI in Italia*. 1952, pp. 32 con 2 tavv. f.t.

GIUSEPPE FATINI, *Bibliografia della critica ariostea (1510-1956)*. 1958, pp. XVI-726.

Francesco Guicciardini nel IV centenario della morte (1540-1940). 1940, pp. 304 con 7 ill. n.t. e 21 tavv. f.t.

CARLO GAMBA, *Contributo alla conoscenza del Pontormo*. 1956, pp. 16 con 34 tavv. f.t.

EUGENIO GARIN, *Filosofi italiani del Quattrocento*. 1942, pp. 554 con 8 tavv. f.t.

FEDERICO GHISI, *Feste musicali della Firenze medicea (1480-1589)*. 1939, pp. XLVIII-94 con 7 tavv. f.t.

FRANCESCO GUICCIARDINI, *Le cose fiorentine*. A cura di R. Ridolfi. 1983, pp. XL-428 con 1 tav. f.t. e 2 facsimili.

PAOLO GUICCIARDINI, *Iconografia guicciardiniana*. 1940, pp. 36 con 12 tavv. f.t.

GIOVAN PAOLO LOMAZZO, *Idea del tempio della pittura*. A cura di R. Klein. 1974, 2 voll., pp. IV-792.

ROBERTO LONGHI, *Carlo Braccesco*. 1942, pp. 28 con 42 tavv. f.t.

AUGUSTO MARINONI, *Gli appunti grammaticali e lessicali di Leonardo da Vinci*, 1944-1952, 2 voll., pp. XIV-344 con 2 tavv.

COSIMO I DE' MEDICI, *Lettere*. A cura di G. Spini. 1940, pp. XVI-222 con 4 tavv. f.t.

GIULIANO DE' MEDICI, Duca di Nemours, *Poesie*. A cura di G. Fatini, 1939, pp. CXXX-144 con 5 tavv. f.t.

ANTERO MEOZZI, *Lirica della Rinascita italiana in Spagna e Portogallo (secc. XV-XVII)*. 1942, pp. 118.

Michelangelo Buonarroti nel IV centenario del «Giudizio Universale» (1541-1941). 1942, pp. 310 con 86 tavv. f.t.

BRUNO NARDI, *Studi su Pietro Pomponazzi*. 1965, pp. X-404 con 1 tav. f.t.

GIORGIO NICODEMI, *Agostino Busti detto il Bambaia*. 1945, pp. 56 con 90 tavv. f.t.

GIOVANNI PAPINI, *L'imitazione del Padre. Saggi sul Rinascimento*. 1943, pp. VIII-190.

ANGELO PAREDI, *La biblioteca del Pizolpasso*. 1961, pp. 244 con 16 tavv. f.t.

FRANCESCO PATRIZI DA CHERSO, *L'amorosa filosofia*. A cura di J. C. Nelson. 1963, pp. XVI-150.

——, *Della poetica*. A cura di D. Aguzzi Barbagli. 1969-1971, 3 voll., pp. XXII-454, 370, 484.

——, *Lettere ed opuscoli inediti*. A cura di D. Aguzzi Barbagli. 1975, pp. XXXIV-570.

GIULIANO PELLEGRINI, *La prima versione dei «Saggi morali» di Bacone*. 1942, pp. 124.

AGOSTINO PERTUSI, *Leonzio Pilato fra Petrarca e Boccaccio. Le sue versioni omeriche negli autografi di Venezia e la cultura greca del primo Umanesimo*. 1964, pp. 600 con 32 tavv. f.t.

GIOVANNI PICO DELLA MIRANDOLA, *Dignità dell'uomo (De hominis dignitate)*. A cura di B. Cicognani. 1943, pp. XVI-134.

IOANNIS IOVIANI PONTANI *De magnanimitate*. A cura di F. Tateo. 1969, pp. XLII-132.

LUIGI PROSDOCIMI, *Il diritto ecclesiastico dello stato di Milano dall'inizio della Signoria viscontea al periodo tridentino (secc. XIII-XVI)*. 1941, pp. 330.

PIER GIORGIO RICCI - NICOLAI RUBINSTEIN, *Censimento delle lettere di Lorenzo di Piero de' Medici*. 1964, pp. XII-200.

MARIO SALMI, *Firenze, Milano e il primo Rinascimento*. 1941, pp. 330.

CATERINA SANTORO, *Libri illustrati milanesi del Rinascimento. Saggio bibliografico*. 1956, pp. 252 con 108 ill.

——, *Gli uffici del dominio sforzesco: 1450-1500*. 1948, pp. XLVIII-780 con 1 tav. f.t.

FRANCO SIMONE, *L'avviamento poetico di Pierre de Ronsard (1540-1545)*. 1942, pp. 88.

ANTONIO STÄUBLE, *La commedia umanistica del Quattrocento*. 1968, pp. XII-306.

VESPASIANO DA BISTICCI, *Le vite*. A cura di A. Greco. 1970-1977, 2 voll., pp. LXVI-602, 732.

ERNESTO WALSER, *Umanità e arte nel Rinascimento italiano*. 1942, pp. XX-186.

ENRICO WOELFFLIN, *L'arte classica nel Rinascimento*. 1941, pp. 32 con 120 ill. e 55 tavv. f.t.

ATTI DI CONVEGNI

1. *Atti del II Convegno Nazionale di Studi sul Rinascimento*. 1940, pp. 180.

2. *Studi vasariani*. 1952, pp. 318 con 18 tavv. f.t.

3. *Il Rinascimento: significato e limiti*. 1953, pp. 212.

4. *Il Poliziano e il suo tempo*. 1957, pp. 342 con 14 tavv. f.t.

5. *Il mondo antico nel Rinascimento*. 1958, pp. 288 con 24 tavv. f.t.

6. *Arte, pensiero e cultura a Mantova nel primo Rinascimento in rapporto con la Toscana e con il Veneto*. 1965, pp. 258 con 80 tavv. f.t.

7. *L'opera e il pensiero di Giovanni Pico della Mirandola nella storia dell'Umanesimo*. 1965, 2 voll., pp. XXIV-234, 480 con 14 tavv. f.t.

8. *Donatello e il suo tempo*. 1968, pp. XVIII-408 con 92 tavv. f.t.

9. *Il pensiero politico di Machiavelli e la sua fortuna nel mondo*. 1972, pp. X-172.

10. *Movimenti ereticali in Italia e in Polonia nei secoli XVI-XVII*. 1974, pp. 286.

11. *Il Vasari storiografo e artista*. 1976, pp. XX-876 con 158 ill.

12. *Lorenzo Ghiberti nel suo tempo*. 1980, 2 voll., pp. XII-670 con 204 ill. n.t.

13. *Il tumulto dei Ciompi. Un momento di storia fiorentina ed europea*. 1981, pp. XXII-282.

14. *Scienze, credenze occulte, livelli di cultura*. 1982, pp. VI-564 con 6 tavv. f.t.

15. *Giorgio Vasari tra decorazione ambientale e storiografia artistica*. A cura di G. C. Garfagnini. 1985, pp. VI-426 con 94 ill. f.t.

16. *Callimaco Esperiente poeta e politico del '400*. A cura di G. C. Garfagnini. 1987, pp. XII-320.

17. *Ambrogio Traversari nel VI centenario della nascita*. A cura di G. C. Garfagnini. 1988, pp. VIII-544 con 11 tavv. f.t.

18. *Leonardo Bruni cancelliere della Repubblica di Firenze*. A cura di P. Viti. 1990, pp. XVIII-429 con 10 tavv. f.t.

19. *Lorenzo il Magnifico e il suo mondo*. A cura di G. C. Garfagnini. 1994, pp. XX-470 con 43 tavv. f.t.

20. *Giordano Bruno, 1583-1585: The English Experience / L'esperienza inglese*. A cura di M. Ciliberto e N. Mann, in preparazione.

CARTEGGI UMANISTICI

FRANCESCO BARBARO, *Epistolario*. A cura di C. Griggio. 1991, pp. VIII-412 con 5 tavv. f.t. Vol. II, in preparazione.

POGGIO BRACCIOLINI, *Lettere*. A cura di H. Harth.
1984-1987, 3 voll., pp. CXXVI-256, XII-478, XII-580.

MARSILIO FICINO, *Lettere*. A cura di S. Gentile. 1990, pp. CCC-324. Vol. II, in preparazione.

QUADERNI DI «RINASCIMENTO»

1. Leon Battista Alberti, *Intercenali inedite*. A cura di E. Garin. 1965, pp. 142.

2. Mario Martelli, *L'altro Niccolò di Bernardo Machiavelli*. 1975, pp. 62.

3. Gianfranco Fioravanti, *Università e città. Cultura umanistica e cultura scolastica a Siena nel '400*. 1981, pp. 130.

4. Giovanni Parenti, *Poëta Proteus alter. Forma e storia di tre libri di Pontano*. 1985, pp. iv-148.

5. Ilana Klutstein, *Marsilio Ficino et la théologie ancienne. Oracles chaldaïques, hymnes orphiques, hymnes de Proclus*. 1987, pp. 128.

6. Rita Sturlese, *Bibliografia, censimento e storia delle antiche stampe di Giordano Bruno*. 1987, pp. xlviii-228 con 16 tavv. f.t.

7. Paul Oskar Kristeller, *Marsilio Ficino and His Work After Five Hundred Years*. 1987, pp. vi-230 con 17 tavv. f.t.

8. Filippo Redditi, *Exhortatio ad Petrum Medicem, con appendice di lettere*. A cura di P. Viti. 1989, pp. lvi-154.

9. Sebastiano Erizzo, *Lettera sulla poesia*. A cura di S. Zoppi. 1989, pp. iv-80.

10. *Bartolommeo Cederni and His Friends. Letters to an Obscure Florentine. Essay*, by F. W. Kent, *Texts* edited by G. Corti with F. W. Kent. 1991, pp. vi-128.

11. Anna Nicolò, *Il carteggio di Cassiano dal Pozzo. Catalogo*. 1991, pp. xii-324.

12. Lorenzo Fabbri, *Alleanza matrimoniale e patriziato nella Firenze del Quattrocento. Studio sulla famiglia Strozzi*. 1991, pp. xviii-240 con 4 tavv. f.t. e 1 pieghevole.

13. Averroè, *Parafrasi della «Repubblica» nella traduzione latina di Elia del Medigo*. A cura di A. Coviello e P. E. Fornaciari. 1992, pp. xxvi-134.

14. Andrea Matucci, *Machiavelli nella storiografia fiorentina. Per la storia di un genere letterario*. 1991, pp. 278.

15. *Lorenzo il Magnifico e il suo tempo*. A cura di G. C. Garfagnini. 1992, pp. x-176.

16. Francesco Patrizi da Cherso, *Nova de Universis Philosophia. Materiali per un'edizione emendata*. A cura di A. L. Puliafito Bleuel. 1993, pp. lxii-108.

17. *La Biblioteca dell'Istituto. Fondi speciali*. 1992, pp. ii-166.

18. Giovanni Parenti, *Benet Garret detto il Cariteo. Profilo di un poeta*. 1993, pp. iv-166.

19. Alessandra Malquori, *«Tempo d'aversità». Gli affreschi dell'altana di Palazzo Rucellai*. 1993, pp. iv-112 con 32 tavv. f.t.

20. *La Biblioteca dell'Istituto. Catalogo dei microfilms*. A cura di G. M. Cao. 1995, pp. vi-106.

21. Yohanan Alemanno, *Hay ha-'olamin (L'immortale)*. A cura di F. Lelli. 1995, pp. vi-188, con 4 ill. f.t.

22. Nicholas A. Eckstein, *The District of the Green Dragon. Neighbourhood Life and Social Change in Renaissance Florence*. 1995, pp. xxvi-276 con 7 tavv. f.t.

23. Nicole Carew-Reid, *Les fêtes florentines au temps de Lorenzo il Magnifico*. 1995, pp. x-292.

24. Ugo Procacci, *Studi sul catasto fiorentino*. In preparazione.

25. Jonathan Hunt, *Politian and Scholastic Logic. An Unknown Dialogue by a Dominican Friar*. 1995, pp. vi-234.

26. Angelo da Vallombrosa, *Lettere*. In preparazione.

27. Giovanni Ciappelli, *Una famiglia e le sue ricordanze. I Castellani di Firenze nel Tre-Quattrocento*. 1995, pp. vi-252 con 4 ill. f.t.

28. Peter Francis Howard, *Beyond the Written Word. Preaching and Theology in the Florence of Archbishop Antoninus (1427-1459)*. In preparazione.

29. Giovangirolamo de' Rossi, *Vita di Federico da Montefeltro*. 1995, pp. lvi-98.

30. Louis Green, *Lucca under many masters. A fourteenth-century Italian commune in crisis (1328-1342)*. In preparazione.

31. Enrico Peruzzi, *La nave di Ermete. La cosmologia di Girolamo Fracastoro*. In preparazione.

32. Carolyn James, *«Fido, optimo et honorato servo». Patronage and literary career of Giovanni Sabadino degli Arienti*. In preparazione.

STUDI E TESTI

TEATRO LATINO DEL RINASCIMENTO

1. Leonardo Bruni, *Versione del Pluto di Aristofane*. A cura di E. e M. Cecchini. 1965, pp. xxxiv-22.

2. Enea Silvio Piccolomini, *Chrysis*. A cura di E. Cecchini. 1968, pp. xxvi-46.

* * *

Armando F. Verde, O.P., *Lo Studio Fiorentino (1473-1503). Ricerche e documenti*. 1973-1994, 5 voll. in 8 tomi, pp. xii-396, iv-784 con 1 tav.

f.t., lii-1210, lviii-1548 con 6 tavv. f.t., xiv-598. Vol. VI, in preparazione.

* * *

La Rinascita. Rivista del Centro (poi Istituto) Nazionale di Studi sul Rinascimento, I-VII, 1938-1944, nⁱ 1-35.

«La Rinascita» (1938-1944) - «Rinascimento» (1950-1983). Indici sommari. A cura di G. C. Garfagnini. 1985, pp. x-114.

Rinascimento. Rivista dell'Istituto Nazionale di Studi sul Rinascimento, I-XI, 1950-1960; II s., I, 1961-

Bibliografia italiana di studi sull'Umanesimo ed il Rinascimento: 1985-

Per acquisti rivolgersi alla Casa Editrice Leo S. Olschki, casella postale 66, 50100 Firenze.

* * *

Lorenzo de' Medici, *Lettere*. A cura di R. Fubini, M. Mallett e N. Rubinstein. 1977-1990, 6 voll., pp. xlvi-584 con 8 tavv. f.t., xxii-562

con 8 tavv. f.t., xx-430 con 8 tavv. f.t., xiv-420 con 8 tavv. f.t., xxiv-358 con 8 tavv. f.t., xvi-384 con 8 tavv. f.t. Vol. VII, in preparazione.

Per acquisti rivolgersi alla Casa Editrice Giunti Barbèra, Via Bolognese 165, 50139 Firenze.

* * *

Michelangelo Buonarroti, *Il carteggio*. A cura di P. Barocchi e R. Ristori. 1965-1983, 5 voll., pp. xxiv-432, xii-434, x-488, xiv-436, xiv-456. ——, *Il carteggio indiretto*. A cura di P. Barocchi, K. Loach Bramanti e R. Ristori. 1988-1995, 2 voll., pp. lxvi-388, xvi-370.
——, *I ricordi*. A cura di L. Bardeschi Ciulich e P. Barocchi. 1970, pp. xxxvi-510.

Per acquisti rivolgersi alla Casa Editrice SPES, Lungarno Guicciardini 9, 50125 Firenze.